VERLAG
ÖSTERREICH

Peter Bydlinski/Ferdinand Kerschner (Hrsg)

Lehrbuchreihe
Bürgerliches Recht

Silvia Dullinger

Schuldrecht Allgemeiner Teil

Bürgerliches Recht Band II

6. Auflage

2017

Lehrbuch

VERLAG
ÖSTERREICH

Univ.-Prof. Dr. Silvia Dullinger
Institut für Zivilrecht, Johannes Kepler Universität Linz

Zitiervorschlag: *Dullinger*, Schuldrecht Allgemeiner Teil[6] Rz

www.verlagoesterreich.at
Gedruckt in Deutschland

Satz: Grafik & Design, Claudia Gruber-Feigelmüller, 3580 Horn, Österreich
Druck: Strauss GmbH, 69509 Mörlenbach, Deutschland

Gedruckt auf säurefreiem, chlorfrei gebleichtem Papier

Bibliografische Information der Deutschen Nationalbibliothek
Die Deutsche Nationalbibliothek verzeichnet diese Publikation in der Deutschen Nationalbibliografie; detaillierte bibliografische Daten sind im Internet über http://dnb.d-nb.de abrufbar.

ISBN 978-3-7046-6704-5 5. Aufl Verlag Österreich
ISBN 978-3-7046-7709-9 6. Aufl Verlag Österreich

Geleitwort der Herausgeber

Aufgrund seiner bevorstehenden Emeritierung hat *Peter Apathy* seine verdienstvolle und erfolgreiche Herausgeberschaft der mittlerweile bestens eingeführten Lehrbuchreihe zum Ende des Jahres 2015 zurückgelegt. Damit sind einige personelle und inhaltliche Änderungen verbunden. So wird die Reihe nunmehr von *Peter Bydlinski* (Graz) und *Ferdinand Kerschner* (Linz) herausgegeben. Die bisher von *Peter Apathy* verfassten Teile in Band III (Besonderes Schuldrecht) wird mit der kommenden 6. Auflage *Christian Rabl* (Wien) übernehmen. Eine weitere geplante Neuerung liegt darin, Band VII zum Internationalen Privatrecht innerhalb der Reihe zukünftig in abgespeckter Form erscheinen zu lassen, da die meisten Studienpläne in Österreich für diesen Teilbereich nur eine geringe Stundenzahl vorsehen.

Grundsätzlich soll sich an der bewährten Zielsetzung der überaus freundlich aufgenommenen (vgl *Schauer*, JBl 2002, 676, JBl 2004, 672 und JBl 2010, 405) Lehrbuchreihe jedoch nichts ändern: Die Darstellung des Rechtsstoffs ist an den Bedürfnissen der Studierenden orientiert und auf eine systematische sowie anschauliche Behandlung der wesentlichen Rechtsprobleme ausgerichtet. Dabei werden im Sinne einer wissenschaftlichen Berufsvorbildung die Gründe für Entscheidungen des Gesetzgebers und wichtige Streitfragen besonders erörtert, um zum selbständigen, problemorientierten Nachdenken – auch in neu auftauchenden Zusammenhängen – anzuregen. Angesichts der ausufernden Gesetzgebung der letzten Jahre und Jahrzehnte kann und soll nicht jedes Detail des umfangreichen Rechtsgebiets behandelt, sondern vor allem das Verständnis der zentralen Rechtsinstitute und deren Zusammenwirken gefördert werden. Verweise (mit Bezug auf die Randzahlen) innerhalb des einzelnen Bandes sowie Verweise auf die Darstellung in anderen Bänden sollen die Wechselbezüge zwischen verschiedenen Rechtsinstituten des Bürgerlichen Rechts deutlich machen. Dabei wird auf andere Bände durch Bezug auf die Bandzahl (römische Zahl) und die Randzahl verwiesen.

Der didaktischen Ausrichtung entsprechend wird auf umfassende Nachweise von Literatur und Judikatur verzichtet. Die exemplarischen Nachweise der Rechtsprechung sollen den Studierenden praxisorientierte Beispiele bieten. Die Literaturnachweise eröffnen einen ersten Einstieg zu weiterer Vertiefung, etwa für Seminar- oder Diplomarbeiten. Auch auf die wörtliche Wiedergabe der Gesetzesstellen wird weitgehend verzichtet; freilich ist es für das Studium unumgänglich, die im Lehrbuch zitierten Gesetzesbestimmungen in einer aktuellen Gesetzesausgabe auch wirklich nachzulesen.

Graz und Linz, im Juli 2016

Peter Bydlinski
Ferdinand Kerschner

Vorwort zur 6. Auflage

Das ABGB bezeichnet die Schuldrechte als „persönliche Sachenrechte“ und definiert diese in § 859 als Rechte, „vermöge welcher eine Person einer anderen zu einer Leistung verbunden ist“. Das Schuldrecht als Rechtsgebiet umfasst all jene Bestimmungen, die die Begründung, inhaltliche Ausgestaltung, Änderung, Abwicklung und sonstige Beendigung von Schuldverhältnissen betreffen. Soweit diese Regeln für alle oder zumindest mehrere Arten von Schuldverhältnissen gelten, sind sie im allgemeinen Teil des Schuldrechts zusammengefasst.

Der vorliegende Band behandelt zunächst die Grundstruktur des Schuldverhältnisses, dessen Entstehung und inhaltliche Gestaltung. Das zentrale dritte Kapitel ist dem – in der juristischen Praxis besonders wichtigen – Leistungsstörungsrecht gewidmet. Im Anschluss daran werden die Regelungen über die Erfüllung und die sonstigen Gründe des Erlöschens einer Schuld erörtert. In den beiden letzten Kapiteln geht es um die verschiedenen Möglichkeiten einer inhaltlichen oder personellen Änderung im Schuldverhältnis (insb durch Novation, Vergleich, Zession und Schuldübernahme); weiters werden der Vertrag zugunsten Dritter, die Bürgschaft, der Garantievertrag sowie die sonstigen Formen einer Mehrheit von Berechtigten oder Verpflichteten behandelt.

In der Neuauflage sind die einschlägigen Entwicklungen in Gesetzgebung, Rechtsprechung und Literatur eingearbeitet, sodass sich das Lehrbuch wieder auf aktuellem Stand (Angang 2017) befindet. Zusätzlich wurden bei sämtlichen Judikaturnachweisen die Geschäftszahlen eingefügt, um das rasche Auffinden der entsprechenden Entscheidungen zu erleichtern. Eine Reihe von (kleineren) Änderungen in der Darstellung einzelner Themenbereiche, die zum Teil auf Anfragen oder Anregungen von Seiten der Studierenden zurückgehen, dienen der besseren Verständlichkeit.

Für engagierte und gewissenhafte Mitarbeit vor allem bei der Materialsammlung und -auswertung sowie manch wertvolle Anregung danke ich Frau Univ.-Ass.in Mag.a Dr.in *Martina Eliskases*, Herrn Univ.-Ass. Mag. *Thomas Linimayer*, Herrn Mag. Dr. *Jakob Kepplinger* und Frau Univ.-Ass.in Mag.a *Elisabeth Bertleff*. Frau Cand. iur. *Katrin Reitbauer* und Herr Cand. iur. *Lukas Ronacher* haben hilfreiche Unterstützung bei der Manuskriptausfertigung, den Korrekturarbeiten und der Aktualisierung der Register geleistet.

Linz, im Jänner 2017 *Silvia Dullinger*

Anschrift der Autorin:
Univ.-Prof. Dr. Silvia Dullinger
Institut für Zivilrecht
Johannes Kepler Universität
4040 Linz
silvia.dullinger@jku.at

Inhaltsübersicht

§ 1. Schuldrecht und Schuldverhältnis 1

§ 2. Leistung als Schuldinhalt 17

§ 3. Leistungsstörungen 39

§ 4. Erlöschen der Schuld 96

§ 5. Änderungen im Schuldverhältnis 115

§ 6. Mehrheit von Berechtigten oder Verpflichteten 152

Inhaltsverzeichnis

	Rz	Seite
Abkürzungsverzeichnis		XVII
§ 1. Schuldrecht und Schuldverhältnis	1/1	1
A. Begriff und Gegenstand des Schuldrechts	1/1	1
B. Das Schuldverhältnis im engeren und im weiteren Sinn	1/7	3
I. Allgemeines	1/7	3
II. Verknüpfung von gegenseitigen Pflichten im Schuldverhältnis im weiteren Sinn	1/9	4
III. Bestandteile des Schuldverhältnisses im weiteren Sinn	1/11	5
C. Entstehung von Schuldverhältnissen	1/15	7
I. Entstehungsgründe	1/15	7
II. Rechtsgeschäftliche Schuldverhältnisse	1/16	7
III. Vor- und nachvertragliche Pflichten	1/18	8
1. Das vorvertragliche Schuldverhältnis	1/18	8
a) Allgemeine Grundlagen	1/18	8
b) Inhalt und Umfang der vorvertraglichen Pflichten	1/22	9
c) Schadenersatzpflicht wegen culpa in contrahendo	1/25	10
2. Nachvertragliche Pflichten	1/28	11
D. Schuld und Haftung	1/29	12
E. Außenwirkung von Forderungsrechten	1/36	14
§ 2. Leistung als Schuldinhalt	2/1	17
A. Bestimmtheit der Leistung	2/1	17
B. Art der Leistung	2/3	18
I. Tun und Unterlassen	2/3	18
II. Erfolgs- und Sorgfaltsverbindlichkeiten	2/6	18
1. Allgemeine Grundlagen	2/6	18
2. Bedeutung der Unterscheidung	2/9	19
III. Teilbare und unteilbare Leistungen	2/11	20
IV. Gattungs- und Stückschuld	2/13	21
V. Wahlschuld	2/18	22
VI. Geldschuld	2/24	24
1. Besonderheiten des Geldes als Leistungsgegenstand	2/24	24
2. Geld und Währung	2/27	25
3. Geldentwertung und Wertsicherung	2/29	26

	Rz	Seite
VII. Zinsen	2/31	27
VIII. Sicherstellung	2/34	28
IX. Rechnungslegung	2/35	28
C. Leistungszeit	2/36	29
I. Fälligkeit	2/36	29
II. Stundung	2/42	32
D. Leistung Zug um Zug	2/43	32
I. Anwendungsbereich und Funktion des Zug-um-Zug-Prinzips	2/43	32
II. Vorleistungspflicht und Unsicherheitseinrede	2/47	33
III. Zurückbehaltungsrecht nach § 471	2/49	34
E. Leistungsort	2/53	35
I. Bestimmung des Erfüllungsorts	2/53	35
II. Hol-, Bring- und Schickschuld	2/55	36
III. Geldschuld	2/57	37
§ 3. Leistungsstörungen	3/1	39
A. Begriff, Abgrenzung und Arten	3/1	39
I. Abgrenzung von Abschluss- und Erfüllungsmängeln	3/1	39
II. Erfüllung/Nichterfüllung einer Schuld	3/3	40
III. Arten von Leistungsstörungen	3/5	40
B. Verzug	3/7	41
I. Schuldnerverzug (Leistungsverzug)	3/7	41
1. Begriff	3/7	41
2. Objektiver Verzug	3/9	42
a) Rechtsfolgen des objektiven Verzugs im Allgemeinen	3/9	42
b) Zum Rücktritt nach § 918 im Einzelnen	3/13	43
3. Subjektiver Verzug	3/19	44
4. Teilverzug	3/24	46
5. Verzug mit Nebenleistungen	3/29	48
6. Verzug beim Fixgeschäft	3/31	48
II. Gläubigerverzug (Annahmeverzug)	3/34	49
1. Tatbestand und rechtliche Einordnung	3/34	49
2. Rechtsfolgen	3/38	51
C. Nachträgliche Unmöglichkeit	3/45	53
I. Begriff und Abgrenzung	3/45	53
II. Zufällige Unmöglichkeit	3/51	55
III. Vom Schuldner zu vertretende Unmöglichkeit	3/54	56
1. Anwendungsbereich des § 920	3/54	56
2. Rechtsfolgen	3/55	56
IV. Teilunmöglichkeit	3/58	58
V. Unmöglichkeit von Nebenleistungen	3/63	59
VI. Vom Gläubiger zu vertretende Unmöglichkeit	3/65	60
D. Gewährleistung	3/66	61
I. Begriff, Zweck und Anwendungsbereich	3/66	61
II. Begriff des Mangels	3/72	63
1. Beurteilung nach dem konkreten Vertrag	3/72	63
2. Öffentliche Äußerungen	3/76	64

	Rz	Seite
III. Arten der Mängel	3/78	66
1. Qualitäts- und Quantitätsmängel	3/78	66
2. Rechtsmängel	3/81	66
IV. Maßgebender Zeitpunkt	3/82	67
V. Gewährleistungsbehelfe	3/86	69
1. Vorrang der Verbesserung	3/87	69
a) Verbesserung oder Austausch	3/89	69
b) Durchführung der Mangelbehebung	3/92	70
2. Die sekundären Gewährleistungsbehelfe	3/97	73
a) Anwendungsbereich	3/97	73
aa) Unmöglichkeit oder Unverhältnismäßigkeit der Mangelbehebung	3/98	73
bb) Verweigerung der oder Verzug mit der Mangelbehebung	3/100	74
cc) Erhebliche Unannehmlichkeiten für den Übernehmer	3/102	74
dd) Unzumutbarkeit für den Übernehmer aus triftigen Gründen in der Person des Übergebers	3/103	74
b) Wandlung oder Preisminderung	3/104	75
3. Kumulierung der Rechtsbehelfe	3/111	77
4. Quantitätsmangel/bloße Teilleistung	3/112	77
VI. Geltendmachung der Gewährleistungsrechte	3/116	79
1. Form der Geltendmachung	3/116	79
2. Gewährleistungsfristen	3/117	80
a) Länge der Fristen	3/117	80
b) Fristbeginn	3/120	81
c) Rechtsnatur der Gewährleistungsfristen	3/124	82
d) Rückgriff gegen Lieferanten	3/125	83
VII. Streitverkündung	3/129	84
VIII. Ausschluss der Gewährleistung	3/131	85
1. Augenfälligkeit des Mangels	3/132	85
2. Gewährleistungsverzicht	3/137	86
3. Leistung in Pausch und Bogen	3/140	88
IX. Gewährleistung und Garantie	3/142	88
X. Konkurrenz der Gewährleistung mit anderen Rechtsbehelfen	3/145	89
1. Verzug oder nachträgliche Unmöglichkeit	3/145	89
2. Irrtum, List	3/146	90
3. Wucher, laesio enormis	3/147	90
XI. Schadenersatz wegen mangelhafter Leistung	3/148	91
1. Voraussetzungen und Umfang der Schadenersatzpflicht	3/148	91
2. Inhalt der Schadenersatzpflicht	3/151	92
3. Anfängliche Unmöglichkeit	3/155	93
E. Rücktritt aus wichtigem Grund	3/156	94
F. Leistungsstörungen bei Dauerschuldverhältnissen	3/157	94

	Rz	Seite
§ 4. Erlöschen der Schuld	4/1	96
A. Erfüllung	4/1	96
I. Begriff und allgemeine Grundlagen	4/1	96
II. Rechtsnatur der Erfüllung	4/4	97
III. Leistung an und durch geschäftsunfähige oder beschränkt geschäftsfähige Personen	4/6	97
IV. Leistung an und durch Dritte	4/9	98
V. Tilgungsreihenfolge bei mehreren Schulden	4/12	99
VI. Pflichten des Gläubigers	4/13	99
B. Gerichtliche Hinterlegung	4/15	100
C. Leistung an Zahlungs Statt	4/19	102
D. Aufrechnung (Kompensation)	4/23	103
I. Begriff und Funktion	4/23	103
II. Voraussetzungen einseitiger Aufrechnung	4/25	104
1. Gegenseitigkeit	4/25	104
2. Gleichartigkeit	4/26	104
3. Richtigkeit	4/27	105
4. Fälligkeit	4/29	105
5. Aufrechnungserklärung	4/30	105
III. Aufrechnungsverbote und -beschränkungen	4/31	106
1. Aufrechnungsverbote nach § 1440 S 2	4/32	106
2. Sonstige gesetzliche Aufrechnungsverbote	4/35	107
3. Vertragliche Aufrechnungsverbote	4/38	107
IV. Wirkung der Aufrechnung	4/39	108
V. Aufrechnungsvertrag	4/42	109
VI. Kontokorrent	4/43	109
E. Vereinigung (Konfusion)	4/45	110
F. Verzicht (Entsagung, Erlass)	4/48	111
G. Sonstige Endigungsgründe	4/53	112
I. Zeitablauf	4/53	112
II. Kündigung	4/54	112
III. Besondere Rücktrittsrechte	4/56	113
IV. Tod einer Vertragspartei	4/57	114
§ 5. Änderungen im Schuldverhältnis	5/1	115
A. Novation und Schuldänderung	5/2	115
B. Vergleich	5/8	117
C. Anerkenntnis	5/14	118
D. Forderungsabtretung (Zession)	5/16	119
I. Allgemeine Grundlagen	5/16	119
II. Abtretbare Rechte	5/19	120
III. Vertragliche Abtretungsverbote	5/22	121
IV. Rechtsgeschäftliche Abtretung	5/26	123
1. Übertragung der Forderung durch Titel und Modus	5/26	123
2. Verständigung des Schuldners	5/30	125

	Rz	Seite
3. Die Rechtsbeziehungen zwischen den Beteiligten	5/33	126
a) Verhältnis zwischen Zessus und Zessionar (Einlösung)	5/34	124
b) Verhältnis zwischen Zedent und Zessionar (Valuta)	5/41	130
4. Mehrfache Veräußerung einer Forderung	5/49	132
5. Sonderformen rechtsgeschäftlicher Abtretung	5/51	133
a) Stille Zession	5/51	133
b) Globalzession	5/53	133
c) Inkassozession	5/55	134
d) Factoring	5/57	134
V. Gesetzliche und notwendige Zession	5/58	135
E. Anweisung	5/61	136
I. Begriff und Funktion	5/61	136
II. Die Rechtsbeziehungen zwischen den Beteiligten	5/65	138
1. Verhältnis zwischen Anweisendem und Angewiesenem (Deckung)	5/65	138
2. Verhältnis zwischen Anweisendem und Anweisungsempfänger (Valuta)	5/67	139
3. Verhältnis zwischen Angewiesenem und Anweisungsempfänger (Einlösung)	5/69	140
III. Widerruf der Anweisung	5/72	142
IV. Sonderformen der Anweisung	5/74	142
1. Banküberweisung (Giroüberweisung)	5/74	142
2. Lastschriftverfahren	5/77	143
3. Zahlungskartengeschäft	5/78a	144
4. Akkreditiv	5/78b	145
F. Schuldübernahme	5/79	145
I. Befreiende Schuldübernahme (Schuldeintritt)	5/80	145
II. Kumulative Schuldübernahme (Schuldbeitritt)	5/83	146
1. Schuldbeitritt durch Vereinbarung	5/83	146
2. Gesetzlicher Schuldbeitritt	5/87	148
III. Erfüllungsübernahme	5/92	150
IV. Hypothekenübernahme	5/94	150
G. Vertragsübernahme	5/95	151
§ 6. Mehrheit von Berechtigten oder Verpflichteten	6/1	152
A. Mehrheit von Gläubigern oder Schuldnern	6/1	152
I. Allgemeine Grundlagen	6/1	152
II. Geteiltes Schuldverhältnis	6/2	152
III. Gesamtschuldverhältnis	6/4	153
1. Gesamtschuld	6/5	153
2. Gesamtforderung	6/7	154
IV. Gesamthandschuldverhältnisse	6/8	155
B. Vertrag zugunsten Dritter	6/11	155
I. Begriff und Funktion	6/11	155
II. Der echte Vertrag zugunsten Dritter	6/14	157
1. Begründung des Forderungsrechts des Begünstigten	6/14	157

	Rz	Seite
2. Verhältnis zwischen Versprechendem und Begünstigtem	6/16	158
III. Verträge mit Schutzwirkung zugunsten Dritter	6/17	158
IV. Verträge zulasten Dritter	6/20	160
C. Bürgschaft	6/21	160
I. Funktion und Voraussetzungen	6/21	160
II. Akzessorietät der Bürgschaftsschuld	6/24	161
III. Subsidiarität der Bürgenhaftung	6/28	163
1. „Gemeine“ Bürgschaft	6/29	163
2. Ausfalls- oder Schadlosbürgschaft	6/31	164
3. Bürge und Zahler	6/32	165
4. Entschädigungsbürgschaft	6/33	165
IV. Rückgriffsanspruch des Bürgen	6/34	165
V. Mehrheit von Sicherungsrechten	6/38	166
VI. Erlöschen der Bürgschaft	6/40	167
D. Garantievertrag	6/41	167
Paragraphenregister		171
Sachverzeichnis		177

Abkürzungsverzeichnis

aA	anderer Ansicht
aaO	am angeführten Ort
AB	Ausschussbericht
ABGB	Allgemeines bürgerliches Gesetzbuch
ABGB-ON	Kletečka/Schauer (Hrsg), ABGB-ON Kommentar (Stand 2016) (zitiert: *Bearbeiter/in* in ABGB-ON Aufl Paragraph Randzahl)
ABl	Amtsblatt der Europäischen Union, Reihe L: Rechtsvorschriften
Abs	Absatz
abw	abweichend
aF	alte Fassung
AGB	Allgemeine Geschäftsbedingungen
AktG	Aktiengesetz
aM	anderer Meinung
Anm	Anmerkung
Art	Artikel
ASVG	Allgemeines Sozialversicherungsgesetz
AT	Allgemeiner Teil
Aufl	Auflage
AVRAG	Arbeitsvertragsrechtsanpassungsgesetz
BAO	Bundesabgabenordnung
BGBl	Bundesgesetzblatt
BlgNR	Beilagen zu den stenographischen Protokollen des Nationalrates
BMJ	Bundesministerium für Justiz
BWG	Bankwesengesetz
bzgl	bezüglich
bzw	beziehungsweise
DaKRÄG	Darlehens- und Kreditrechts-Änderungsgesetz
dh	das heißt
DHG	Dienstnehmerhaftpflichtgesetz
DRdA	Das Recht der Arbeit
E	Entscheidung
EGZPO	Einführungsgesetz zur Zivilprozessordnung
EheG	Ehegesetz
EKHG	Eisenbahn- und Kraftfahrzeughaftpflichtgesetz
EO	Exekutionsordnung

Erläut	Erläuterung, -en
ErläutRV	Erläuterungen zur Regierungsvorlage
etc	et cetera
EuFrÜb	Europäisches Übereinkommen zur Fristenberechnung
EuGH	Europäischer Gerichtshof
EvBl	Evidenzblatt der Rechtsmittelentscheidungen (in ÖJZ)
f	und der (die) folgende
FAGG	Fern- und Auswärtsgeschäfte-Gesetz
ff	und die folgenden
FN	Fußnote
FS	Festschrift
G	Gesetz
gem	gemäß
GesbR	Gesellschaft bürgerlichen Rechts
GesRZ	Der Gesellschafter, Zeitschrift für das Gesellschaftsrecht
GewRÄG	Gewährleistungsrechts-Änderungsgesetz
GmbHG	Gesetz über die Gesellschaft mit beschränkter Haftung
GP	Gesetzgebungsperiode
Gschnitzer, SchRAT²	*Gschnitzer/Faistenberger/Barta/Eccher*, Österreichisches Schuldrecht Allgemeiner Teil, 2. Aufl, 1985
hA	herrschende Ansicht
HaRÄG	Handelsrechts-Änderungsgesetz
HIKrG	Hypothekar- und Immobilienkreditgesetz
hL	herrschende Lehre
hM	herrschende Meinung
Hrsg	Herausgeber
hRsp	herrschende Rechtsprechung
HS	Handelsrechtliche Entscheidungen
idF	in der Fassung
idR	in der Regel
ieS	im engeren Sinn
insb	insbesondere
IO	Insolvenzordnung
iS	im Sinn
iSd	im Sinn des, der
iSv	im Sinn von
iVm	in Verbindung mit
iwS	im weiteren Sinn
iZw	im Zweifel
JAB	Bericht des Justizausschusses
Jabornegg/Artmann, UGB²	Jabornegg/Artmann (Hrsg), Kommentar zum UGB I, 2. Aufl, 2010 (zitiert: *Bearbeiter/in* in Jabornegg/Artmann, UGB² Paragraph Randzahl)
JBl	Juristische Blätter
JN	Jurisdiktionsnorm

KBB^{4}	Koziol/P. Bydlinski/Bollenberger (Hrsg), Kurzkommentar zum ABGB, 4. Aufl, 2014 (zitiert: *Bearbeiter/in* in KBB^{4} Paragraph Randzahl)
Klang^{2}	Klang (Hrsg), Kommentar zum Allgemeinen Bürgerlichen Gesetzbuch, 2. Aufl, 1948–1978 (zitiert: *Bearbeiter* in Klang^{2} Band Seite)
Klang^{3}	Fenyves/Kerschner/Vonkilch (Hrsg), ABGB, 3. Aufl des von Klang begründeten Kommentars zum Allgemeinen Bürgerlichen Gesetzbuch, ab 2006 (zitiert: *Bearbeiter/in* in Klang^{3} Paragraph Randzahl)
Koziol, Haftpflichtrecht I^{3}, II^{2}	*Koziol*, Österreichisches Haftpflichtrecht, I, 3. Aufl, 1997; II, 2. Aufl, 1984
Koziol-Welser/Kletečka I^{14}	*Koziol-Welser/Kletečka*, Bürgerliches Recht, I, 14. Aufl, 2014
Krejci, RK	Krejci (Hrsg), Reformkommentar Unternehmensgesetzbuch, 2007 (zitiert: *Bearbeiter/in* in Krejci, RK UGB Paragraph Randzahl oder ABGB Paragraph Randzahl)
KSchG	Konsumentenschutzgesetz
leg cit	legis citatae (des zitierten Gesetzes)
lit	litera (Buchstabe)
Mat	Materialien
Mat zur 3. TN	Kaiserliche Verordnung vom 19. März 1916, RGBl 69, über die dritte Teilnovelle zum ABGB. Mit Materialien, 1916
Mayrhofer, SchRAT	*Mayrhofer*, Schuldrecht Allgemeiner Teil (= 3. Aufl des Systems von *Ehrenzweig*. Das Recht der Schuldverhältnisse, Allgemeine Lehren), 1986
mE	meines Erachtens
MietSlg	Mietrechtliche Entscheidungen
mN	mit Nachweisen
MRG	Mietrechtsgesetz
mwN	mit weiteren Nachweisen
Nachw	Nachweis(-e)
nF	neue Fassung
NotAktsG	Notariatsaktsgesetz
Nr	Nummer
oä	oder ähnliche(-s)
ÖBA	Österreichisches Bankarchiv
OGH	Oberster Gerichtshof
ÖJT	Österreichischer Juristentag
ÖJZ	Österreichische Juristen-Zeitung
OrgHG	Organhaftpflichtgesetz
österr	österreichische(-n, -r, -s)
PHG	Produkthaftungsgesetz
RdW	Österreichisches Recht der Wirtschaft
RGBl	Reichsgesetzblatt

RL	Richtlinie der EU
Rsp	Rechtsprechung
Rummel[3]	Rummel (Hrsg), Kommentar zum Allgemeinen bürgerlichen Gesetzbuch, 3. Aufl, I, 2000, II, ab 2002 (zitiert: *Bearbeiter/in* in Rummel[3] Paragraph Randzahl)
Rummel/Lukas[4]	Rummel/Lukas (Hrsg), Kommentar zum Allgemeinen bürgerlichen Gesetzbuch, 4. Aufl, ab 2014 (zitiert: *Bearbeiter/in* in Rummel/Lukas[4] Paragraph Randzahl)
RV	Regierungsvorlage
RZ	Österreichische Richterzeitung
Rz	Randzahl
S	Satz
s	siehe
SchG	Scheckgesetz
Schwimann/Kodek[4]	Schwimann/Kodek (Hrsg), Praxiskommentar zum Allgemeinen Bürgerlichen Gesetzbuch, 4. Aufl, ab 2012 (zitiert: *Bearbeiter/in* in Schwimann/Kodek[4] Paragraph Randzahl)
sog	sogenannte(-r, -s)
Straube, UGB[4]	Straube (Hrsg), Wiener Kommentar zum Unternehmensgesetzbuch, 4. Aufl, ab 2009 (zitiert: *Bearbeiter/in* in Straube, UGB[4] Paragraph Randzahl)
stRsp	ständige Rechtsprechung
SZ	Entscheidungen des österreichischen Obersten Gerichtshofes in Zivilsachen
TN	Teilnovelle zum ABGB
ua	unter anderem
uä	und ähnliche(-s)
UGB	Unternehmensgesetzbuch
UNK	Übereinkommen der Vereinten Nationen über Verträge über den Internationalen Warenkauf (UN-Kaufrecht)
uU	unter Umständen
V	Verordnung
VbR	Zeitschrift für Verbraucherrecht
verst	verstärkter
VersVG	Versicherungsvertragsgesetz
vgl	vergleiche
VKrG	Verbraucherkreditgesetz
VR	Die Versicherungsrundschau
VRUG	Verbraucherrechte-Richtlinie-Umsetzungsgesetz
WAG	Wertpapieraufsichtsgesetz
wbl	Wirtschaftsrechtliche Blätter
Welser/Zöchling-Jud II[14]	*Welser/Zöchling-Jud*, Bürgerliches Recht II, 14. Aufl, 2015
WG	Wechselgesetz

Z	Ziffer, Zahl
ZaDiG	Zahlungsdienstegesetz
Zak	Zivilrecht aktuell
ZAS	Zeitschrift für Arbeitsrecht und Sozialrecht
zB	zum Beispiel
ZessRÄG	Zessionsrechts-Änderungsgesetz
ZfRV	Zeitschrift für Rechtsvergleichung
ZinsRÄG	Zinsenrechts-Änderungsgesetz
ZPO	Zivilprozessordnung
ZVG	Zahlungsverzugsgesetz
ZZP	(deutsche) Zeitschrift für Zivilprozessetz

§ 1. Schuldrecht und Schuldverhältnis

A. Begriff und Gegenstand des Schuldrechts

Das ABGB bezeichnet die Schuldrechte als „persönliche Sachenrechte" und definiert diese in § 859 als Rechte, „*vermöge welcher eine Person einer anderen zu einer Leistung verbunden ist*". Diese **Leistungspflicht** der einen Person, des **Schuldners**, besteht gegenüber einer bestimmten anderen Person, dem **Gläubiger**. Dieser hat ein entsprechendes **Forderungsrecht**, das auch als **Anspruch** bezeichnet wird. 1/1

Die vom Schuldner zu erbringende Leistung kann unterschiedlicher Art sein: Sie kann zB in der Übergabe einer bestimmten Sache oder in der Zahlung einer Geldsumme bestehen; Leistung ist auch die Herstellung einer Sache, etwa die Errichtung eines Gebäudes oder die Anfertigung eines Kleidungsstücks. Inhalt der Leistungspflicht kann aber nicht nur ein *Tun*, sondern auch ein *Unterlassen* sein; so ist etwa der Vermieter gegenüber dem Mieter verpflichtet, den Gebrauch seiner Sache (zB seiner Wohnung) zu dulden und diesbezügliche Störungen zu unterlassen (§ 1096).

Dass das ABGB die Schuldrechte als „**persönliche Sachenrechte**" bezeichnet, beruht auf der ihm zugrundeliegenden Einteilung der zivilrechtlichen Regelungsmaterie nach dem *Institutionensystem*, das sämtliche Vermögensrechte als Sachenrechte zusammenfasst und diese den Personenrechten gegenüberstellt (§ 14; vgl I/1/8). 1/2

Die **Unterscheidung** zwischen persönlichen und dinglichen Sachenrechten, also zwischen **Schuld- und Sachenrechten** iS heutiger Terminologie, findet sich in § 307. 1/3

Danach wird ein Recht als **dinglich** qualifiziert, wenn es „über eine Sache" (= an einer Sache) „ohne Rücksicht auf gewisse Personen" zusteht. Dingliche Rechte (an Sachen) wirken also gegenüber jedermann, dh **absolut**. Jedermann ist verpflichtet, diese Rechte zu achten, und kann bei Verletzung oder Störung vom dinglich Berechtigten belangt werden.

So kann insb der Eigentümer seine Sache von jedem unbefugten Inhaber herausverlangen (§ 366), und er kann sich gegen sonstige Beeinträchtigungen oder Störungen mit Unterlassungs- und Beseitigungsansprüchen zur Wehr setzen (näher dazu IV/7/1 ff). Bei Beschädigung seiner Sache stehen dem Eigentümer Schadenersatzansprüche gegen jeden rechtswidrig und schuldhaft handelnden Schädiger zu (vgl III/13/16).

1/4 Demgegenüber sind persönliche Sachenrechte, also **Schuldrechte**, gem § 307 solche Rechte, die „zu einer Sache" (= auf eine Sache) *„nur gegen gewisse Personen"* zustehen. Das Recht auf eine Sache bzw auf eine Leistung (§ 859) wirkt also grundsätzlich nur im Verhältnis zu einer bestimmten Person, die eine entsprechende Pflicht hat. Das Forderungsrecht bzw der Leistungsanspruch des Gläubigers richtet sich *nur* gegen den Schuldner. Umgekehrt ist der Schuldner nur dem Gläubiger zur Leistung verpflichtet und kann nur an ihn wirksam leisten. Diese Tatsache, dass Schuldrechte nur zwischen Gläubiger und Schuldner bestehen, bezeichnet man als **Relativität der Schuldrechte** (vgl dazu auch Rz 1/36 ff). Die schuldrechtliche Forderung unterscheidet sich dadurch in ihrer Struktur grundsätzlich von einem dinglichen Recht, das – wie gesagt – gegenüber jedermann wirkt und damit absoluten Schutz genießt.

Der schuldrechtliche Anspruch *auf* eine Sache gibt dem Gläubiger kein (dingliches) Recht *an* dieser Sache.

So hat etwa der Käufer einer Sache aufgrund des Kaufvertrages nur ein Forderungsrecht gegen den Verkäufer auf Leistung dieser Sache. Das Eigentumsrecht *an* der Sache erwirbt er erst im Zeitpunkt der Übergabe durch den Verkäufer (vgl IV/6/36 ff).

1/5 Das Forderungsrecht beruht stets auf einer *Sonderbeziehung* zwischen Gläubiger und Schuldner, die als **Schuldverhältnis** oder *Obligation* bezeichnet wird. Diese Sonderbeziehung entsteht entweder durch Rechtsgeschäft, insb durch Vertrag, oder unmittelbar aufgrund des Gesetzes. Die in § 859 zusätzlich genannte „erlittene Beschädigung" begründet in Wahrheit nur eine spezielle Form eines gesetzlichen Schuldverhältnisses (näher dazu Rz 1/15 ff).

1/6 Das **Schuldrecht als Rechtsgebiet** umfasst jene Bestimmungen, die die Begründung, inhaltliche Ausgestaltung, Änderung, Abwicklung und sonstige Beendigung von Schuldverhältnissen betreffen. Die Unterschiede im Entstehungsgrund von Schuldverhältnissen spielen grundsätzlich keine Rolle für die Zugehörigkeit einer Frage zum Schuldrecht. Ebenso irrelevant ist insofern die Art der geschuldeten Leistung (s Rz 1/1 und 2/3 ff).

Dennoch gehören nicht alle Rechtsverhältnisse, die Forderungen zwischen zwei oder mehreren Personen begründen, zum Schuldrecht. Der Struktur nach handelt es sich zwar um Schuldverhältnisse; liegt der Schwerpunkt jedoch in einem anderen Rechtsgebiet, pflegt man sie dort einzuordnen, insb im Erbrecht oder im Familienrecht.

Neben einer solchen generellen Einordnung kommt es aber häufig zu einer ergänzenden Anwendung des Schuldrechts. Auch auf eine familienrechtliche Forderung (etwa auf Unterhaltsleistungen) oder einen erbrechtlichen Anspruch (zB aufgrund eines Vermächtnisses) sind also – soweit keine Spezialvorschriften bestehen – durchaus die allgemeinen Regeln über Leistungsort, Verzugszinsen uä anwendbar.

Für das Schuldrecht selbst bleiben vor allem zwei Bereiche: Verträge und sonstige Rechtsgeschäfte einerseits, gesetzliche Schuldverhältnisse, insb aus unerlaubter Schädigung, ungerechtfertigter Bereicherung oder Geschäftsführung ohne Auftrag andererseits. Soweit Regeln gelten, die auf mehrere oder alle Arten von Schuldverhältnissen anwendbar sind, spricht man vom **allgemeinen Teil des Schuldrechts**. Zahlreiche Bestimmungen des allgemeinen Schuldrechts sind für den Bereich der *Verbrauchergeschäfte* im KSchG enthalten, wobei dort ABGB-Regeln teils modifiziert, teils nur interpretiert werden.

Zentrales Anliegen des KSchG ist der **Schutz von Verbrauchern (Konsumenten) bei Rechtsgeschäften mit Unternehmern**. Für solche sog *Verbrauchergeschäfte* normiert das KSchG besondere Schutzvorschriften, die zum Nachteil der Konsumenten vertraglich weder abbedungen noch geändert werden können (§ 2 Abs 2 KSchG; einseitig zwingendes Recht, vgl dazu I/1/29). *Unternehmer* ist gem § 1 Abs 1 Z 1 KSchG jeder, für den das entsprechende Geschäft „zum Betrieb seines Unternehmens gehört". Der Begriff des Unternehmens wird in Abs 2 leg cit definiert als „jede auf Dauer angelegte Organisation selbständiger wirtschaftlicher Tätigkeit, mag sie auch nicht auf Gewinn gerichtet sein". *Verbraucher* ist demgegenüber gem § 1 Abs 1 Z 2 KSchG jeder Nichtunternehmer (ausführlich zum Ganzen I/1/12 ff). Da die KSchG-Regeln verschiedenste Bereiche des bürgerlichen Rechts, insb auch des allgemeinen Schuldrechts betreffen, werden sie nicht in einem eigenen Kapitel, sondern im jeweils einschlägigen Zusammenhang behandelt.

B. Das Schuldverhältnis im engeren und im weiteren Sinn

I. Allgemeines

Die in § 859 beschriebene Rechtsbeziehung, die den Schuldner gegenüber **1/7** seinem Gläubiger zu einer Leistung verpflichtet, wird als **Schuldverhältnis im engeren Sinn** bezeichnet. Es handelt sich dabei um den einzelnen Anspruch bzw die einzelne Forderung.

So ist etwa der Anspruch des Verkäufers gegen den Käufer auf Kaufpreiszahlung sowie der Anspruch des Käufers gegen den Verkäufer auf Übergabe der Sache jeweils ein eigenes Schuldverhältnis ieS; ebenso zB der Anspruch des Geschädigten gegen den Schädiger auf Schadenersatz.

In den meisten Fällen entstehen jedoch aus einem Begründungstatbestand **1/8** (zB einem Vertrag) mehrere Schuldverhältnisse ieS, also mehrere – meist wechselseitige – Ansprüche bzw Verbindlichkeiten.

So erzeugt ein Kaufvertrag einerseits den Anspruch des Käufers gegen den Verkäufer auf Übergabe der Sache und andererseits den Anspruch des Verkäufers gegen den Käufer auf Zahlung des Kaufpreises. Beide Vertragspartner sind im Verhältnis zueinander sowohl Gläubiger als auch Schuldner.

Die gegenseitigen Ansprüche und Verpflichtungen stehen nicht isoliert und getrennt nebeneinander, sondern sind durch ihren gemeinsamen Entstehungsgrund und ihren *Zweckzusammenhang* verknüpft. Sie bilden zusammen mit sämtlichen Nebenrechten und -pflichten (dazu Rz 1/12 ff) das **Schuldverhältnis im weiteren Sinn.**

II. Verknüpfung von gegenseitigen Pflichten im Schuldverhältnis im weiteren Sinn

1/9 Die wichtigste Form der gegenseitigen Verknüpfung von Ansprüchen bzw Pflichten im Schuldverhältnis iwS ist das sog **Synallagma**. Das bedeutet, dass eine Leistung nur deshalb versprochen bzw erbracht wird, um eine Gegenleistung zu erhalten („do ut des"). Das synallagmatische Schuldverhältnis ist also auf den gegenseitigen Austausch von Leistungen gerichtet. So ist zB der Käufer nur deshalb bereit, den Kaufpreis zu bezahlen, weil er die gekaufte Ware erwerben will. Verträge, die auf einen solchen Austausch von wechselseitigen Leistungen gerichtet sind, bezeichnet man als *gegenseitige oder synallagmatische Verträge*. Diese Verträge sind *zweiseitig verbindlich*, weil jeder Teil sowohl berechtigt als auch verpflichtet ist. Außerdem handelt es sich um *entgeltliche* Verträge, denn die eine Leistung soll durch die Gegenleistung abgegolten werden; es wird ein wirtschaftlicher Austausch bezweckt (vgl zum Ganzen auch I/5/9 f). Synallagmatische Verträge sind zB Kauf, Tausch, Miete, Pacht, Dienst- und Werkvertrag.

1/10 Üblicherweise wird zwischen genetischem und funktionellem Synallagma unterschieden: Das **genetische Synallagma** bezeichnet die Tatsache, dass die eine Verpflichtung grundsätzlich nur dann entsteht, wenn auch die andere wirksam begründet wird.

Ist zB die eine Leistungspflicht verboten und deshalb ungültig, entsteht auch die Gegenleistungspflicht nicht. Der gesamte Vertrag ist unwirksam (s § 879).

Funktionelles Synallagma bedeutet, dass die nachträgliche Aufhebung der einen Leistungspflicht grundsätzlich auch zum Erlöschen der Gegenleistungspflicht führt (es gibt aber Ausnahmen).

Beispiel: Der Rücktritt vom Vertrag wegen Zahlungsverzugs des einen Teils hebt auch die Gegenleistungspflicht auf. Ist die Gegenleistung bereits erbracht, entsteht ein entsprechender Rückforderungsanspruch.

Das **Zug-um-Zug-Prinzip** (§§ 1052, 1062) ist Ausdruck des funktionellen Synallagmas (näher dazu Rz 2/43 ff).

III. Bestandteile des Schuldverhältnisses im weiteren Sinn

Die für das Schuldverhältnis, insb für den konkreten Vertragstyp charakteristischen Pflichten bezeichnet man als **Hauptleistungspflichten**. Sie sind idR der Grund für die Parteien zum Abschluss des Vertrages. **1/11**

Beispiele: Kaufvertrag: Übereignung der Sache gegen Kaufpreiszahlung; Werkvertrag: Herstellung eines Werkes gegen Zahlung des Werklohns; Mietvertrag: Überlassung des Gebrauchs einer Sache gegen Zahlung des Mietzinses.

Zusätzlich entstehen häufig Nebenpflichten, die in selbständige und unselbständige unterteilt werden. **1/12**

Die **selbständigen Nebenleistungspflichten** stehen im Entgeltsverhältnis; dh diesen Pflichten steht nach dem Parteiwillen ein entsprechender Teil der Gegenleistung gegenüber. Deshalb heißen sie auch *äquivalente* Nebenpflichten.

Beispiele: Zustellung und Montage einer verkauften Maschine oder eines Einbauschranks; regelmäßige Wartung eines technischen Geräts.

Die **unselbständigen Nebenleistungspflichten** stehen nicht im Entgeltsverhältnis und werden daher auch *inäquivalente* Nebenpflichten genannt. Sie bezwecken vor allem die Vorbereitung und reibungslose Abwicklung der Hauptleistungen. Solche Pflichten sind entweder besonders vereinbart oder ergeben sich aus ergänzender Vertragsauslegung, insb aus der Übung des redlichen Verkehrs (§ 914). Zum Teil sind sie auch im Gesetz angeordnet, wie zB die Pflicht des Verkäufers zur Verwahrung der Kaufsache bis zur Übergabe (§ 1061).

Weitere Beispiele: Pflicht zur Verpackung und Versendung der gekauften Sache oder zur Lieferung einer Gebrauchsanweisung; Rechnungslegungspflichten (§ 1012); Warnpflicht des Werkunternehmers (§ 1168a) etc.

Von zunehmender Bedeutung sind insofern die **Aufklärungs- und Informationspflichten**, die vor allem in jüngeren Spezialgesetzen (meist basierend auf entsprechenden europarechtlichen Vorgaben) in großer Zahl normiert sind (vgl dazu auch Rz 1/23); zB § 9 VKrG, §§ 31 ff ZaDiG, §§ 40 ff WAG.

Eine besondere Gruppe der unselbständigen Nebenpflichten stellen die sog **Schutz- und Sorgfaltspflichten** dar. Der Schuldner ist verpflichtet, seine Erfüllungshandlungen so zu setzen, dass dabei der Gläubiger weder an seiner Person noch an seinen sonstigen Rechtsgütern geschädigt wird. **1/13**

Beispiel: Der Schuldner, der Möbel liefert, Installationsarbeiten durchführt, die Wohnung tapeziert oä, muss sorgfältig darauf achten, dass er dabei keine Einrichtungsgegenstände beschädigt und dem Gläubiger keine Körperverletzung zufügt.

Solche Schutz- und Sorgfaltspflichten sind für manche Fälle ausdrücklich angeordnet (zB §§ 1157, 1169); ansonsten ergeben sie sich nach hA aus ergänzender Vertragsauslegung (§ 914). Eine Verletzung dieser Pflichten wird von einem Teil der Lehre als *positive Vertragsverletzung* bezeichnet[1].

Diese Schutz- und Sorgfaltspflichten werden jedoch idR nicht erst durch das Schuldverhältnis begründet. Vielmehr hat schon ganz allgemein, also auch ohne jegliche Sonderbeziehung, jedermann die Pflicht, sich gegenüber der Person und den sonstigen (absolut geschützten) Rechtsgütern eines anderen sorgfältig zu verhalten. Eine schuldhafte Schädigung solcher Rechtsgüter macht in jedem Fall schadenersatzpflichtig (vgl III/13/16 und III/14/2).

Nach hA soll allerdings das Schuldverhältnis zu einer Verstärkung bzw Intensivierung der allgemeinen Sorgfaltspflichten führen. Vor allem wird aber durch die Einbeziehung der Schutz- und Sorgfaltspflichten in das vertragliche Schuldverhältnis erreicht, dass bei Schädigung infolge schuldhafter Verletzung solcher Pflichten nicht bloß deliktische, sondern *vertragliche* Schadenersatzansprüche zustehen. Der Vorteil für den Geschädigten liegt insb darin, dass er seinen Vertragspartner auch wegen schuldhafter Schädigung durch dessen Gehilfen in Anspruch nehmen kann (§ 1313a; allgemein dazu III/13/44 ff). Bei bloß deliktischen Ersatzansprüchen bestünde hingegen diese Möglichkeit nur unter den besonderen Voraussetzungen nach § 1315 (vgl III/13/40 ff).

Reischauer[2] lehnt die Einbeziehung der allgemeinen Schutz- und Sorgfaltspflichten in das vertragliche Schuldverhältnis ab. Nach seiner Ansicht handelt es sich dabei eben nicht um Vertragspflichten, sondern um rein *deliktische* Pflichten. In der Frage des Schadenersatzes wegen Gehilfenverschuldens bejaht allerdings auch *Reischauer* – freilich mit anderer Begründung als die hA – die Anwendbarkeit des § 1313a.

1/14 Die Haupt- und Nebenleistungspflichten aufgrund des Schuldverhältnisses (iwS) werden als **Primärpflichten**, die aus deren (schuldhafter) Verletzung entstehenden Schadenersatzpflichten als **Sekundärpflichten** bezeichnet. Daneben können im Schuldverhältnis auch **Gestaltungsrechte** bestehen; zB auf Rücktritt, Wandlung oder Kündigung (vgl I/3/10 ff).

Durch manche Schuldverhältnisse werden außerdem **Obliegenheiten** begründet; das sind Rechtspflichten „minderer Art". Eine Verletzung von Obliegenheiten löst keine Erfüllungs- oder Schadenersatzansprüche aus, sondern hat sonstige Nachteile bzw Einbußen zur Folge (vgl I/3/16).

So führt zB die Verletzung der Schadensminderungsobliegenheit (§ 1304) zur Kürzung des Schadenersatzanspruchs, der Verstoß gegen die Rügeobliegenheit beim Warenkauf zwischen Unternehmern (§ 377 UGB) zum Verlust von Gewährleistungsrechten; eine Verlet-

---

1 Vgl zum Ganzen *Koziol*, Haftpflichtrecht[2] II 79 ff mwN; kritisch *Reischauer* in Rummel[3] Vor §§ 918–933 Rz 4 f.

2 In Rummel[3] Vor §§ 918–933 Rz 4 f.

zung von versicherungsrechtlichen Obliegenheiten (zB Anzeige-„pflichten") hat oft die Leistungsfreiheit des Versicherers zur Folge.

C. Entstehung von Schuldverhältnissen

I. Entstehungsgründe

Schuldverhältnisse „gründen sich" nach § 859 entweder *„unmittelbar auf ein Gesetz; oder auf ein Rechtsgeschäft; oder auf eine erlittene Beschädigung"*. 1/15

Rechtsgeschäftliche Schuldverhältnisse entstehen vor allem durch Verträge, aber auch durch einseitige Rechtsgeschäfte, zB Auslobung (Rz 1/17) oder Vermächtnis (VI/10/1 ff). Der Grund für das Entstehen von Ansprüchen bzw Pflichten liegt im *erklärten Parteiwillen*. Das Gesetz greift hier nur ergänzend, allenfalls auch korrigierend (ius cogens) ein.

Demgegenüber treten bei den **gesetzlichen** Schuldverhältnissen die Rechtsfolgen *unabhängig vom Parteiwillen, allein aufgrund gesetzlicher Anordnung* ein. Gesetzliche Schuldverhältnisse finden sich in den verschiedensten Bereichen des Privatrechts.

ZB im *Familienrecht*: Unterhaltspflichten zwischen Eltern und Kindern oder zwischen Ehegatten; im *Erbrecht*: Pflichtteilsrechte; im *Schuldrecht*: Schadenersatzansprüche, Ansprüche wegen ungerechtfertigter Bereicherung oder Geschäftsführung ohne Auftrag.

Für die gesetzlichen Schuldverhältnisse gelten vorrangig die einschlägigen Spezialnormen; die allgemeinen Regeln kommen nur ergänzend zur Anwendung. Die Rechtsverhältnisse aufgrund ungerechtfertigter Bereicherung, Geschäftsführung ohne Auftrag und „erlittener Beschädigung" werden im Besonderen Teil des Schuldrechts (III/13–16) behandelt.

Die **„erlittene Beschädigung"** stellt – wie erwähnt – nur einen besonderen Fall der gesetzlichen Entstehungsgründe für Schuldverhältnisse dar. Die Schadenersatzansprüche haben ihren Grund meist in einem rechtswidrigen Verhalten des Schädigers (dazu III/13/14); doch können auch erlaubte Handlungen Ersatzpflichten auslösen, so zB im Bereich der Gefährdungs- und Eingriffshaftung (vgl III/14/36 ff und IV/4/18 ff).

II. Rechtsgeschäftliche Schuldverhältnisse

Das in der Praxis wichtigste Rechtsgeschäft ist der **Vertrag**. Er kommt 1/16 durch übereinstimmende Willenserklärungen zweier oder auch mehrerer Parteien zustande (ausführlich zum Vertragsschluss, zu dessen Voraussetzungen und Mängel I/6/1 ff). Im Schuldrecht herrscht grundsätzlich *Vertragsfreiheit*, also Abschluss-, Inhalts-, Form- und Endigungsfreiheit. Die Parteien können im Prinzip frei entscheiden, ob, mit wem und in welcher

Form sie kontrahieren; sie können Verträge mit beliebigem Inhalt abschließen und diese jederzeit einvernehmlich wieder auflösen (zu den diesbezüglichen Details und Ausnahmen vgl I/5/20 ff).

1/17 Die Entstehung von Schuldverhältnissen durch **einseitige Rechtsgeschäfte** ist eher die Ausnahme. Da die Privatautonomie nur die Möglichkeit einräumt, die eigenen rechtlichen Beziehungen zur Umwelt zu gestalten, können einseitige Rechtsgeschäfte nur auf *Selbstverpflichtung* des Erklärenden gerichtet sein.

Wichtigster Fall im Bereich des Schuldrechts ist die **Auslobung** gem §§ 860 ff: Der Auslobende verspricht eine Belohnung für eine bestimmte Leistung oder für die Herstellung eines bestimmten Erfolges. Das Versprechen erfolgt durch öffentliche Bekanntmachung (zB Zeitung, Anschlag oder Flugblatt) und darf nicht an bestimmte Personen gerichtet sein. Der Anspruch auf die Belohnung entsteht mit der Erbringung der Leistung; dies auch dann, wenn die Leistung in Unkenntnis der Auslobung erbracht wurde (vgl auch I/5/8).

Beispiel: „Wer meinen entflogenen Papagei zurückbringt, erhält 150,–."

Die Auslobung kann bis zur Vollendung der Leistung in derselben Form, in der sie bekanntgemacht wurde, oder einer gleich wirksamen Form *widerrufen* werden. Hat jemand die Leistung in schuldloser Unkenntnis des Widerrufs erbracht, hat er dennoch Anspruch auf die Belohnung (§ 860a). Wird die Leistung von mehreren erbracht, so gebührt jenem die Belohnung, der sie *zuerst* erbracht hat. Bei Gleichzeitigkeit der Leistung ist der Lohn zu teilen (§ 860b).

Eine spezielle Art der Auslobung stellt das **Preisausschreiben** (§ 860 S 2) dar: In diesem Fall erwartet der Auslobende mehrere Leistungen oder Erfolge, so dass zwischen den Bewerbern eine Auswahl erforderlich ist. Diese obliegt im Zweifel dem Auslobenden; sie kann aber auch einer Jury übertragen werden. Für die Gültigkeit des Preisausschreibens ist eine Fristsetzung erforderlich, damit sich der Auslobende nicht durch überlanges Zuwarten auf bessere Leistungen seiner Verpflichtung entziehen kann.

III. Vor- und nachvertragliche Pflichten

1. Das vorvertragliche Schuldverhältnis

a) Allgemeine Grundlagen

1/18 Nach hL und stRsp begründet schon die *Kontaktaufnahme zu geschäftlichen Zwecken* ein vorvertragliches Schuldverhältnis zwischen den Parteien[3]. Dieses Schuldverhältnis verpflichtet die Beteiligten zur Sorgfalt und gegenseitigen Rücksichtnahme bei der Vorbereitung und beim Abschluss des Ge-

3 Vgl zum Folgenden *Koziol*, Haftpflichtrecht[2] II 70 ff; ausführlich *A. Reich-Rohrwig*, Aufklärungspflichten vor Vertragsabschluss (2015); jeweils mwN.

schäfts. Es umfasst **Aufklärungspflichten** sowie **Schutz- und Sorgfaltspflichten** gegenüber der Person und den sonstigen Rechtsgütern des Partners, aber *keine Hauptleistungspflichten.* Die vorvertraglichen Pflichten entsprechen im Wesentlichen den nach Abschluss des Vertrages bestehenden Aufklärungs-, Schutz- und Sorgfaltspflichten (= unselbständige Nebenpflichten, Rz 1/12 f).

Das vorvertragliche Schuldverhältnis entsteht unmittelbar *aufgrund des Gesetzes*, also unabhängig vom Parteiwillen. Ob das in Aussicht genommene Geschäft zustandekommt oder nicht, ist irrelevant. Das ABGB enthält zwar keine allgemeine Regelung der vorvertraglichen Pflichten; es finden sich jedoch gewisse Anhaltspunkte in einigen Einzelbestimmungen, wie insb in den §§ 874 und 878. Diese werden als ausreichende Grundlage für eine Rechtsanalogie angesehen. **1/19**

Die schuldhafte Verletzung von vorvertraglichen Pflichten wird als **culpa in contrahendo** (Verschulden beim Vertragsschluss) bezeichnet und macht schadenersatzpflichtig (Rz 1/25 ff). Insofern werden die *vertragsrechtlichen* Regeln angewandt, was vor allem eine unbeschränkte *Gehilfenzurechnung nach § 1313a* ermöglicht. **1/20**

Bei den Gehilfen, derer sich der Geschäftsherr zur Interessenverfolgung im vorvertraglichen Stadium bedient, handelt es sich allerdings oft nicht um Erfüllungsgehilfen im eigentlichen Sinn des § 1313a (dazu III/13/44 ff); vielmehr geht es hier häufig um Personen, die zu Vorverhandlungen, zur Vorbereitung oder zum Abschluss des Geschäfts eingesetzt sind, also um Stellvertreter und sonstige *Vertrags- oder Verhandlungsgehilfen.*

Reischauer[4] steht der Annahme eines gesetzlichen Schuldverhältnisses im vorvertraglichen Stadium kritisch gegenüber. Nach seiner Ansicht handelt es sich sowohl bei den Schutz- und Sorgfaltspflichten als auch bei den vorvertraglichen Aufklärungspflichten um *deliktische Pflichten.* Dennoch stimmt *Reischauer* in wichtigen Punkten mit der hM überein. Insbesondere kommt auch nach seiner Auffassung in der Frage des Schadenersatzes wegen Gehilfenverschuldens § 1313a zur Anwendung; dies mit der Begründung, dass Gehilfen stets nach § 1313a zurechenbar sind, wenn sie vom Geschäftsherrn zur *Interessenverfolgung gegenüber dem Geschädigten* eingesetzt wurden. **1/21**

b) Inhalt und Umfang der vorvertraglichen Pflichten

Aus dem vorvertraglichen Schuldverhältnis entstehen nach hA – wie erwähnt – vor allem Aufklärungspflichten sowie Schutz- und Sorgfaltspflichten gegenüber Person und sonstigen Rechtsgütern des Partners. **1/22**

4 In Rummel[3] Vor §§ 918–933 Rz 14 ff.

Zur Begründung der **Schutz- und Sorgfaltspflichten** bedarf es freilich weder eines vertraglichen noch eines vorvertraglichen Schuldverhältnisses. Vielmehr macht schon ganz allgemein jede sorgfaltswidrige Schädigung von (absolut geschützten) Rechtsgütern eines anderen schadenersatzpflichtig ex delicto (vgl bereits oben Rz 1/13). Durch die Einordnung der allgemeinen deliktischen Pflichten als (vertragliche oder) vorvertragliche Schutz- und Sorgfaltspflichten wird nach hA die Anwendung der – für den Geschädigten meist günstigeren – vertragsrechtlichen Haftungsregeln begründet[5] (Rz 1/20).

1/23 Vorvertragliche **Aufklärungspflichten** bestehen im Allgemeinen dann, wenn der andere Teil nach den Grundsätzen des redlichen Geschäftsverkehrs eine Aufklärung erwarten darf. Aufzuklären ist insb über die Beschaffenheit des Leistungsgegenstandes, über eventuelle Leistungshindernisse (zB Export- oder Importverbot) sowie über Gefahren, die mit der Leistung verbunden sind (zB Risiken einer ärztlichen Behandlung).

Eine Vielzahl an vorvertraglichen Aufklärungspflichten ist inzwischen in sondergesetzlichen Vorschriften (meist basierend auf entsprechenden europarechtlichen Vorgaben) ausdrücklich normiert; zB § 6 VKrG; §§ 8, 10 HIKrG; §§ 4 ff FAGG.

Die Verletzung solcher Informationspflichten ist regelmäßig mit Verwaltungsstrafen sanktioniert. Häufig sind – zumindest für gewisse Aufklärungsmängel – zusätzliche Rechtsfolgen angeordnet; so führt insb die Verletzung der Belehrungspflicht über spezielle Rücktrittsrechte (Rz 4/56) meist zu einer Verlängerung oder einem späteren Beginn der entsprechenden Rücktrittsfrist. In den Details sind die einschlägigen Regelungen in den einzelnen Sondergesetzen freilich oft sehr unterschiedlich gestaltet (vgl I/10/7 und III/9/17).

1/24 Der **Abbruch von Vertragsverhandlungen** bzw die **Ablehnung des Vertragsschlusses** stellt grundsätzlich keinen Pflichtverstoß dar; denn „solange die Unterhandlungen dauern", entsteht noch keine rechtsgeschäftliche Bindung (§ 861 S 2).

Rechtswidrig handelt jedoch, wer seinem Verhandlungspartner das Vorliegen eines *Abschlusswillens vortäuscht* (Verletzung der Aufklärungspflicht). Darüber hinaus wird ein Verstoß gegen vorvertragliche Pflichten auch dann angenommen, wenn ein Teil beim anderen ein *besonderes Vertrauen* auf den künftigen Vertragsschluss erweckt und diesen dann *grundlos* ablehnt[6].

c) Schadenersatzpflicht wegen culpa in contrahendo

1/25 Die Verletzung vorvertraglicher Pflichten (culpa in contrahendo) begründet bei Vorliegen der allgemeinen haftungsrechtlichen Voraussetzungen (III/13/4 ff)

5 Kritisch *Reischauer* in Rummel[3] Vor §§ 918–933 Rz 18.
6 Ausführlich *Lukas*, JBl 2009, 751 und 2010, 23.

Schadenersatzpflichten (Rz 1/20 f). Zu ersetzen ist stets der durch das rechtswidrige und schuldhafte Verhalten *verursachte Schaden*.

Wurden vorvertragliche **Aufklärungspflichten** verletzt, ist der sog *Vertrauensschaden* zu ersetzen; das ist jener Schaden, der durch das Vertrauen auf das irreführende Verhalten bzw auf das gültige Zustandekommen des Vertrages entstanden ist, der also nicht eingetreten wäre, wenn pflichtgemäß aufgeklärt worden wäre.

Beispiele: Kosten und Spesen für die Vorbereitung und Errichtung des nicht oder nicht gültig zustandegekommenen Vertrages; Aufwendungen für die Vorbereitung, allenfalls auch die Durchführung und Rückabwicklung der Leistung; Nachteile wegen Versäumung anderer Abschlussgelegenheiten, etwa Ausschlagung eines günstigen Angebots eines Dritten.

Wurden **Schutz- und Sorgfaltspflichten** schuldhaft verletzt und wurde dadurch der Partner an seinem Körper, seiner Gesundheit oder an anderen Rechtsgütern (insb seinem Eigentum) geschädigt, so ist dieser Schaden nach den Bestimmungen des Deliktsrechts zu ersetzen; dies freilich mit der Besonderheit, dass für ein entsprechendes Gehilfenverschulden nach § 1313a einzustehen ist (Rz 1/20). **1/26**

Ein **Mitverschulden des Geschädigten** führt grundsätzlich zu einer Kürzung des Ersatzanspruchs gem § 1304 (vgl III/13/64 ff). Bei Verletzung einer *vorvertraglichen Aufklärungspflicht* ist hingegen nach verbreiteter Auffassung § 878 letzter Satz analog anzuwenden. Danach führt *„gleichgradiges"* Verschulden des Geschädigten (an seiner Unkenntnis) zum gänzlichen Verlust des Ersatzanspruchs (Kulpakompensation)[7]. **1/27**

2. Nachvertragliche Pflichten

Entsprechend den vorvertraglichen Pflichten werden zunehmend auch nachvertragliche Pflichten anerkannt. Meist werden diese Pflichten allerdings als gewöhnliche *vertragliche* Nebenpflichten angesehen, was jedoch ihr Fortbestehen nach Erlöschen des vertraglichen Schuldverhältnisses nicht zureichend erklärt. Die Einordnung hat wohl nach denselben Grundsätzen zu erfolgen wie die der vorvertraglichen Pflichten[8]. **1/28**

Beispiele: Pflicht zur Warnung bei nachträglich erkannter Gefährlichkeit einer Ware; „Rückrufpflichten"; Pflicht zur Geheimhaltung von Betriebsgeheimnissen des früheren Vertragspartners; Auskunftspflicht gegenüber dem Vertragspartner oder Behörden.

---

7 Vgl *Reischauer* in Rummel[3] Vor §§ 918–933 Rz 16a; *Rummel* in Rummel/Lukas[4] § 878 Rz 18; *Graf* in ABGB-ON[1.02] § 878 Rz 20 f; ausführlich *A. Reich-Rohrwig*, Aufklärungspflichten vor Vertragsabschluss 326 ff; jeweils mit Darstellung des Meinungsstandes.

8 *Rummel* in Rummel/Lukas[4] § 859 Rz 54; *Graf* in ABGB-ON[1.02] § 859 Rz 22; ausführlich *Schopper*, Nachvertragliche Pflichten (2009).

D. Schuld und Haftung

1/29 *Schuld* ist die **Verpflichtung zu einer Leistung** iSv § 859. *Haftung* bedeutet in dem Zusammenhang das **Einstehenmüssen** für die Erfüllung der Schuld. Erbringt der Schuldner die Leistung nicht freiwillig, kann sie von ihm erzwungen werden. Der Gläubiger kann seinen Anspruch im Wege der Zwangsvollstreckung durchsetzen.

Der Begriff der *Haftung* wird von der Rechtssprache noch in anderem Sinn verwendet: So bedeutet „Haftung" im Schadenersatzrecht die Verantwortlichkeit für einen Schaden, also Schadenersatzpflicht, im Gewährleistungsrecht das Einstehenmüssen für Mängel der erbrachten Leistung.

1/30 Zur **Zwangsvollstreckung** (= Exekution) kommt es dann, wenn der Schuldner auch nach rechtskräftiger Verurteilung seine Leistungspflicht nicht erfüllt. Richtet sich der Anspruch des Gläubigers auf eine bestimmte Sache, so wird dem Schuldner diese Sache, falls sie in seinem Vermögen (noch) vorhanden ist, zwangsweise weggenommen. Bei primären Geldansprüchen sowie sekundären Schadenersatzansprüchen (insb wegen verschuldeter Unmöglichkeit der ursprünglich geschuldeten Leistung) wird dem Schuldner der entsprechende Geldbetrag abgenommen. Hat der Schuldner diesen Geldbetrag nicht, so kann der Gläubiger Vermögensgegenstände des Schuldners pfänden und verwerten lassen; aus dem Erlös wird die Forderung des Gläubigers befriedigt. *Der Schuldner haftet grundsätzlich persönlich mit seinem gesamten Vermögen für die Erfüllung seiner Pflicht.*

1/31 Die **persönliche Haftung** ist allerdings zum Zweck des *Schuldnerschutzes* **beschränkt**: Unpfändbar sind insb Gegenstände, die der Schuldner für seine Berufsausübung benötigt (zB Geräte, Werkzeuge, Maschinen), sowie lebensnotwendige Güter (zB Heizmaterial, Hilfsmittel eines Behinderten); vgl §§ 250 f EO. Außerdem muss dem Schuldner das sog *Existenzminimum* belassen werden (§ 291a EO).

1/32 In gewissen Sonderfällen ist die persönliche Haftung von vornherein auf *bestimmte Vermögensgegenstände* (Haftung *cum viribus*) oder auf einen *Höchstbetrag* (Haftung *pro viribus*) beschränkt.

Beide Formen der Haftungsbeschränkung finden sich insb im *Erbrecht*: So haftet für Verlassenschaftsverbindlichkeiten bis zur Einantwortung die Verlassenschaft (als juristische Person; § 546) mit ihrem Vermögen. Hat der Erbe eine bedingte Erbantrittserklärung abgegeben, so haftet er für Erblasser- und Erbfallsschulden gem § 802 nur bis zum Wert des übernommenen Aktivvermögens (ausführlich dazu VI/8/5 und VI/8/13 ff).

1/33 Im Unterschied zu den Haftungsbeschränkungen entsteht in den Fällen einer **Schuldbegrenzung** von vornherein die Forderung des Gläubigers nur bis zu einem bestimmten Höchstbetrag. Solche Schuldbegrenzungen finden sich vor allem in besonderen Bereichen des Schadenersatzrechtes, insb dort, wo jemand aufgrund eines erhöhten Risikos, uU verschuldensunabhängig, ersatzpflichtig wird (zB § 970a ABGB; §§ 15 f EKHG).

Von der Schuldbegrenzung durch Höchstbeträge ist der *Selbstbehalt* zu unterscheiden, bei dem die Schuld erst ab einem gewissen Mindestbetrag entsteht (zB § 2 Z 2 PHG).

Neben der persönlichen Haftung kennt das Gesetz auch die **Sachhaftung**, die zB durch Verpfändung von Sachen für eigene oder fremde Schulden begründet wird. Das (dingliche) **Pfandrecht** dient dem Gläubiger als Sicherheit für seine Forderung (näher dazu IV/9/1 ff). Der Pfandbesteller wird als *Realschuldner* bezeichnet. Er haftet (wenn er nicht zugleich Personalschuldner ist) nicht mit seinem gesamten Vermögen, sondern nur mit der Pfandsache für die Befriedigung der gesicherten Forderung. **1/34**

Eine besondere Kategorie stellen die **Naturalobligationen** (natürliche oder unvollkommene Verbindlichkeiten) dar. Sie werden auch als *Schulden ohne Haftung* bezeichnet, weil sie nicht zwangsweise durchsetzbar sind. Dennoch handelt es sich dabei um wirkliche Schulden. Daraus folgt vor allem, dass eine Leistung, die zur Erfüllung einer Naturalobligation erbracht wurde, nicht zurückgefordert werden kann (§ 1432). Naturalobligationen sind insb die in § 1432 ausdrücklich genannten verjährten und formungültigen Schulden, weiters die Verbindlichkeiten aus Spiel und Wette (§ 1271), soweit diese erlaubt sind (dazu III/10/5 f). **1/35**

Verjährte Schulden sind nicht schlechthin klaglos; denn gem § 1501 ist auf die Verjährung „ohne Einwendung der Parteien, von Amts wegen kein Bedacht zu nehmen". Auf die Einrede der Verjährung kann daher – allerdings nur nachträglich (§ 1502) – verzichtet werden.

Bei *formungültigen Verträgen* hängt es vom Formzweck ab, ob eine Naturalschuld entsteht oder ob doch ein Rückforderungsanspruch zugebilligt wird.

So wird bei formungültigen Ehegattenverträgen (§ 1 Abs 1 lit b NotAktsG) „Heilung durch Erfüllung" von einem Teil der Lehre abgelehnt, weil dadurch der Zweck des Gläubigerschutzes vereitelt würde[9].

Sind aus einem *gegenseitigen Vertrag* wegen Formmangels für beide Seiten Naturalobligationen entstanden, bewirkt erst die Erfüllung durch *beide* Teile die Heilung des Mangels. Hat nur ein Teil seine Naturalschuld erfüllt, kann er die Leistung zurückfordern (§ 1435).

Ob eine *Befestigung von Naturalobligationen* möglich ist, etwa durch Pfandbestellung, Bürgschaft oder (konstitutives) Anerkenntnis, hängt vom jeweiligen Zweck im Einzelfall ab.

---

9 Vgl *Rummel* in Rummel[3] § 1432 Rz 5; *Mader* in Schwimann/Kodek[4] § 1432 Rz 7; *Koziol* in KBB[4] § 1432 Rz 2; *Lurger* in ABGB-ON[1.03] § 1432 Rz 2; jeweils mit Darstellung des Meinungsstandes.

Bei verjährten Schulden sind nach hA Anerkenntnis, Bürgen- und Pfandbestellung wirksam, weil auf die Einrede der Verjährung auch verzichtet werden kann. Das Anerkenntnis einer Spiel- oder Wettschuld (§ 1271) ist nach überwiegender Ansicht ungültig, weil dadurch der Normzweck umgangen werden könnte[10].

E. Außenwirkung von Forderungsrechten

1/36 Der schuldrechtliche Leistungsanspruch bzw die **Forderung des Gläubigers** richtet sich – wie oben (Rz 1/4) dargelegt wurde – gem § 859 **nur gegen den Schuldner**. Diese Tatsache wird als *Relativität der Forderungsrechte* bezeichnet. Dritte, also Personen, die am Schuldverhältnis nicht beteiligt sind, brauchen grundsätzlich auf das Forderungsrecht keine Rücksicht zu nehmen. Die Beeinträchtigung eines fremden Forderungsrechts ist im Prinzip nicht rechtswidrig.

Beispiel: V verkauft seinen Gebrauchtwagen an K; die Übergabe soll nach der Vereinbarung erst in drei Wochen erfolgen. Kurze Zeit später verkauft V dasselbe Auto an D, dem es auch gleich übergeben wird. – D wird gem § 430 Eigentümer des Wagens. Er braucht sich grundsätzlich um das auf dasselbe Auto gerichtete Forderungsrecht des K nicht zu kümmern. K kann sich nur an seinen Schuldner V halten.

Von diesem Grundsatz, dass niemand fremde Forderungsrechte berücksichtigen muss, werden allerdings gewisse Ausnahmen gemacht. In bestimmten Fällen wird Forderungsrechten *Schutz gegen Beeinträchtigung durch Dritte* gewährt[11].

1/37 „Absolute" Wirkung wird der **Rechtszuständigkeit** zuerkannt. Da das Forderungsrecht *nur dem Gläubiger* und sonst niemandem zusteht, darf diese Rechtsposition auch kein anderer für sich in Anspruch nehmen.

Beispiel: V verkauft sein Auto an K. Die Kaufpreisforderung tritt V an D ab. Dennoch verlangt bei Fälligkeit dieser Forderung V Bezahlung von K. – Durch die Leistung an V wird der von der Abtretung nicht verständigte K von seiner Schuld befreit (§ 1395 S 2; vgl Rz 5/30), und das Forderungsrecht des D ist damit erloschen. V hat jedoch durch die Geltendmachung des Zahlungsanspruchs in die Rechtszuständigkeit des D, dem diese Forderung ja zustand, eingegriffen. Vgl auch VIII/Fall 29.

Der schuldhafte Eingriff in fremde Rechtszuständigkeit macht schadenersatzpflichtig nach allgemeinen Regeln. Der Schädiger muss dem wahren Forderungsinhaber die rechtswidrig erlangte Sache herausgeben bzw Wertersatz leisten.

Die Einziehung eines fremden Forderungsrechts begründet auch einen bereicherungsrechtlichen Herausgabeanspruch nach § 1041; denn der Unberechtigte verwendet dadurch die fremde Forderung zum eigenen Nutzen (vgl auch Rz 5/50).

---

10 AA *Stefula* in Klang³ §§ 1270–1272 Rz 93; *Binder/Denk* in Schwimann/Kodek⁴ § 1271 Rz 17 f.

11 Vgl zum Folgenden insb *Koziol*, Die Beeinträchtigung fremder Forderungsrechte (1967); *denselben*, Haftpflichtrecht² II 40 ff mwN.

Schutz wird dem Forderungsrecht auch gegen die Beeinflussung des schuldnerischen Willens gewährt. Die **wissentliche Verleitung des Schuldners zum Vertragsbruch** wird als rechtswidriger Eingriff in das Forderungsrecht des Gläubigers beurteilt[12]. Konkretes Schutzobjekt ist hier das aus dem Forderungsrecht abgeleitete *Recht des Gläubigers auf obligationsgemäße Willensrichtung des Schuldners.* 1/38

Beispiel: V verkauft seinen Gebrauchtwagen an K; die Übergabe soll nach der Vereinbarung erst in drei Wochen erfolgen. Kurze Zeit später möchte D dasselbe Auto von V erwerben. V erklärt, dass er das Fahrzeug bereits an K verkauft hat. Dennoch überredet D den V (etwa indem er einen höheren Preis bietet), ihm den Wagen zu überlassen. V erklärt sich letztlich einverstanden und übergibt das Auto an D. – D erwirbt gem § 430 Eigentum an dem Fahrzeug. Die Forderung des K gegen V auf Leistung desselben Autos wird dadurch unerfüllbar. D hat allerdings wissentlich, also in Kenntnis des fremden Forderungsrechts, auf die Willensbildung des Schuldners Einfluss genommen. Die Verleitung des V zum Vertragsbruch stellt eine rechtswidrige Beeinträchtigung des Forderungsrechts des K dar und macht D gegenüber K schadenersatzpflichtig.

Der Schadenersatzanspruch ist primär auf *Naturalrestitution* gerichtet (§ 1323); der Schädiger muss also dem geschädigten Gläubiger die rechtswidrig erlangte Sache herausgeben. Falls dies unmöglich oder untunlich ist, ist Geldersatz zu leisten.

Streitig ist, ob den Forderungsrechten ein noch weitergehender Schutz gegen Eingriffe Dritter zukommen soll. So wird teilweise vertreten, dass neben der Verleitung zum Vertragsbruch auch die bloße *Ausnutzung eines Vertragsbruchs* des Schuldners rechtswidrig ist. Hier geht es um Fälle, in denen der Schuldner schon von vornherein zum Vertragsbruch entschlossen ist; er braucht also nicht mehr verleitet zu werden. Der Dritte weiß um die Vertragsbindung des Schuldners und nutzt dessen Vertragsbruch aus. Vgl VIII/Fall 29 (Variante). 1/39

Nach hRsp und einem Teil der Lehre soll den Forderungsrechten auch dann absoluter Schutz zukommen, wenn sie **durch Besitz erkennbar bzw offenkundig** sind[13]. Die hier einschlägigen Fälle betreffen idR Liegenschaften. 1/40

Beispiel: V verkauft K sein Grundstück. Es erfolgt zwar eine körperliche Übergabe, aber keine Einverleibung im Grundbuch. In der Folge verkauft V dieselbe Liegenschaft an D, dem das grundbücherliche Eigentum übertragen wird. – Nach der erwähnten Ansicht war hier das auf Eigentumsübertragung gerichtete Forderungsrecht des K offenkundig, weil er die Liegenschaft in seinem Besitz hat. D hätte dieses Forderungsrecht des K bei entsprechender Sorgfalt erkennen können.

Wegen der typischen Erkennbarkeit des Forderungsrechts aufgrund des Besitzes der Sache soll nicht nur die wissentliche, sondern auch *jede fahrläs-*

---

12 Zur Frage der Nichtigkeit des Vertrages zwischen Verkäufer und Zweitkäufer wegen Sittenwidrigkeit nach § 879 Abs 1 insb *Bollenberger*, JBl 2013, 147 ff, mit Darstellung des Meinungsstandes.

13 Vgl insb *Schilcher/Holzer*, JBl 1974, 445 und 512; *Pletzer*, Doppelveräußerung und Forderungseingriff (2000); kritisch etwa *Holzner* in FS Koziol (2010) 684 ff mwN.

sige Ausnutzung des Vertragsbruchs des Schuldners rechtswidrig sein und zu Schadenersatz verpflichten.

An dieser Auffassung ist – neben grundsätzlichen Einwänden – auch zu bezweifeln, dass der faktische Besitz bzw die Innehabung einer Liegenschaft das Forderungsrecht des Besitzers auf Eigentumsübertragung offenkundig macht; der Inhaber könnte zB auch Mieter oder Pächter sein. Außerdem ist der Besitz als solcher nicht immer ohne weiteres erkennbar; man denke insb an unbebaute Grundstücke. – Es besteht also die Gefahr, dass dem Dritten im Einzelfall weitgehende Nachforschungspflichten auferlegt werden.

§ 2. Leistung als Schuldinhalt

A. Bestimmtheit der Leistung

Eine Leistung ist nur dann tauglicher Gegenstand einer Schuld, wenn sie ausreichend bestimmt ist (vgl § 869). Lehre und Rsp lassen dafür *(eindeutige) Bestimmbarkeit* genügen. **2/1**

So ergibt oft die Vertragsauslegung, dass die Parteien den Marktpreis, den Ladenpreis oder den kundenüblichen Preis ihrer Vereinbarung zugrundegelegt haben[1].

Bestimmt bzw bestimmbar muss jedenfalls der gesetzliche Mindestinhalt des intendierten Rechtsgeschäfts sein. Die sog **essentialia negotii** sind nicht generell umschrieben, sondern sind je nach Vertragstyp unterschiedlich.

Beim Kauf müssen gem §§ 1053, 1054 Ware und Preis bestimmt sein[2]. Bei Dienst- und Werkvertrag gilt im Fall fehlender Preisbestimmung gem § 1152 ein angemessenes Entgelt als geschuldet.

Sind die essentialia negotii des konkreten Geschäfts nicht bestimmt und auch nicht bestimmbar, so kommt gem § 869 der Vertrag nicht zustande.

Im Normalfall erfolgt die **Leistungsbestimmung** durch *vertragliche Einigung*. Die Parteien können aber insb die Preisfestsetzung auch einem Dritten überlassen (§ 1056; III/1/6). Selbst die Vereinbarung, dass die Leistungsbestimmung durch eine der Parteien erfolgen soll, wird zugelassen. Der Dritte oder die mit der Leistungsbestimmung betraute Vertragspartei darf dabei freilich nicht willkürlich vorgehen; vielmehr muss vor allem die Festsetzung einer Hauptleistung nach billigem Ermessen (iSv Austauschgerechtigkeit) erfolgen. Bei unbilliger Leistungsbestimmung ist richterliche Korrektur möglich. **2/2**

---

1 S etwa OGH 1 Ob 604/77 JBl 1979, 94; 4 Ob 151/85 JBl 1987, 263.

2 Vgl allerdings § 354 UGB und dazu *Schuhmacher* in Straube, UGB[4] § 354 Rz 1 ff; *Dullinger* in Jabornegg/Artmann, UGB[2] § 354 Rz 1 ff; s auch III/1/6.

B. Art der Leistung

I. Tun und Unterlassen

2/3 Die vom Schuldner zu erbringende Leistung kann in einem Tun oder einem Unterlassen bestehen. Außerdem sind in § 861 noch das Geben und das Gestatten erwähnt. Beim *Geben* handelt es sich um einen Unterfall des Tuns; *Gestatten* bedeutet das Unterlassen von Abwehrhandlungen oder sonstigen Störungen (zB bei Gestattung des Gebrauchs einer Sache).

2/4 **Unterlassungspflichten** können sich entweder aus Gesetz oder aus Vertrag ergeben. Zum Unterlassen im Rechtssinne verpflichtet ist freilich begrifflich nur derjenige, dem ein gegenteiliges Tun *möglich* ist.

Gesetzliche Unterlassungspflichten bestehen zum einen aufgrund besonderer Verhaltensnormen (gesetzliche Ge- oder Verbote; vgl etwa § 97)[3]. Zum anderen ergibt sich aus der Existenz absolut geschützter Rechtsgüter, dass jedermann verpflichtet ist, Verhaltensweisen, die solche Güter anderer schädigen oder gefährden würden, zu unterlassen.

Vertragliche Unterlassungspflichten sind häufig Nebenpflichten; zB Wettbewerbsverbot in einem Dienst- oder Arbeitsvertrag. Als Hauptleistung ist Unterlassen insb bei solchen Geschäften geschuldet, die auf die Überlassung von Sachen zum Gebrauch oder zur Nutzung gerichtet sind (Miete, Pacht, Einräumung einer Servitut oder eines Fruchtgenussrechts). Der Schuldner ist zur Unterlassung von Abwehrhandlungen und sonstigen Störungen des vereinbarten Gebrauchs der Sache verpflichtet.

2/5 Eine **Unterlassungsklage** ist vor allem dann berechtigt, wenn bereits eine Rechtsverletzung erfolgt ist und die entsprechende Störung fortdauert oder *Wiederholungsgefahr* besteht (ernste Besorgnis weiterer Eingriffe[4]). Ist zwar noch keine Rechtsverletzung erfolgt, aber zu befürchten (sog *Erstgefahr*)[5], wird eine **vorbeugende Unterlassungsklage** zugelassen.

Unterlassungsansprüche setzen *kein Verschulden des Verpflichteten* voraus.

II. Erfolgs- und Sorgfaltsverbindlichkeiten

1. Allgemeine Grundlagen

2/6 Ziel eines Schuldverhältnisses ist dessen Erfüllung; das ist „die Leistung dessen, was man zu leisten schuldig ist" (§ 1412). Der **Begriff der Leistung** ist allerdings doppeldeutig: Man kann darunter nur die *Leistungshandlung* verstehen (zB eine medizinische Heilbehandlung), oder man kann darüber hinaus auch den durch die Handlung angestrebten *Leistungserfolg* miteinbeziehen (zB den Heilerfolg). Vor allem aus der Sicht des Gläubigers ist die Leis-

3 Ausführlich dazu *E. Wagner*, Gesetzliche Unterlassunganspüche im Zivilrecht (2006).
4 Vgl etwa OGH 7 Ob 650/79 SZ 52/99; 1 Ob 658/83 SZ 56/124 = JBl 1984, 492.
5 ZB OGH 5 Ob 375/60 SZ 33/130.

tung idR erfolgsorientiert; sein Hauptinteresse gilt dem Leistungserfolg. Ob allerdings der Schuldner verpflichtet ist, den intendierten Erfolg herbeizuführen oder ob er sich nur sorgfältig darum bemühen muss, ist aufgrund der konkreten Vereinbarung zu beurteilen[6].

Erfolgsverbindlichkeiten sind typischerweise die Hauptleistungspflichten aus *Kauf- und Werkvertrag*, also die Pflicht des Verkäufers zur Übertragung des Eigentums an der verkauften Sache und die Pflicht des Werkunternehmers zur Errichtung des vertragsgemäßen Werks. Gleiches gilt zB für die Pflicht des *Vermieters* zur Übergabe und Erhaltung der Bestandsache in brauchbarem Zustand sowie für die Schuld des *Transporteurs*, die beförderten Personen oder Güter unversehrt ans Ziel zu bringen. **2/7**

Bloße **Sorgfaltsverbindlichkeiten** sind insb die Hauptleistungspflichten des Dienstnehmers aufgrund eines *Dienstvertrages*. Er schuldet nur sorgfältiges Bemühen um den in Aussicht genommenen Erfolg. Gleiches gilt für die sog *freien Dienstverträge*.

So schuldet zB der Arzt keinen Heilerfolg und der Rechtsanwalt keinen Prozessgewinn; vielmehr sind beide nur verpflichtet, die entsprechende Fachkunde einzusetzen und sich zielstrebig um die Erreichung des jeweiligen Erfolges zu bemühen.

Bei der Frage, ob Erfolgs- oder Sorgfaltsverbindlichkeit vorliegt, kann man sich allerdings nicht generell am Vertragstyp orientieren, sondern es ist die jeweils einschlägige Vertragspflicht auf ihren konkreten Schuldinhalt zu prüfen. Dies gilt insb für vertragliche Nebenpflichten. **2/8**

Selbständige Nebenleistungspflichten, wie etwa Zustellung oder Montage einer Sache, sind meist *Erfolgsverbindlichkeiten*. Vertragliche und vorvertragliche *Schutz- und Sorgfaltspflichten* sind hingegen *Sorgfaltsverbindlichkeiten*. Bei den diversen *Aufklärungs-, Warn- und Beratungspflichten* handelt es sich mE um *Erfolgsverbindlichkeiten* in dem Sinn, dass der Verpflichtete eine Information schuldet, die bzgl Inhalt, Form und Umfang bestimmten Anforderungen gerecht werden muss. Dass der Berechtigte eine insofern „mangelfreie“ Aufklärung oder Beratung auch subjektiv versteht und zur Kenntnis nimmt, ist hingegen nicht mehr vom Schuldinhalt erfasst[7].

2. Bedeutung der Unterscheidung

Die Unterscheidung zwischen Erfolgs- und Sorgfaltsverbindlichkeiten ist vor allem dann von maßgebender Bedeutung, wenn der angestrebte Leistungserfolg nicht erreicht wird. Ist **Erfolg geschuldet**, so ist vor dessen Herstellung noch nicht (vollständig) erfüllt. **2/9**

---

6 Vgl dazu und zum Folgenden insb *Reischauer* in Rummel[3] Vor §§ 918–933 Rz 2 ff und § 1298 Rz 1 ff mwN.

7 Vgl *Dullinger*, JBl 1998, 7 f.

So hat zB der Verkäufer seine Vertragspflicht erst erfüllt, wenn der Käufer das Eigentum an der gekauften Sache erlangt hat. Auch dann, wenn die Eigentumsübertragung noch von Umständen abhängt, die für den Schuldner nicht beeinflussbar sind (etwa von einer behördlichen Genehmigung oder von der Eintragung im Grundbuch), hat er seine Leistungspflicht (noch) nicht erfüllt; mag er selbst auch alles, was er zu tun hat, getan haben.

Eine bloße **Sorgfaltsverbindlichkeit** ist hingegen auch dann (vollständig) erfüllt, wenn zwar der angestrebte Erfolg nicht erreicht wurde, der Schuldner sich jedoch sorgfältig darum bemüht hat.

Beispiele: Ein Arzt, der den Patienten fachgerecht behandelt hat, hat seine Leistungspflicht auch dann erfüllt, wenn der erwünschte Heilerfolg ausgeblieben ist. Wird bzgl einer defekten Sache ein bloßer Reparatur*versuch* zugesagt, besteht kein unbedingter Anspruch auf Instandsetzung.

2/10 Bei den **Erfolgsverbindlichkeiten** bestehen bis zur vollständigen Herbeiführung des geschuldeten Erfolgs grundsätzlich *Erfüllungsansprüche*; die (teilweise) Nichterfüllung hat entsprechende *Leistungsstörungsrechte* für den Gläubiger zur Folge. Ist bloß **sorgfältiges Bemühen geschuldet**, kann allein die mangelnde Erfolgserreichung weder Rücktrittsrechte (nach §§ 918 ff) noch Gewährleistungsrechte (gem § 932) begründen.

Auch für allfällige *Schadenersatzansprüche* kann die Beurteilung der Frage, ob bloß sorgfältiges Bemühen oder die Herstellung eines Erfolgs geschuldet war, von entscheidender Bedeutung sein (vgl insb III/13/37).

III. Teilbare und unteilbare Leistungen

2/11 Die Frage der Teilbarkeit der geschuldeten Leistung richtet sich nicht nach objektiven Kriterien, sondern nach dem **Vertrag**. Maßgebend ist also nicht die Sachteilbarkeit, sondern der Parteiwille. Es kommt darauf an, ob nach der Vereinbarung bzw nach Natur oder Zweck des konkreten Geschäfts auch eine bloß teilweise Erfüllung der vertraglichen Leistungspflichten für die Parteien von Interesse ist oder nicht. Ist eine bestimmte Warenmenge insgesamt zur selben Zeit fällig, ist im Zweifel – also mangels abweichender Parteienabsicht – von Unteilbarkeit der Leistung auszugehen[8].

Sind also zB 20 Säcke Zement, 300 kg Kartoffeln oder 60 Flaschen Wein am 25.5. fällig, so spricht das für Unteilbarkeit der entsprechenden Leistung.

2/12 Ob die Leistung teilbar oder unteilbar ist, ist von Bedeutung für die Erfüllung. Bei **Unteilbarkeit** braucht der Gläubiger eine angebotene Teilleistung grundsätzlich nicht anzunehmen (§ 1415); er ist unter den Voraussetzungen nach § 918 Abs 1 bzw § 920 zum Gesamtrücktritt berechtigt (ausführlich dazu Rz 3/24 ff und 3/58 ff).

---

8 Vgl *Reischauer* in Rummel[3] § 918 Rz 20, § 1415 Rz 1; *Reidinger* in Schwimann/Kodek[4] § 918 Rz 106; jeweils mwN.

IV. Gattungs- und Stückschuld

Auch die Unterscheidung zwischen Gattungs- und Stückschuld richtet sich nach der **Parteienvereinbarung.** Ist die Leistung im Vertrag nach *generellen* Merkmalen umschrieben, liegt *Gattungs- oder Genusschuld* vor; ist sie nach *individuellen* Merkmalen bestimmt, handelt es sich um eine *Stück- oder Speziesschuld.* **2/13**

Beispiele: *Gattungsschulden*: 2 Tonnen Weizen, 50 Junghühner, 10 Fässer Bier einer bestimmten Sorte; ist eine derartige Leistung aus einem bestimmten Vorrat zu erbringen, liegt *beschränkte* Gattungsschuld vor (dazu Rz 2/17). *Speziesschulden*: Der Hengst Waldemar, ein bestimmtes Gebrauchtauto, die einzige Flasche Bordeaux „Mouton-Rothschild" Jahrgang 1955 des Verkäufers.

Die Unterscheidung zwischen Gattungs- und Stückschuld ist nicht zu verwechseln mit jener zwischen *vertretbaren* und *nicht vertretbaren* Sachen, die darauf abstellt, ob Sachen nach der „*Verkehrsauffassung*", also aus objektiver Sicht bloß nach Maß, Zahl bzw Gewicht oder nach individuellen Merkmalen bestimmt werden. Für die Beurteilung, ob Gattungs- oder Stückschuld vorliegt, ist hingegen – wie gesagt – der Parteiwille maßgebend. **2/14**

So können bestimmte Einzelstücke einer Gattung nach dem Vertrag Gegenstand einer Speziesschuld sein, zB ein individuell ausgewähltes Paar neuer Schier. Umgekehrt können die Parteien als Leistungsgegenstand etwa ein beliebiges Picasso-Bild vereinbaren.

Bei der **Stückschuld** ist Gegenstand der Verbindlichkeit nur die individuell bestimmte Sache; der Schuldner wird demgemäß nur durch Leistung dieser Sache befreit. Eine andere Sache kann als Erfüllung weder gegeben noch gefordert werden. Der *zufällige Untergang* dieser Sache hebt die Leistungspflicht auf (§ 1447; näher dazu Rz 3/51 ff). **2/15**

Bei der **Gattungsschuld** kann hingegen der Schuldner innerhalb der durch die Parteien festgelegten Gattung grundsätzlich wählen. Die Umschreibung der Gattung kann enger oder weiter gefasst sein (zB Eier einer bestimmten Güteklasse oder Eier schlechthin). Haben die Parteien über die *Qualität* der geschuldeten Einzelstücke aus der Gattung keine Vereinbarung getroffen, so sind gem § 905a Sachen *mittlerer Art und Güte* zu leisten. **2/16**

Gehen Sachen aus der Gattung unter, bleibt der Erfüllungsanspruch aufrecht; der Schuldner hat andere Sachen aus der Gattung zu leisten. Insofern besteht also ein wesentlicher Unterschied zur Speziesschuld. Erst dann, wenn der Schuldner bei Fälligkeit der Leistung die für den Gläubiger bestimmten Stücke abgesondert und diesem angeboten hat (*Konzentration*), führt der zufällige Untergang – wie bei der Speziesschuld – zur Aufhebung der Leistungspflicht (näher dazu Rz 3/39).

Soll der Schuldner die Leistung aus einem im Vertrag bestimmten Vorrat erbringen, liegt **beschränkte Gattungsschuld** vor. **2/17**

Beispiel: Die Verpflichtung eines Bauern zur Leistung von landwirtschaftlichen Produkten (Zuckerrüben, Mais, Kartoffeln) ist idR so zu verstehen, dass er nur eigene Erzeugnisse liefern will.

Der zufällige Untergang des gesamten Vorrats hebt die Leistungspflicht gem § 1447 auf.

V. Wahlschuld

2/18 Bei der Wahlschuld besteht das **Recht, zwischen mehreren Leistungen zu wählen.** Die Wahl kann dem Schuldner, dem Gläubiger oder auch einem Dritten überlassen werden. Im Zweifel steht sie dem Schuldner zu (§ 906 Abs 1). In der Praxis wird aber das Wahlrecht meist dem Gläubiger eingeräumt.

Beispiele: Der Sieger eines Gewinnspiels hat die Wahl zwischen einem Brillantring und einer Urlaubsreise. Der Pensionsgast kann zum Frühstück zwischen Tee, Kaffee und Kakao wählen. Der Käufer einer Sitzgarnitur behält sich die Wahl zwischen verschiedenen Stoffbezügen vor.

2/19 Die Wahlschuld weist eine gewisse **Verwandtschaft zur Gattungsschuld** auf. Man kann sagen, dass die Gattungsschuld eine Unterart der Wahlschuld mit Wahlrecht des Schuldners ist. Aber nicht jede Wahlschuld ist zugleich Gattungsschuld; denn bei der Wahlschuld können die alternativ zu erbringenden Leistungen ganz verschiedenen Gattungen angehören oder sie können auch individuell bestimmt sein.

Ein Sonderfall der Wahlschuld ist der **Spezifikationskauf** (§ 1063b; III/1/50): Dem Käufer ist „die nähere Bestimmung der Form, des Maßes oder ähnlicher Verhältnisse vorbehalten".

2/20 Die **Auswahl des Leistungsgegenstandes** erfolgt bei der Wahlschuld durch Erklärung oder durch Beginn mit der Erfüllung. Die getroffene Wahl kann einseitig nicht mehr rückgängig gemacht werden. Hat der Schuldner irrtümlich beide (oder mehrere) Leistungen erbracht, besteht ein Rückforderungsanspruch; dabei hat im Zweifel wieder der Schuldner das Wahlrecht (§ 1436). Bei zeitlicher Aufeinanderfolge ist aber durch die erste Leistung die *Wahl getroffen*; dann kann nur die zweite zurückgefordert werden. Wurde in Unkenntnis des Wahlrechts nur eine Leistung erbracht, besteht (vorbehaltlich einer allfälligen Irrtumsanfechtung) kein Rückforderungsrecht.

2/21 Bei **Verzögerung der Wahl** ist zu unterscheiden:

- Ist der **Schuldner wahlberechtigt**, gerät er in *Schuldnerverzug*. Der Gläubiger kann nur alternativ auf die eine oder andere Leistung klagen; ebenso ergeht das Urteil alternativ. Die Exekution kann jedoch bloß auf eine der Leistungen gerichtet sein. Der wahlberechtigte Schuldner kann sich aber durch freiwillige Erbringung der anderen Leistung befreien (§ 12 EO).

Anstelle der Geltendmachung des Anspruchs auf die alternativen Leistungen kann der Gläubiger auch gem § 918 unter Setzung einer angemessenen Nachfrist vom Vertrag zurücktreten (Rz 3/13 ff).

- Hat der **Gläubiger das Wahlrecht**, so kann bei dessen Verzug gem § 906 Abs 2 der Schuldner entweder selbst die Wahl treffen oder nach § 918 unter Setzung einer angemessenen Nachfrist vom Vertrag zurücktreten (Rz 3/13 ff). Trifft der Schuldner anstelle des Gläubigers die Wahl, so muss er diesen davon verständigen und eine angemessene Frist zur Vornahme einer anderen Wahl setzen. Erst nach erfolglosem Ablauf dieser Frist wird die Wahl des Schuldners verbindlich.
  Bei *schuldhaftem Gläubigerverzug* steht dem Schuldner gem § 906 Abs 2 S 4 zusätzlich ein Schadenersatzanspruch zu[9].

Auch bei **Vereitelung der Wahl durch Untergang** eines Leistungsgegenstandes ist zu unterscheiden: **2/22**

Wurde die Wahlmöglichkeit gerade deswegen vereinbart, weil der Wahlberechtigte ein besonderes Interesse daran hatte, so handelt es sich um eine *„reine Auswahlschuld"* iSd § 907. Bei **zufälligem Untergang** eines Wahlstücks ist der Wahlberechtigte gem § 907 an den Vertrag nicht mehr gebunden. Er kann zwar die verbliebene Sache wählen, er kann aber auch vom Vertrag abgehen.

Hat der **Schuldner** den Untergang eines Leistungsgegenstandes **verschuldet** und dadurch das Wahlrecht des Gläubigers vereitelt, so kann dieser entweder die noch mögliche Leistung wählen oder Schadenersatz verlangen. Stand hingegen dem Schuldner das Wahlrecht zu, so muss er nach dem selbstverschuldeten Untergang eines Wahlstücks die verbliebene Sache leisten.

Diese Regeln gelten allerdings – wie eingangs erwähnt – nur für die sog *„reine Auswahlschuld"*. Besteht hingegen kein besonderes Interesse an der Wahl als solcher, sondern ist die alternative Obligation nur zur Sicherung begründet worden, so spricht man von *„unbedingter Wahlschuld"*. In diesem Fall ist bei zufälligem Untergang des einen Leistungsgegenstandes die noch mögliche Leistung zu erbringen.

Von der Wahlschuld zu unterscheiden ist die **Alternativermächtigung** (facultas alternativa oder Ersetzungsbefugnis). Hier ist nur eine bestimmte Leistung geschuldet; nur diese darf der Gläubiger fordern. Der Schuldner hat aber das Recht, an Stelle der geschuldeten eine andere Leistung zu erbringen. **2/23**

---

9 Näher zu diesem Schadenersatzanspruch *Schauer* in ABGB-ON[1.01] § 906 Rz 13.

Beispiele: Reugeld (§§ 909 ff; I/10/33 ff); Aufzahlungsmöglichkeit bei der laesio enormis (§ 934 S 2; I/8/43); Erfüllung einer Fremdwährungsschuld durch Zahlung in Inlandswährung (§ 907b; Rz 2/27 f).

Bei **Verbrauchergeschäften** ist gem § 6 Abs 2 Z 3 KSchG die Vereinbarung einer einseitigen Ersetzungsbefugnis für den Unternehmer nur dann wirksam, wenn sie im Einzelnen ausgehandelt worden ist. Ansonsten sind einseitige Leistungsänderungen nur zulässig, wenn sie dem Verbraucher zumutbar sind, „besonders weil sie geringfügig und sachlich gerechtfertigt" sind (zB technische Verbesserungen, handelsübliche Farbabweichungen im Möbelhandel uä).

VI. Geldschuld

1. Besonderheiten des Geldes als Leistungsgegenstand

2/24 **Geld im engeren Sinn** ist das staatlich anerkannte Zahlungsmittel, in Österreich der Euro. Als **Geld im weiteren Sinn** gilt alles, was im Verkehr als allgemeines Zahlungs- und Tauschmittel anerkannt ist; das ist zB auch Geld in ausländischer Währung und insb das sog Buchgeld.

Beim **Buchgeld** handelt es sich um Forderungen gegenüber Kreditinstituten, sog Guthaben, über die der Inhaber zu Zahlungszwecken jederzeit verfügen kann. Wer Buchgeld leistet, verschafft also dem Empfänger, insb im Wege einer *Banküberweisung* (dazu Rz 5/74 ff, vgl auch Rz 2/58 ff), eine Forderung gegenüber dessen Kreditinstitut.

2/25 Gem § 907a Abs 1 S 1 ist eine Geldschuld *durch Barzahlung oder durch Überweisung* „auf ein vom Gläubiger bekanntgegebenes Bankkonto" zu erfüllen. Dies gilt freilich nur dann, wenn keine abweichende Vereinbarung besteht. Außerdem setzt die Zahlung durch **Banküberweisung** voraus, dass der Gläubiger dem Schuldner zu diesem Zweck sein Bankkonto bekannt gibt. Darauf hat der *Schuldner* nach § 907a *keinen Anspruch.*

Nur ein **Verbraucher** ist gem § 6a Abs 1 KSchG grundsätzlich *berechtigt*, seine Geldschuld gegenüber einem Unternehmer durch *Banküberweisung* zu erfüllen. Der Unternehmer hat dem Verbraucher „ein verkehrsübliches Bankkonto bekanntzugeben"[10] (s auch § 15 Abs 3 MRG). Dies gilt jedoch gem § 6a Abs 1 KSchG *nicht*, wenn nach der Natur des Geschäfts Barzahlung verkehrsüblich ist (insb bei Zug-um-Zug-Leistungspflicht) oder „wenn eine bestimmte andere Art der Erfüllung – etwa im Wege der Einziehung oder mittels Kreditkarte – vereinbart wurde" (zum Einzugsermächtigungsverfahren Rz 5/77 f; zum Zahlungskartengeschäft Rz 5/78a).

---

10 Zu den Rechtsfolgen der Verletzung dieser Gläubigerpflicht *Apathy* in Schwimann/Kodek[4] § 6a KSchG Rz 4.

Die Geldschuld wird zwar grundsätzlich als *Gattungsschuld* angesehen; da es aber nach der Auffassung des Verkehrs auf den im Geld verkörperten Wert ankommt und nicht auf die Geldstücke oder Banknoten, spricht man von **Wert- oder Summenschuld**. Daher ist auch die für Gattungsschulden geltende Regel, dass im Zweifel Sachen mittlerer Art und Güte zu leisten sind (Rz 2/16), auf Geldschulden nicht anwendbar. **2/26**

Der Satz, dass die Gattung nicht untergeht (Rz 3/46), ist bei der Geldschuld weiter verschärft. *Geldmangel* gilt von vornherein nicht als befreiender Umstand, etwa als Unmöglichkeit der Leistung. Dies ergibt sich schon daraus, dass der Schuldner mit seinem gesamten Vermögen für seine Verbindlichkeiten haftet (vgl Rz 1/30). Auch wenn er völlig vermögenslos ist, befreit ihn dies nicht von seiner Schuld.

2. Geld und Währung

In welcher Währung zu zahlen ist, richtet sich primär nach der *Parteienvereinbarung*. Kann die Frage durch den Vertrag unter Heranziehung der einschlägigen Auslegungsmethoden (I/6/40 ff) nicht geklärt werden, ist nach hA in der **Währung des Erfüllungsortes** (Rz 2/53 ff) zu zahlen[11]. **2/27**

Das Abstellen auf den Erfüllungsort iS der früheren Fassung des § 905 Abs 1 S 2[12] führt allerdings bei gegenseitigen Leistungspflichten nur dann zu einem eindeutigen Ergebnis, wenn diese am selben Ort zu erfüllen sind. Ansonsten ist zweifelhaft, ob für die Währungsfrage der Erfüllungsort der Geldschuld[13] oder aber der Erfüllungsort der sog vertragscharakteristischen Leistung[14] maßgebend ist.

Ist **Zahlung in Auslandswährung vereinbart** und liegt der Zahlungsort im Inland, kann der Schuldner im Zweifel auch in Inlandswährung leisten (§ 907b). Dem Schuldner wird also eine *Ersetzungsbefugnis* (facultas alternativa) eingeräumt. Macht er davon Gebrauch, erfolgt die Umrechnung „nach dem zur Zeit der Zahlung am Zahlungsort maßgeblichen Kurswert" (§ 907b Abs 2). Die Ersetzungsbefugnis steht allerdings nicht zu, wenn nach der Vereinbarung ausschließlich in fremder Währung zu zahlen ist (*effektive Fremdwährungsschuld*). Dient die Fremdwährung als bloße Rechnungs- **2/28**

11 So ausdrücklich § 905 Abs 1 S 2 aF. Durch BGBl I 2013/50 (Art 1 Z 1 lit a) wurde zwar der entsprechende Teil der Bestimmung („Geldsorten") gestrichen; da aber dadurch offenbar keine Änderung der Rechtslage angestrebt war (vgl ErläutRV 2111 BlgNR 24. GP 10), wird man weiterhin davon ausgehen können, dass für Geldschulden die Währung des Erfüllungsortes maßgebend ist, wenn insofern keine abweichende Vereinbarung besteht. Vgl *Reischauer* in Rummel/Lukas[4] § 905 Rz 64 ff; *Dullinger* in Rummel/Lukas[4] § 907b Rz 7; jeweils mwN; anders *Binder/Kolmasch* in Schwimann/Kodek[4] § 905 Rz 8.

12 S FN 11.

13 So die hA zu § 905 Abs 1 S 2 aF.

14 So *Reischauer* in Rummel/Lukas[4] § 905 Rz 66 f.

grundlage (zB bei Wertsicherung einer Euroforderung durch eine Fremdwährungsklausel), so spricht man von *unechter Fremdwährungsschuld*, bei der dem Gläubiger von vornherein nur eine Forderung in Inlandswährung zusteht.

3. Geldentwertung und Wertsicherung

2/29 Die Geldentwertung (Inflation) hat im Normalfall keinen Einfluss auf den Inhalt der Geldschuld. Geld muss zum Nennwert angenommen werden; man spricht von *Geldsummenschuld* (Rz 2/26). Nur in wenigen Fällen wird die Wertänderung von der Rsp berücksichtigt.

So werden insb *Unterhaltsansprüche* regelmäßig aufgewertet. Geschuldet ist ja der Unterhalt selbst und dementsprechend jene Geldsumme, die zu dessen Bestreitung jeweils erforderlich ist (*Geldwertschuld*)[15]. Bei *schuldhaftem Zahlungsverzug des Verpflichteten* wird dem Gläubiger Ersatz für die zwischen Fälligkeit und Zahlung eingetretene Geldentwertung jedenfalls bei grobem Verschulden und beim Unternehmergeschäft zuerkannt[16]. Ist Schadenersatz für den Wert einer Sache zu leisten (*Sachwertschuld*), so ist für die Bewertung der Zeitpunkt des Urteils und nicht der der Beschädigung maßgebend[17].

2/30 Den Nachteil der Geldentwertung versuchen die Gläubiger häufig, insb bei Dauerschuldverhältnissen, durch **Wertsicherungsvereinbarungen** auszugleichen. Dadurch soll ein gleichbleibendes Verhältnis zwischen Geldleistung und Kaufkraft der Währungseinheit sichergestellt werden.

Beispiele für gebräuchliche Wertsicherungsklauseln: *Indexklauseln*, insb Verbraucherpreisindex der Statistik Austria; *Waren- oder Leistungsklauseln* (Weizenpreis, Milchpreis, Stundensatz eines Maurers oder Mechanikers); *Lohnklauseln* (Lohn der Beamten einer bestimmten Gehaltsstufe); *Fremdwährungsklauseln* (Rz 2/28).

Änderungen des vereinbarten Wertmessers führen zu entsprechenden Anpassungen der Geldforderung. Um ständige Preisanpassungen zu vermeiden, werden oft sog *Schwellwertklauseln* vereinbart. Beträgt zB der Schwellwert 0,5%, werden Änderungen des Wertmessers erst dann berücksichtigt, wenn sie diesen Prozentsatz übersteigen.

Wertsicherungsvereinbarungen sind grundsätzlich zulässig, soweit sie *bestimmt oder zumindest bestimmbar* sind. Mangelnde Bestimmtheit führt zur Unwirksamkeit der Klausel. Der Restvertrag bleibt im Zweifel gültig, sofern nicht ein abweichender (hypothetischer) Parteiwille feststeht (vgl § 878 S 2). Fällt der vereinbarte Wertmesser weg, führt ergänzende Vertragsauslegung oft zur Ersetzung durch einen vergleichbaren Maßstab.

15 Nachw insb bei *Zankl/Mondel* in Schwimann/Kodek[4] § 66 EheG Rz 46 f.

16 Vgl OGH SZ 5/53; 1 Ob 128/73s SZ 46/81; 1 Ob 15/92 JBl 1993, 399; 1 Ob 538/93 ÖBA 1994, 236; 8 Ob 14/94 JBl 1995, 248; 1 Ob 315/97y JBl 1998, 312 (verst Senat).

17 *Perner* in Schwimann/Kodek[4] § 985 Rz 4 f; *Aichberger-Beig* in ABGB-ON[1.02] § 985 Rz 3.

Bei *Mietverträgen*, die nach dem MRG zu beurteilen sind, dürfen Wertsicherungsklauseln nicht zu einer Umgehung der gesetzlichen Zinsbeschränkungen führen (s § 16 Abs 9 und § 16a MRG). Auch sonstige *preisgeregelte Leistungen* können nur soweit wertgesichert werden, als dadurch der festgesetzte Höchstpreis nicht überschritten wird.

Zum Problem der Verbücherung von Wertsicherungsklauseln bei hypothekarisch gesicherten Forderungen vgl IV/9/7.

In **Verbraucherverträgen** sind Wertsicherungsklauseln gem § 6 Abs 1 Z 5 KSchG nur zulässig, wenn bei Vorliegen der entsprechenden Voraussetzungen auch Entgeltsenkungen vorgesehen sind. Im Übrigen müssen die für die Entgeltänderung maßgebenden Umstände im Vertrag umschrieben sein, sie müssen sachlich gerechtfertigt sein und ihr Eintritt darf nicht vom Willen des Unternehmers abhängen.

VII. Zinsen

Zins ist die **Vergütung für den Gebrauch eines Kapitals.** Kapital ist grundsätzlich in einem weiten Sinn als Geldsumme oder auch als Summe vertretbarer Sachen zu verstehen. Zinsen werden in Bruchteilen (Prozenten) des Kapitals berechnet und werden idR periodisch abgestattet. **2/31**

Davon zu unterscheiden sind insb die Miet- und Pachtzinse, die als Entgelt für die Benutzung unvertretbarer Sachen zu leisten sind und nicht in Bruchteilen vom Wert der Bestandsache angegeben werden.

Die Pflicht zur Zinszahlung kann sich entweder aus Vertrag oder aus Gesetz ergeben. **Gesetzliche Zinsen** sind zB die sog Verwendungszinsen, die einem Geschäftsbesorger (§ 1014) oder einem Gesellschafter (§ 1190) für seine Aufwendungen zustehen, und insb die Verzugszinsen nach § 1333. **2/32**

Der **gesetzliche Zinssatz** beträgt gem § 1000 Abs 1 **4%**. Dieser Zinssatz gilt dann, wenn keine abweichende vertragliche oder gesetzliche (dazu Rz 2/33) Regelung besteht.

Im *Wechsel- und Scheckrecht* beträgt der gesetzliche Zinssatz 6% (Art 48, 49 WG; Art 45, 46 SchG).

Zinseszinsen können nur bei entsprechender Vereinbarung gefordert werden sowie dann, wenn fällige Zinsen eingeklagt werden. Die Höhe beträgt – mangels abweichender Vereinbarung – ebenfalls 4% (§ 1000 Abs 2).

Gem § 1335 können *rückständige Zinsen das Kapital nicht übersteigen*, solange sie der Gläubiger nicht einklagt. Diese Bestimmung gilt jedoch nicht für Geldforderungen gegen Unternehmer (§ 353 UGB).

Gesetzliche Verzugszinsen sind nach § 1333 Abs 1 nur bei *Geldschulden* zu bezahlen. Sie gebühren bereits bei objektivem Verzug (Rz 3/7 ff), also unabhängig von einem Verschulden des Verpflichteten, und ohne dass ein Schadensnachweis erforderlich wäre. **2/33**

Die **Höhe** der gesetzlichen Verzugszinsen beträgt grundsätzlich **4%** (§ 1000 Abs 1; Rz 2/32). Bei Geschäften *zwischen Unternehmern* stehen gem § 456 UGB Verzugszinsen in Höhe von *„9,2 Prozentpunkten über dem Basiszinssatz"* zu; dies jedoch *nur bei schuldhaftem Zahlungsverzug* (§ 456 S 3 UGB). Für objektiven Verzug gilt hingegen auch beim beiderseitigen Unternehmergeschäft der Zinssatz von 4% gem § 1333 Abs 1 iVm § 1000 Abs 1 ABGB. Der vertragliche Ausschluss von Verzugszinsen ist zwischen Unternehmern gem § 459 Abs 4 UGB „grob nachteilig" und damit nichtig[18].

Der *Basiszinssatz* wird durch Verordnung festgelegt. Für die Berechnung der Verzugszinsen ist der Basiszinssatz, der am ersten Kalendertag eines Halbjahres (am 1.1. oder am 1.7.) gilt, für das jeweilige Halbjahr maßgebend (§ 456 S 2 UGB).

Ein über die gesetzlichen Verzugszinsen hinausgehender Zinsnachteil (zB aufgrund einer Kreditaufnahme) ist nach schadenersatzrechtlichen Grundsätzen, also insb nur bei schuldhaftem Zahlungsverzug (Rz 3/19 ff) ersatzfähig (leichte Fahrlässigkeit genügt[19]).

Bei **Verbrauchergeschäften** dürfen gem § 6 Abs 1 Z 13 KSchG die *vereinbarten* Verzugszinsen nicht mehr als 5% über den gewöhnlichen Vertragszinsen liegen. Diese Regelung betrifft insb Kredit- und Ratengeschäfte.

VIII. Sicherstellung

2/34 Durch Gesetz oder Vertrag kann der Schuldner zur Sicherstellung einer künftigen Leistung verpflichtet sein.

So zB nach § 520, wenn bei der Fruchtnießung eine Gefahr für die Substanz der Sache besteht; vgl weiters §§ 343, 834.

Mangels abweichender Parteienvereinbarung wird die Art der Sicherheitsleistung durch die §§ 1373 f bestimmt. Demnach ist primär ein Pfand zu bestellen (Hypothek oder Handpfand). Ist der Schuldner dazu nicht in der Lage, hat er einen tauglichen Bürgen zu stellen.

IX. Rechnungslegung

2/35 Die Verpflichtung zur Rechnungslegung kann sich aus Vertrag oder aus Gesetz ergeben. Eine gesetzliche Rechnungslegungspflicht besteht insb für Personen, die *fremdes oder gemeinschaftliches Vermögen verwalten.*

Beispiele: Gesetzliche Vertreter (§§ 165, 214, 275 Abs 3), Gewalthaber (§ 1012), Geschäftsführer ohne Auftrag (§ 1039), verwaltende Miteigentümer (§ 837) oder Gesellschafter (§ 1198), Vermieter nach dem MRG (§§ 20 ff MRG). Zur prozessualen Durchsetzung der Rechnungslegungspflicht vgl Art 42 EGZPO.

---

18 Vgl *Krejci*, bauaktuell 2013, 78; zur früheren Rechtslage OGH 10 Ob 52/15t.

19 OGH 1 Ob 315/97y JBl 1998, 312 (verst Senat); so ausdrücklich auch ErläutRV 1167 BlgNR 21. GP 11.

Inhalt und Umfang der Rechnungslegungspflicht sind je nach Art und Bedeutung des Gegenstandes sowie nach dem Sinn der Verpflichtung unterschiedlich. IdR müssen die getätigten Geschäfte und die einzelnen Einnahmen und Ausgaben samt Zweckbestimmung angeführt und zusammengestellt werden. Die Belege, die zur Überprüfung der Abrechnung erforderlich sind, sind vorzulegen.

C. Leistungszeit

I. Fälligkeit

Fälligkeit ist jener *Zeitpunkt, in dem der Schuldner seine Verpflichtung erfüllen muss und der Gläubiger die Leistung annehmen soll.* Ist für die Erfüllung kein Zeitpunkt, sondern eine Zeitspanne vorgesehen, hat grundsätzlich bei Bringschuld der Schuldner und bei Holschuld der Gläubiger das Recht, den konkreten Zeitpunkt zu bestimmen (vgl auch Rz 2/40; zu Bring- und Holschuld Rz 2/55). **2/36**

Rechtzeitige (und auch sonst vertragsgemäße) Leistung befreit den Schuldner von seiner Verbindlichkeit. Nichtleistung bei Fälligkeit führt zum Schuldnerverzug (Rz 3/7 ff); nimmt der Gläubiger die ordnungsgemäß angebotene Leistung nicht an, gerät er in Annahmeverzug (Rz 3/34 ff).

Primär ist für die Leistungszeit eine entsprechende **Parteienvereinbarung** maßgebend (§ 904 S 1; vgl auch die Sondervorschrift für Geschäfte zwischen Unternehmern in § 459 Abs 3 UGB). In manchen Fällen kann sich die Fälligkeit aus **Natur und Zweck der Leistung** ergeben (§ 1418 S 1). **2/37**

Beispiele: Weihnachtsbaum, Sekt für Silvesterparty; beim *Ladenkauf* ist mangels abweichender Vereinbarung von beiden Seiten sofort zu leisten (zur Zug-um-Zug-Leistungspflicht Rz 2/43 ff).

Für bestimmte Verbindlichkeiten bestehen besondere **gesetzliche Fälligkeitsvorschriften** (zB § 1418 S 2 für Alimente; § 685 für Vermächtnisse).

Nur wenn sich die Erfüllungszeit nach all diesen Kriterien nicht bestimmen lässt, kann der Gläubiger die Leistung gem § 904 S 1 **„sogleich, nämlich ohne unnötigen Aufschub"** fordern. Dafür muss er den Schuldner durch sog *Mahnung* zur Leistung auffordern (§ 1417). Die Mahnung (= Fälligstellung) kann gerichtlich oder außergerichtlich erfolgen. Auch eine konkludente Einmahnung, insb durch Erbringung der eigenen Leistung, kommt in Betracht (vgl auch Rz 2/39).

Leistung *„ohne unnötigen Aufschub"* bedeutet, dass dem Schuldner die nötige Zeit für die Vorbereitung und Erbringung der Leistung zu gewähren ist. Die Länge dieser Leistungsfrist ist nach objektiven Kriterien zu bemessen und hängt insb von der Art der geschuldeten Leistung ab.

Hat der Verpflichtete die Leistungszeit seiner Willkür vorbehalten, so muss der Gläubiger seinen Tod abwarten und sich an die Erben halten. Ist die Leistung aber höchstpersönlich oder hat der Schuldner die Leistung nach Möglichkeit oder Tunlichkeit versprochen (zB „wenn es mir finanziell wieder besser geht"), muss der Richter im Prozess die Fälligkeit nach Billigkeit bestimmen (§ 904 S 2).

2/38 Eine Sonderregelung für **Verbrauchergeschäfte** „über Waren" normiert § 7a KSchG[20]. Auch diese gesetzliche Fälligkeitsbestimmung kommt allerdings (unter Abweichung von § 2 Abs 2 KSchG) nur *„mangels anderer vertraglicher Vereinbarung"* zur Anwendung. In diesem Fall „hat der Unternehmer die Ware ohne unnötigen Aufschub, jedenfalls aber nicht später als 30 Tage nach Vertragsabschluss bereitzustellen oder – wenn die Übersendung der Ware vereinbart ist – beim Verbraucher abzuliefern".

Die Wendung *„ohne unnötigen Aufschub"* ist zwar grundsätzlich gleich zu verstehen wie in § 904 ABGB (dazu Rz 2/37); allerdings beginnt diese Leistungsfrist im Anwendungsbereich des § 7a KSchG offenbar mit Vertragsschluss, sodass eine Mahnung iSv § 904 S 1 iVm § 1417 ABGB (Rz 2/37) nicht nötig ist.

Im *Versandhandel* (§ 7b KSchG) kommt freilich der (Kauf-)Vertrag oft erst mit Absendung der Ware durch den Unternehmer oder überhaupt erst mit deren Zugang beim Verbraucher zustande (s Rz 2/56).

Die *30-Tages-Frist* (ab Vertragsschluss) ist als *zeitliche Höchstgrenze* zu verstehen und kommt nur dann zur Anwendung, wenn sich aus der Pflicht zur Leistung „ohne unnötigen Aufschub" keine kürzere Frist ergibt.

§ 7a KSchG gilt nach seiner Überschrift und seinem Wortlaut für Verbrauchergeschäfte *„über Waren"*, konkret für Verträge, die den Unternehmer gegenüber dem Verbraucher zur Leistung einer beweglichen körperlichen Sache verpflichten. Der Anwendungsbereich umfasst sowohl Hol- als auch Bring- oder Schickschulden (dazu Rz 2/55 f).

2/39 Für **gegenseitige Verträge** (insb Kauf- und Werkverträge) enthält § 1334 S 2 eine Sondernorm, die ebenfalls nur anzuwenden ist, soweit keine abweichende vertragliche oder gesetzliche Regelung besteht. Die Bestimmung betrifft einzelne – in der Praxis häufige – Abwicklungsmodalitäten, bei denen der Sachschuldner seine Geldforderung dadurch fälligstellt, dass er die eigene (Sach-)Leistung erbringt (Rz 2/37). Für diese Fälle regelt § 1334 S 2 den *Beginn des Zahlungsverzugs bei der Geldschuld*[21], der insb für die Berechnung der Verzugszinsen (Rz 2/33) von Bedeutung ist. Konkret ist insofern jeweils folgender Zeitpunkt maßgebend:

- die (vertragsgemäße) **Erfüllung** durch den anderen Teil oder

20 Näher zum Folgenden ErläutRV 89 BlgNR 25. GP 18 f; *Stabentheiner*, VbR 2014, 75 f; *Apathy* in Schwimann/Kodek[4] Erläut zu § 7a KSchG.

21 *Danzl* in KBB[4] § 1334 Rz 1; ausführlich *Schwebisch*, Die gesetzlichen Fälligkeitskonzepte des ABGB (2015) 33 ff.

- die **Abnahme bzw Überprüfung der Leistung** des anderen Teils, wenn die Parteien ein solches Verfahren vereinbart haben (vgl dazu auch § 457 UGB), oder
- der **Eingang der Rechnung** oder einer vergleichbaren Zahlungsaufforderung, wenn die Höhe der Schuld noch nicht feststeht.

Der (Geld-)Schuldner hat seine Zahlungspflicht jeweils *„ohne unnötigen Aufschub"* (Rz 2/37) nach dem entsprechenden Zeitpunkt zu erfüllen. Dies gilt sowohl für Barzahlung als auch für Zahlung durch Banküberweisung gem § 907a (näher dazu Rz 2/25 f und 5/74 ff).

Festzuhalten ist, dass § 1334 S 2, insb dessen erste Alternative, zu *keiner Durchbrechung des Zug-um-Zug-Prinzips* (Rz 2/43 ff) führt. Denn die Bestimmung verpflichtet keinen der Vertragsteile zur Vorleistung; sie regelt nur für den Fall, dass der Sachschuldner *de facto* vorleistet, den Verzugsbeginn für den Geldschuldner.

Eine *vertragliche Fälligkeitsvereinbarung* ist üblicherweise in dem Sinn zu verstehen, dass der Gläubiger sein Forderungsrecht bereits zu Beginn des entsprechenden Tages geltend machen kann[22]. Dabei sind jedoch allfällige Geschäftszeiten zu beachten. Generell gilt, dass eine Leistung nicht zur Unzeit erbracht bzw gefordert werden darf (zB sehr früh am Morgen oder spät abends). **2/40**

Besteht keine vertragliche oder gesetzliche Sonderregelung für die Berechnung der Fälligkeitsfrist oder des Fälligkeitstermins, gelten die diesbezüglichen allgemeinen Bestimmungen der §§ 902, 903, die allerdings teilweise durch das Europäische Übereinkommen zur Fristenberechnung (EuFrÜb) verdrängt werden (vgl I/3/29 f)[23].

Die Rechtsfolgen des *Verzugs* treten erst *nach Ablauf des Fälligkeitstages* bzw des letzten Tages der Fälligkeitsfrist ein (§ 903 S 2 iVm Art 3 Abs 1 EuFrÜb).

Bei *gerichtlicher Geltendmachung* des Leistungsanspruchs muss spätestens zum Schluss der mündlichen Streitverhandlung erster Instanz Fälligkeit eingetreten sein; ansonsten ist die Klage abzuweisen (§ 406 ZPO).

Gem § 1413 braucht der Gläubiger eine **Leistung vor Fälligkeit** nicht anzunehmen. Gegenteiliges kann natürlich vereinbart werden. Auch in diesem Fall besteht iZw kein Recht zum Abzug von Zwischenzinsen. **2/41**

Diesbezügliche Ausnahmen sind insb in § 16 VKrG und in § 20 HIKrG normiert. Danach dürfen **Verbraucher** Kreditverbindlichkeiten gegenüber Unternehmern vorzeitig erfüllen und haben Anspruch auf entsprechende Ermäßigung der Zinsen und laufzeitabhängigen Kosten (zu den näheren Details III/9/22).

---

22 *Kietaibl* in ABGB-ON[1.02] § 903 Rz 3; *Reischauer* in Rummel/Lukas[4] § 903 Rz 3.
23 Näher dazu etwa *Kietaibl* in ABGB-ON[1.01] § 902 Rz 5 ff, § 903 Rz 1 ff.

II. Stundung

2/42 (Volle) Stundung ist die *nachträgliche Vereinbarung* zwischen den Parteien, wodurch die **Fälligkeit hinausgeschoben** wird. Vor dem neu festgelegten Erfüllungstermin kann die Leistung weder gefordert noch erbracht werden. Auch für die Verzugsfrage ist der neue Fälligkeitszeitpunkt bzw die neu bestimmte Leistungsfrist maßgebend.

Davon zu unterscheiden ist die sog **reine Stundung**, die die *Fälligkeit unberührt* lässt. Hier wird nur die Geltendmachung der Forderung hinausgeschoben. Der Schuldner bleibt jedoch in Verzug; er muss, wenn es sich um eine Geldschuld handelt, Verzugszinsen zahlen und kann die Leistung jederzeit erbringen. Nur das Klage- und Rücktrittsrecht des Gläubigers ist ausgeschlossen. Die Verjährung der Forderung wird gehemmt (Fortlaufhemmung, dazu I/3/39).

Ob volle oder bloß reine Stundung vereinbart wurde, ist eine oft schwer zu entscheidende Auslegungsfrage. Eine nach Eintritt des Verzugs getroffene Vereinbarung ist iZw (§ 915) als reine Stundung zu verstehen, wenn der Schuldner kein Entgelt dafür zu leisten hat.

D. Leistung Zug um Zug

I. Anwendungsbereich und Funktion des Zug-um-Zug-Prinzips

2/43 Da im *gegenseitigen* Vertrag jede Leistung um der Gegenleistung willen versprochen wurde, hat der Leistungsaustausch mangels abweichender Vereinbarung Zug um Zug zu erfolgen. Im Zweifel ist also kein Vertragsteil berechtigt, vom anderen Vorleistung und damit Kreditierung zu verlangen. Vielmehr wird das mit einer solchen Vorleistung verbundene Risiko nur dem zugemutet, der es vertraglich auf sich genommen hat. Im Gesetz ist das Zug-um-Zug-Prinzip nur für Kauf und Tausch ausdrücklich normiert (§ 1052 S 1, § 1062); es gilt aber als Ausdruck des *funktionellen Synallagmas* (Rz 1/10) im Prinzip für alle gegenseitigen Verträge.

2/44 Das Mittel, um den Leistungsaustausch Zug um Zug zu erreichen, bietet die **Einrede des nicht erfüllten Vertrages**. Damit wird das Recht geltend gemacht, die eigene Leistung so lange zurückzuhalten, bis der andere Teil zur gleichzeitigen Erbringung der Gegenleistung bereit ist. Die Leistungsbereitschaft muss grundsätzlich bei Bringschuld durch reales, bei Holschuld durch verbales Leistungsangebot zum Ausdruck gebracht werden.

Auch wenn eine Leistung angeboten wird, die bzgl Qualität oder Quantität nicht der Vereinbarung entspricht, kann dem Anspruch auf Erbringung der Gegenleistung die Einrede des nicht (gehörig) erfüllten Vertrages entgegengehalten werden. Das Recht zur Zurückbehaltung der *gesamten* Gegenleistung[24] besteht nach überwiegender Lehre und hRsp grundsätzlich unabhängig davon, ob die mangelhafte Leistung angenommen oder zurückgewiesen wird (dazu Rz 3/116).

Bei **gerichtlicher Geltendmachung** des einen Leistungsanspruchs führt die Einrede des nicht erfüllten Vertrages durch den Beklagten nicht zur Abweisung der Klage, sondern der Beklagte wird zur Zug-um-Zug-Leistung verurteilt. Nur wenn der Kläger die Erfüllung seiner eigenen Leistungspflicht verweigert, ist die Klage abzuweisen. Für den Fall, dass der Beklagte die Annahme der ordnungsgemäß angebotenen Leistung verweigert (Annahmeverzug), wird von einem Teil der Lehre und Rsp vertreten, dass ohne Zug-um-Zug-Einschränkung, also unbedingt zu verurteilen sei[25]. **2/45**

Die Einrede des nicht (gehörig) erfüllten Vertrages, also das Recht zur Zurückbehaltung der Gegenleistung, bezieht sich nur auf jene Pflichten, die im *Austauschverhältnis* stehen, also auf die Hauptleistungspflichten und die äquivalenten Nebenpflichten (Rz 1/11 f). Die Zug-um-Zug-Einrede kann aber zB nicht erhoben werden, wenn der Partner seine Aufklärungs- oder Schutzpflichten verletzt hat (Rz 1/12 f). In solchen Fällen kommen nur Schadenersatzansprüche, uU auch das Recht zum Rücktritt aus wichtigem Grund in Betracht (Rz 3/30). **2/46**

II. Vorleistungspflicht und Unsicherheitseinrede

Der Grundsatz der Zug-um-Zug-Leistung kann durch Vereinbarung der Vorleistungspflicht eines Teils vertraglich abbedungen werden (so etwa beim sog Kreditkauf nach § 1063). Dem vorleistungspflichtigen Vertragspartner steht natürlich die Einrede des nicht erfüllten Vertrages nicht zu. Das Gesetz gewährt ihm aber Schutz, wenn die Erfüllung der Gegenleistung „durch *schlechte Vermögensverhältnisse* des anderen Teiles gefährdet ist, die ihm zur Zeit des Vertragsabschlusses nicht bekannt sein mussten". In diesem Fall kann der Vorleistungspflichtige gem § 1052 S 2 „seine Leistung bis zur Bewirkung oder Sicherstellung der Gegenleistung verweigern". Dieses Recht macht er durch die sog *Unsicherheitseinrede* geltend. **2/47**

Ob die schlechten Vermögensverhältnisse des Nachleistungsberechtigten bereits bei Vertragsschluss bestanden haben oder erst nachträglich eingetreten sind, ist irrelevant. Entscheidend ist, dass dieser Umstand für den Vorleistungspflichtigen im Zeitpunkt des Vertragsschlusses nicht erkennbar bzw vorhersehbar war. Ansonsten ist er nicht schutzwürdig.

---

24 Vgl *Binder/Spitzer* in Schwimann/Kodek[4] § 1052 Rz 69 ff; *Verschraegen* in ABGB-ON[1.04] § 1052 Rz 25 ff; jeweils mit Darstellung des Meinungsstandes.

25 So etwa *Mayrhofer*, SchRAT 356 f; gegenteilig *Reischauer* in Rummel[3] § 1419 Rz 4; *Heidinger* in Schwimann/Kodek[4] § 1419 Rz 11; zweifelnd *Aicher* in Rummel[3] § 1052 Rz 12; zum Ganzen auch *Binder/Spitzer* in Schwimann/Kodek[4] § 1052 Rz 43 ff, 78 ff; jeweils mwN. Zur Vollstreckung von Zug-um-Zug-Titeln vgl insb *A. Burgstaller*, ZZP 1992, 420.

Die Unsicherheitseinrede kann – anders als die Einrede des nicht erfüllten Vertrages – auch durch Sicherstellung abgewendet werden. Die Art der Sicherheitsleistung wird durch die §§ 1373 f bestimmt (s Rz 2/34; zum Sicherstellungsanspruch des Bauunternehmers nach § 1170b IV/10/29).

2/48 Wird die **Gegenleistung weder bewirkt** (= erbracht) **noch sichergestellt**, so droht dem Vorleistungspflichtigen ein unbegrenzter Schwebezustand. Das Gesetz schweigt darüber, wie dieser beendet wird. Denn die Einrede der Unsicherheit beseitigt keineswegs den Vertrag, sie gibt nur ein Leistungsverweigerungsrecht.

Nach hA kann der Vorleistungspflichtige den Schwebezustand analog § 918 durch Rücktrittserklärung unter Setzung einer angemessenen Nachfrist zur Sicherheitsleistung beenden. Demgegenüber vertritt *Jabornegg*[26] die Ansicht, dass mit dem Leistungsverweigerungsrecht wegen Unsicherheit die Vorleistungspflicht außer Kraft tritt. Ab Fälligkeit der Nachleistung könne der ursprünglich vorleistungspflichtige Vertragspartner Erfüllung Zug um Zug fordern.

III. Zurückbehaltungsrecht nach § 471

2/49 Der Grundsatz der Zug-um-Zug-Leistung gilt gem § 471 auch dann, wenn jemand *zur Herausgabe einer Sache verpflichtet* ist, aber seinerseits einen *Ersatzanspruch* wegen eines Aufwandes für diese Sache oder eines durch diese Sache verursachten Schadens hat. Der Herausgabepflichtige kann die Sache bis zur Bewirkung oder Sicherstellung (vgl § 471 Abs 2) seines Ersatzanspruchs zurückbehalten (IV/14/1 ff; dort auch zum Zurückbehaltungsrecht des Unternehmers gem § 369 UGB). Ob der Ersatzanspruch aus Vertrag oder nach dem Gesetz zusteht, spielt dabei keine Rolle.

Beispiel: Nach dem Verkehrsunfall des A schleppt B dessen defektes Auto von der Unfallstelle ab. Steht B für seine Aufwendungen ein Ersatzanspruch gegen A zu (insb wegen Geschäftsführung im Notfall gem § 1036; vgl III/16/3), so braucht er das Auto nur Zug um Zug gegen Erfüllung oder Sicherstellung seines Zahlungsanspruchs herauszugeben.

2/50 Das Zurückbehaltungsrecht (Retentionsrecht) gem § 471 steht nach *überwiegender Lehre*[27] *nur gegenüber dem Schuldner des Aufwand- oder Schadenersatzanspruchs*[28] zu, nicht jedoch gegenüber einem dritten Herausgabeberechtigten.

---

26 Zurückbehaltungsrecht und Einrede des nicht erfüllten Vertrages (1982) 230 ff; zustimmend *Aicher* in Rummel³ § 1052 Rz 34; *Verschraegen* in ABGB-ON¹·⁰⁴ § 1052 Rz 38.

27 Darstellung des Meinungsstandes bei *Eliskases* in Klang³ § 471 Rz 20 ff; *Hinteregger* in Schwimann/Kodek⁴ § 471 Rz 16; *Oberhammer/Domej* in ABGB-ON¹·⁰² § 471 Rz 12 ff.

28 Dazu insb *Holzner*, JBl 2009, 687 ff.

Beispiel: A lässt das vom Eigentümer E geliehene Auto bei B reparieren. Verlangt nun E von B die Herausgabe seines Autos gem § 366, steht B das Zurückbehaltungsrecht nach überwiegender Lehre nur dann zu, wenn er auch gegen E einen Anspruch auf Ersatz seiner Aufwendungen hat (dazu III/15/19).

Die *Judikatur* spricht sich hingegen *für einen gutgläubigen Erwerb des Zurückbehaltungsrechts* analog § 367 aus, wenn der Herausgabeberechtigte die Sache dem Ersatzpflichtigen anvertraut hat (vgl zum Ganzen IV/14/5 mit Nachw).

Hat also – wie im obigen Beispielsfall – der Reparaturauftraggeber A das Auto vom Eigentümer E entlehnt, so ist er damit Vertrauensmann des E iSd § 367. Durfte außerdem B den A für den Eigentümer des Autos halten (Gutgläubigkeit), so steht ihm nach der Judikatur das Zurückbehaltungsrecht nach § 471 gegen den Herausgabeanspruch des E auch dann zu, wenn dieser nicht zum Ersatz des Reparaturaufwandes verpflichtet ist.

Das Zurückbehaltungsrecht ist gem § 1440 S 2 ausgeschlossen, wenn der **2/51** Herausgabepflichtige die Sache eigenmächtig oder listig entzogen, entlehnt, in Verwahrung oder in Bestand genommen hatte.

Stellt die Verwahrung eine bloße Nebenpflicht dar (zB bei Bevollmächtigungsverträgen oder Treuhandverhältnissen), ist die Anwendbarkeit des Zurückbehaltungsverbots nach § 1440 S 2 zweifelhaft[29].

Bei **Verbrauchergeschäften** können gem § 6 Abs 1 Z 6 und 7 KSchG die **2/52** gesetzlichen Zurückbehaltungsrechte nach § 471 und § 1052 vertraglich nicht ausgeschlossen oder beschränkt werden.

E. Leistungsort

I. Bestimmung des Erfüllungsorts

Zur ordnungsgemäßen Erfüllung gehört auch, dass der Schuldner seine **2/53** Leistung am richtigen Ort anbietet. Gem § 905 Abs 1 bestimmt sich der Erfüllungsort primär nach der **Parteienvereinbarung**.

Einseitige Bestimmung des Erfüllungsorts durch eine der Vertragsparteien, etwa in einer Rechnung, die nach Vertragsschluss übermittelt wird, ist als einseitige Vertragsänderung nach allgemeinen Regeln unwirksam.

Mangels einer besonderen vertraglichen Bestimmung kann sich der Erfüllungsort aus **Natur und Zweck des Geschäfts** ergeben (§ 905 Abs 1).

Beispiele: Leistungen des Dienstnehmers sind idR im Betrieb des Dienstgebers zu erbringen. Arbeiten an unbeweglichen Sachen können nur dort ausgeführt werden, wo sich diese Sachen befinden (etwa Verlegung von Fliesen, Malerarbeiten an einem Haus).

Lässt sich der Erfüllungsort weder aus dem Vertrag noch aus Natur oder Zweck des Geschäfts bestimmen, so ist gem § 905 Abs 1 an dem Ort zu

29 Vgl *Dullinger* in Rummel[3] § 1440 Rz 14 ff; *Heidinger* in Schwimann/Kodek[4] § 1440 Rz 9; jeweils mwN.

leisten, an dem der **Schuldner** bei Vertragsschluss seinen **Wohnsitz** bzw seine **Geschäftsniederlassung** hatte (Holschuld).

Eine davon abweichende Bestimmung enthält hingegen § 907a Abs 1 S 1 für die **Geldschuld.** Sie ist grundsätzlich am **(Wohn-)Sitz des Gläubigers** zu erfüllen (Bringschuld; näher dazu Rz 2/57 ff).

§ 905 Abs 1 und § 907a Abs 1 beziehen sich zwar nur auf rechtsgeschäftliche Schuldverhältnisse; die Bestimmungen sind aber gem § 1420 auch auf gesetzlich begründete Leistungsansprüche anzuwenden.

2/54 Der Erfüllungsort ist vor allem deswegen von Bedeutung, weil der Schuldner, wenn er seine Leistung nicht (rechtzeitig) am richtigen Ort erbringt bzw anbietet, in Leistungsverzug gerät (vgl Rz 3/7 ff). Umgekehrt treten die Rechtsfolgen des Annahmeverzugs ein (dazu Rz 3/34 ff), wenn der Gläubiger die zur richtigen Zeit am richtigen Ort angebotene Leistung nicht übernimmt.

Nach dem Erfüllungsort richten sich im Zweifel auch *Maß- oder Gewichtseinheiten* der Sachleistung (§ 905 Abs 1 S 2) sowie bei Geldschulden die *Währung* (Rz 2/27). Sekundäre Wirkungen einer Erfüllungsortvereinbarung können sich insb im Prozessrecht bzgl der Gerichtszuständigkeit ergeben (vgl etwa § 88 JN).

Manchmal wird ein bestimmter Erfüllungsort von den Parteien überhaupt nur wegen dieser sekundären Rechtsfolgen vereinbart. Es ist dann Auslegungsfrage, ob auch die Leistung an diesem Ort erbracht werden soll oder ob die Parteien nur eine Gerichtsstandsvereinbarung treffen wollten.

II. Hol-, Bring- und Schickschuld

2/55 Ist Erfüllungsort der *(Wohn-)Sitz des Schuldners* (Rz 2/53), liegt sog **Holschuld** vor. Der Schuldner braucht die Leistung bei Fälligkeit nur an seinem Sitz bereitzuhalten. Der Gläubiger hat sie dort abzuholen.

Von **Bringschuld** spricht man, wenn der Schuldner die Leistung bei Fälligkeit am *(Wohn-)Sitz des Gläubigers* zu erbringen oder dort abzuliefern hat. Ein allfälliges *Beförderungsrisiko*, insb bei Transport des Leistungsgegenstandes durch einen Dritten, trägt der *Schuldner*.

Im Zweifel, dh soweit sich aus Parteienvereinbarung, Natur und Zweck des Geschäfts oder Gesetz nicht Abweichendes ergibt, ist gem § 905 Abs 1 von **Holschuld** auszugehen (Rz 2/53).

Durch § 905 Abs 2 wird klargestellt, dass allein aus der Übernahme der Versandkosten durch den Schuldner nicht auf eine Bringschuld geschlossen werden kann.

Geldschulden sind hingegen gem § 907a Abs 1 grundsätzlich **Bringschulden** (näher dazu Rz 2/57 ff).

2/56 Bei der sog **Schickschuld** bleibt Erfüllungsort der Sitz des Schuldners (§ 905 Abs 1). Dieser ist allerdings bei Fälligkeit zur *Absendung* des Leistungsgegenstandes an den Gläubiger verpflichtet. Die *Transportgefahr*, also das Verzögerungs-, Verlust- und Beschädigungsrisiko während der Beförderung trägt jedoch gem § 905 Abs 3 iVm § 429 dann der *Gläubiger*, wenn die Versendung mit seinem Willen erfolgt und die Art des Transports der Vereinbarung oder – mangels Vereinbarung – der Verkehrsübung entspricht.

Wichtigster Fall einer Schickschuld ist der sog Versendungskauf (vgl § 1063a); zum Eigentumsübergang s § 429 (IV/2/41 f).

Bei **Verbrauchergeschäften** trägt hingegen gem § 7b KSchG das *Verlust- und Beschädigungsrisiko* der *Unternehmer* (= Schuldner). Nur wenn der Verbraucher selbst den Beförderungsvertrag geschlossen hat, „ohne dabei eine vom Unternehmer vorgeschlagene Auswahlmöglichkeit zu nutzen, so geht die Gefahr bereits mit der Aushändigung der Ware an den Beförderer über".

Der *Eigentumsübergang* erfolgt nach § 7b letzter Satz KSchG mangels anderer Vereinbarung zugleich mit dem Gefahrenübergang.

Die Norm hat einen breiten Anwendungsbereich bei gewöhnlichen Warenbestellungen im *Versandhandel.* In der Frage des *Vertragsschlusses* geht die hA bei derartigen Geschäften vom Bestehen einer Verkehrssitte aus, wonach der Verkäufer das Angebot des Käufers *schon durch die Absendung der bestellten Ware gem § 864 Abs 1* annehmen und damit den Vertrag zustande bringen könne (I/6/18). Zur Begründung wird vor allem ins Treffen geführt, es bestehe ein schutzwürdiges Interesse des Verkäufers, mit der Erfüllung des Geschäfts zu beginnen und den Gefahrenübergang gem § 905 Abs 3 iVm § 429 herbeizuführen[30]. Dieses Argument trifft freilich im Geltungsbereich des § 7b KSchG[31] gerade nicht zu, sodass hier die *Anwendbarkeit des § 864 durchaus zweifelhaft* ist[32].

III. Geldschuld

Eine Geldschuld ist gem § 907a Abs 1 S 1 *„am Wohnsitz oder an der Niederlassung des Gläubigers zu erfüllen"* und ist damit **Bringschuld.** Auch diese Bestimmung gilt freilich – wie die des § 905 Abs 1 (Rz 2/53, 2/55) – *nur im Zweifel,* also nur dann, wenn sich aus Parteienvereinbarung, Natur und Zweck des Geschäfts oder Gesetz nicht Abweichendes ergibt. In diesem Fall muss grundsätzlich der Zahlungsbetrag dem Gläubiger bei Fälligkeit an dessen (Wohn-)Sitz übergeben werden. Die *Gefahr* und die Kosten einer allfälligen Übermittlung hat der *Schuldner* zu tragen. **2/57**

Nur wenn sich der (Wohn-)Sitz des Gläubigers nach Entstehung der Forderung geändert hat, „trägt der Gläubiger eine dadurch bewirkte Erhöhung der Gefahr und der Kosten für die Erfüllung" (§ 907a Abs 1 S 2).

Bei Erfüllung der Geldschuld durch **Banküberweisung** (dazu auch Rz 2/25 und Rz 5/74 ff) hat der Schuldner gem § 907a Abs 2 S 1 „den Überweisungsauftrag so rechtzeitig zu erteilen, dass der geschuldete Betrag *bei Fälligkeit auf dem Konto des Gläubigers wertgestellt ist"*. **2/58**

30 *Rummel* in Rummel/Lukas[4] § 864 Rz 4; *Bollenberger* in KBB[4] § 864 Rz 1.
31 Eingefügt durch BGBl I 2014/33.
32 Vgl auch *Hofmann/Linder,* JBl 2008, 631 f.

Das *Übermittlungsrisiko* (Verlust- und Verspätungsgefahr) hat allerdings der *Schuldner* gem § 907a Abs 2 letzter Satz *nur bis zum Einlangen* des Überweisungsbetrages bei der *Bank des Gläubigers* zu tragen. Die Gefahr einer Verzögerung oder des Unterbleibens der Kontogutschrift durch seine eigene Bank trägt hingegen der Gläubiger.

Hat der Gläubiger nach Entstehung der Forderung seine Bankverbindung geändert, so trägt er „eine dadurch bewirkte Erhöhung der Gefahr und der Kosten für die Erfüllung" (§ 907a Abs 1 S 2).

2/59 Eine Ausnahme von der Bestimmung des § 907a Abs 2 S 1 ABGB (Rz 2/58) normiert § 6a Abs 2 KSchG für **Verbrauchergeschäfte**. Erfüllt ein Verbraucher seine Geldschuld gegenüber einem Unternehmer durch Banküberweisung (Rz 2/25), so genügt es für die Rechtzeitigkeit der Zahlung, wenn der Verbraucher **bei Fälligkeit den Überweisungsauftrag erteilt**.

Das *Risiko einer Verzögerung* bei der Übermittlung trägt somit nach § 6a Abs 2 KSchG der *Gläubiger*. Die *Verlustgefahr* bis zum Einlangen des Überweisungsbetrages bei der Gläubigerbank hat hingegen gem § 907a Abs 2 letzter Satz ABGB der *Schuldner* auch dann zu tragen, wenn er Verbraucher ist. Er muss, wenn der Überweisungsbetrag bei der Gläubigerbank nicht einlangt, nochmals zahlen.

Im Ergebnis entspricht die Vorschrift des § 6a Abs 2 KSchG der früheren Ausgestaltung der Geldschuld als *qualifizierte Schickschuld* nach § 905 Abs 2 ABGB aF. Dies gilt aber nur im Anwendungsbereich des § 6a Abs 2 KSchG, also nur dann, wenn ein Verbraucher seine Geldschuld gegenüber einem Unternehmer durch Banküberweisung erfüllt.

2/60 § 907a Abs 2 S 2 regelt die **Rechtzeitigkeit** von Zahlungen durch Banküberweisung, deren *Fälligkeit „nicht schon im Vorhinein bestimmt ist"*. Dabei handelt es sich um Geldschulden, bei denen die Fälligkeit erst durch **Einmahnung** nach § 904 S 1 iVm § 1417 (Rz 2/37) oder durch einen gem § 1334 S 2 insofern gleichwertigen Umstand ausgelöst wird (Rz 2/39).

In all diesen Fällen hat der Schuldner seine Zahlungspflicht **„ohne unnötigen Aufschub"** ab Fälligstellung durch den Gläubiger zu erfüllen (Rz 2/37, 2/39). Dies gilt auch für die Zahlung durch Banküberweisung. Bei der Bemessung des *nötigen Aufschubs* ist die gewöhnliche Dauer der Banküberweisung (Rz 5/75) mitzuberücksichtigen. Die *Gefahr einer Verzögerung* bei der Übermittlung des Überweisungsbetrages bis zum Einlangen bei der Gläubigerbank (Rz 2/58) trägt aber auch in diesen Fällen – iS des Bringschuldkonzepts (Rz 2/57) – gem § 907a Abs 2 letzter Satz der *Schuldner*.

Nur bei **Verbrauchergeschäften** genügt es gem § 6a Abs 2 KSchG für die Rechtzeitigkeit der Zahlung, wenn der Verbraucher *„ohne unnötigen Aufschub"* ab Fälligstellung der Geldschuld durch den Unternehmer den **Überweisungsauftrag erteilt**. Das *Verspätungsrisiko* bei der Übermittlung trägt nach § 6a Abs 2 KSchG der *Gläubiger* (Rz 2/59).

§ 3. Leistungsstörungen

A. Begriff, Abgrenzung und Arten

I. Abgrenzung von Abschluss- und Erfüllungsmängeln

Störungen oder Mängel bei der *Erfüllung* eines bestehenden Schuldverhältnisses sind grundsätzlich zu trennen von jenen Mängeln, die bereits die *Begründung* des Schuldverhältnisses, insb den Vertragsschluss betreffen (Abschlussmängel). **3/1**

Die **Abschluss- oder Wurzelmängel** verhindern entweder von vornherein das Zustandekommen des Geschäfts oder begründen ein Recht zur rückwirkenden Anfechtung (Anpassung) des Vertrages.

Beispiele: Dissens, Gesetz- oder Sittenwidrigkeit nach § 879, Fehlen der Geschäftsfähigkeit, Willensmängel (Irrtum, Drohung, List); vgl I/7/1 ff und I/8/1 ff.

Von **Leistungsstörung** spricht man hingegen, wenn ein gültig begründetes Schuldverhältnis, insb ein wirksamer Vertrag *nicht oder nicht pflichtgemäß erfüllt wird*, wenn also die geschuldete Leistung gar nicht, verspätet, am falschen Ort, nicht in der vereinbarten Qualität oder Quantität erbracht bzw angeboten wird.

Es gibt allerdings Fälle, in denen sowohl der Tatbestand eines Wurzelmangels als auch der einer Leistungsstörung verwirklicht ist; so insb dann, wenn bei einer *Speziesschuld* der Leistungsgegenstand *bereits bei Vertragsschluss mangelhaft* war, also nicht der Vereinbarung entsprach, oder gar nicht (mehr) vorhanden war (zur anfänglichen Unmöglichkeit Rz 3/47 f, 3/123 und 3/155). **3/2**

Beispiel: Das verkaufte Baugrundstück ist entgegen der Vereinbarung nicht 1000 m^2, sondern nur 950 m^2 groß.

In solchen Fällen kommt sowohl Vertragsanfechtung oder -anpassung wegen Willensmangels (§§ 870 ff) als auch das entsprechende Gewährleistungsrecht in Betracht (Rz 3/66 ff; vgl auch Rz 3/146).

II. Erfüllung / Nichterfüllung einer Schuld

3/3 **Erfüllung** einer Schuld liegt dann vor, wenn die geschuldete Leistung in der vereinbarten Qualität und Quantität am richtigen Ort und zur Zeit der Fälligkeit erbracht wird (vgl §§ 1412, 1413; näher dazu Rz 4/1 ff). Die Frage des Schuldinhalts ist nach dem konkreten Vertrag, ersatzweise nach dem dispositiven Gesetzesrecht zu beurteilen.

Jede Abweichung vom Schuldinhalt hinsichtlich Qualität, Quantität, Zeit oder Ort der Leistung ist (teilweise) **Nichterfüllung**. Der vielfach verwendete Begriff der „Schlechterfüllung" für bloß teilweise Nichterfüllung darf nicht darüber hinwegtäuschen, dass das Gesetz zB in § 918 alle diese Fälle zunächst strukturell gleich behandelt. Diese Gemeinsamkeit kommt auch im UNK zum Ausdruck (vgl Art 45, 61).

3/4 *Jede Art von Nichterfüllung einer Schuld* ist eine **Leistungsstörung**[1]. Welche Rechtsfolgen im Einzelfall daran geknüpft sind, hängt davon ab, ob gar nicht, verspätet oder mangelhaft geleistet wurde und welche Gründe zur Nichterfüllung geführt haben.

III. Arten von Leistungsstörungen

3/5 Die allgemeinen Bestimmungen des Leistungsstörungsrechts (§§ 918–933b, 1419, 1447) unterscheiden zwischen *Verzug*, *Unmöglichkeit* und *mangelhafter Leistung*. Bei der diesbezüglichen Abgrenzung kommt es zunächst darauf an, **ob eine Leistung erfolgt ist**, ob also eine Leistung vom Schuldner angeboten und vom Gläubiger übernommen worden ist.

- Hat der Gläubiger die **Leistung des Schuldners als Erfüllung angenommen** und erweist sich diese Leistung als mangelhaft, stehen nach hA grundsätzlich nur die Rechtsbehelfe des **Gewährleistungsrechts** (§ 932) zur Verfügung[2].
- Ist **keine Leistung erfolgt**, sei es weil der Schuldner bei Fälligkeit keine Leistung angeboten hat oder weil der Gläubiger die angebotene Leistung nicht angenommen hat, ist zwischen Verzug und Unmöglichkeit zu unterscheiden:

---

1 Allgemein und grundsätzlich zum Leistungsstörungsrecht insb *Reischauer*, Die Entwicklung des Leistungsstörungsrechts im 20. Jahrhundert bis zur Gegenwart, FS 200 Jahre ABGB (2011) I 577; *Lukas*, Harmonie oder Divergenz im Leistungsstörungsrecht? FS 200 Jahre ABGB II 1239.

2 Anders *Reischauer* (in Rummel[3] Vor §§ 918–933 Rz 9 und JBl 2002, 168), der sich für ein Wahlrecht des Gläubigers zwischen Gewährleistungsrecht und den für Verzug bzw Unmöglichkeit angeordneten Rechtsbehelfen ausspricht.

- **Unmöglichkeit** (§§ 920, 1447) liegt dann vor, wenn der vertragsgemäßen Leistung ein dauerndes Hindernis entgegensteht (zB Untergang des Leistungsgegenstandes bei der Speziesschuld).
- Ist die ordnungsgemäße Erfüllung grundsätzlich möglich, hat aber der Schuldner bei Fälligkeit keine entsprechende Leistung angeboten, spricht man von **Schuldnerverzug** (§ 918).
- Hat der Gläubiger eine vertragsgemäß angebotene Leistung nicht angenommen, liegt **Gläubigerverzug** vor (§ 1419).

Die im Folgenden zu behandelnden Bestimmungen des Leistungsstörungsrechts gelten grundsätzlich nur für **entgeltliche Verträge** (so die Überschrift vor §§ 917 ff), also für solche Schuldverhältnisse, die auf einen Austausch von Leistung und Gegenleistung gerichtet sind (I/5/10; zur teilweisen Anwendbarkeit auf unentgeltliche Geschäfte vgl III/2/7). **3/6**

Im Übrigen haben die Bestimmungen der §§ 918–933b primär **Zielschuldverhältnisse** vor Augen. Für Dauerschuldverhältnisse gelten hingegen weitgehend Sonderregeln (dazu Rz 3/157 f; zur Unterscheidung von Ziel- und Dauerschuldverhältnissen I/5/11).

B. Verzug

I. Schuldnerverzug (Leistungsverzug)

1. Begriff

Schuldnerverzug liegt dann vor, *„wenn ein entgeltlicher Vertrag von einem Teil entweder nicht zur gehörigen Zeit, am gehörigen Ort oder auf die bedungene Weise erfüllt wird“* (§ 918 Abs 1) und der geschuldeten Leistung kein dauerndes Hindernis entgegensteht (sonst Unmöglichkeit). **3/7**

Bietet der Schuldner **bei Fälligkeit** eine Leistung an, die nicht der Vereinbarung entspricht, braucht der Gläubiger diese Leistung grundsätzlich[3] nicht zu übernehmen und kann die Rechtsbehelfe des Schuldnerverzugs geltend machen. Nimmt hingegen der Gläubiger die mangelhafte Leistung als Erfüllung an, kann er sich nach hA[4] nicht mehr auf Verzug berufen, sondern es stehen ihm nur mehr Gewährleistungsrechte zu.

Gerät der Schuldner *ohne Verschulden* in Leistungsverzug, spricht man von **objektivem** Verzug, bei Vorliegen eines (zurechenbaren) *Verschuldens* von **subjektivem** Verzug. Der Verpflichtete verhält sich insb dann rechtswidrig und schuldhaft, wenn er die gebotene und ihm subjektiv auch zumutbare **3/8**

3 Es bestehen aber gewisse Ausnahmen (vgl Rz 3/26 ff, 3/58 ff).
4 Anders *Reischauer* (FN 2).

Sorgfalt außer Acht lässt (allgemein zu Rechtswidrigkeit und Verschulden III/13/14 ff und III/13/31 ff; zur Beweislast nach § 1298 III/13/37).

2. Objektiver Verzug

a) Rechtsfolgen des objektiven Verzugs im Allgemeinen

3/9 Bietet der Schuldner die Leistung *bei Fälligkeit* (Rz 2/36 ff) nicht oder nicht obligationsgemäß an, kann der Gläubiger gem § 918 Abs 1

- entweder **auf Erfüllung** seines Anspruchs **bestehen**
- oder unter Setzung einer angemessenen Nachfrist **vom Vertrag zurücktreten.**

Während seines Verzugs trägt die **Gefahr des zufälligen Untergangs** des Leistungsgegenstandes der Schuldner. Geht also der Leistungsgegenstand während des Verzugs durch Zufall unter, verliert der Schuldner bei der Speziesschuld seinen Anspruch auf die Gegenleistung (*Preisgefahr*); bei der Gattungsschuld muss er eine andere Sache derselben Gattung leisten (*Leistungsgefahr*; vgl Rz 3/51 f).

Macht der sich in Verzug befindende Schuldner seinen *Gegenleistungsanspruch* geltend, kann ihm nach dem *Zug-um-Zug-Prinzip* die Einrede des nicht erfüllten Vertrages (Rz 2/43 ff), nach Wirksamwerden des Rücktritts die Auflösung des Vertrages entgegengehalten werden.

3/10 Ist der **Geldschuldner** mit der Erfüllung seiner Zahlungspflicht in Verzug, stehen dem Gläubiger **Verzugszinsen** zu (§ 1333 Abs 1; § 456 UGB; näher dazu Rz 2/32 f).

Bei **Unternehmergeschäften** ist der Gläubiger gem § 458 UGB außerdem berechtigt, „als Entschädigung für etwaige *Betreibungskosten* vom Schuldner einen Pauschalbetrag von 40 Euro zu fordern". Dieser Anspruch kann gem § 459 Abs 5 UGB vertraglich nur dann abbedungen werden, wenn dies „ausnahmsweise nach den Umständen des jeweiligen Rechtsgeschäfts sachlich gerechtfertigt ist". Ein über den Pauschalbetrag von € 40,– (§ 458 UGB) hinausgehender Ersatzanspruch für Betreibungskosten steht jedoch auch zwischen Unternehmern gem § 1333 Abs 2 ABGB nur bei subjektivem Zahlungsverzug des Schuldners zu (dazu Rz 3/23).

3/11 Die Rechtsfolgen des Verzugs treten gem § 903 S 2 erst *nach Ablauf* des Fälligkeitstages bzw des letzten Tages der Leistungsfrist ein (Rz 2/40).

Ist zB der Schuldner zur Leistung am oder bis zum 12.5. verpflichtet, so treten die Verzugsfolgen ab 13.5. ein.

Bei Fälligstellung der Leistung durch *Mahnung* (§ 1417) ist dem Schuldner gem § 904 S 1 der *nötige Aufschub* zur Vorbereitung und Erbringung der Leistung zu gewähren (Rz 2/37). Verzug tritt daher erst nach Ablauf der unter diesem Aspekt zustehenden Leistungsfrist ein (s auch § 1334 S 2 und dazu Rz 2/39).

Der **Verzug endet**, wenn der Schuldner die Leistung obligationsgemäß anbietet. 3/12

Der Schuldner muss den Gläubiger von seiner Leistungsbereitschaft informieren und ihm die für allfällige Dispositionen nötige Zeit einräumen. Bei der *Bringschuld* (Rz 2/55) ist zur Verzugsbeendigung das Einlangen des Leistungsgegenstandes am Erfüllungsort erforderlich. Dies gilt daher insb bei *Geldschulden*, soweit § 907a zur Anwendung kommt (Rz 2/57; zur Zahlung durch Banküberweisung Rz 2/58 ff). Auch für die (qualifizierte) *Schickschuld* wird vertreten, dass der Verzug erst endet, wenn der Gläubiger die Leistung erhält[5], obwohl hier Erfüllungsort der (Wohn-)Sitz des Schuldners ist (Rz 2/56; zu § 6a Abs 2 KSchG Rz 2/59 f).

Durch Vereinbarung einer (die Fälligkeit aufschiebenden vollen) *Stundung* (Rz 2/42) wird der Schuldnerverzug ebenfalls beendet.

b) Zum Rücktritt nach § 918 im Einzelnen

Die Erklärung des Rücktritts vom Vertrag nach § 918 bedarf **keiner besonderen Form**, insb keiner gerichtlichen Geltendmachung. In der Erklärung, die auch schlüssig erfolgen kann (§ 863 Abs 1), muss nur der Wille des Gläubigers, nach Ablauf der Nachfrist nicht mehr an den Vertrag gebunden zu sein, eindeutig zum Ausdruck kommen. 3/13

Der Rücktritt muss unter **Setzung einer angemessenen Nachfrist** erfolgen. Dadurch soll dem Schuldner die Möglichkeit zur Nachholung der Leistung gegeben werden. Keiner Nachfristsetzung bedarf es beim Fixgeschäft (dazu Rz 3/32 f) sowie dann, wenn der Schuldner von vornherein die Leistung endgültig verweigert. 3/14

Die Nachfrist muss **angemessen** sein. Das bedeutet, sie muss so bemessen sein, dass der Schuldner die Chance hat, seine Leistung nachzuholen. 3/15

Maßgebend sind die konkreten Umstände des Einzelfalls, wobei sowohl die Schuldner- als auch die Gläubigerinteressen zu berücksichtigen sind. Bedacht zu nehmen ist insb auf die bedungene Dringlichkeit, die ursprüngliche Lieferfrist und die Dauer des bisherigen Verzugs. Die gesamte für die Vorbereitung der Leistung notwendige Zeit braucht grundsätzlich nicht (neuerlich) gewährt zu werden, sondern nur die zur Beschleunigung und Vollendung einer bereits vorbereiteten Erfüllung erforderliche Frist.

Bei *zu kurz* bemessener Nachfrist kann die Leistung innerhalb angemessener Zeit noch erbracht werden. Der Rücktritt wird dann erst nach Ablauf der angemessenen Frist wirksam.

Das Gesetz spricht von „**Festsetzung**" einer angemessenen Nachfrist. Demnach müsste also der Gläubiger die Dauer dieser Frist bzw deren Endtermin 3/16

---

5 Vgl *Reischauer* in Rummel/Lukas[4] § 905 Rz 31 mwN.

bestimmen. Die Rsp begnügt sich hingegen mit dem tatsächlichen *Gewähren* der Nachfrist. Aus dem Verhalten des Gläubigers anlässlich seiner Rücktrittserklärung muss sich aber zumindest schlüssig ergeben, dass er die Leistung innerhalb angemessener Frist noch annehmen will.

Das Verstreichenlassen einer angemessenen Frist *vor* Rücktrittserklärung ist in keinem Fall ausreichend; denn der Schuldner kann vor Erklärung des Rücktritts davon ausgehen, dass der Gläubiger weiterhin auf Erfüllung des Vertrages besteht.

3/17 Nach Ablauf der angemessenen Nachfrist wird der **Rücktritt wirksam**; der Vertrag wird aufgelöst. Ein nachträglicher Erfüllungsanspruch ist daher ausgeschlossen. Hat hingegen der Gläubiger zunächst Erfüllung verlangt, kann er später immer noch – unter Setzung (bzw Gewährung) einer angemessenen Nachfrist – vom Vertrag zurücktreten.

3/18 Nach Auflösung des Vertrages sind bereits **erbrachte Leistungen zurückzustellen oder zu vergüten** (§ 921 letzter Satz iVm § 1435). Insofern gelten die Regeln des Bereicherungsrechts (dazu III/15/4 ff).

Der Rücktritt vom Vertrag nach § 918 hat bloß obligatorische, aber **keine dingliche Wirkung.** Übertragenes Eigentum fällt also nicht automatisch an den Veräußerer zurück, sondern es besteht nur ein schuldrechtlicher Anspruch auf Rückübertragung.

Demgegenüber beseitigt die erfolgreiche Vertragsanfechtung wegen eines Willensmangels (Irrtum, List oder Drohung) das Rechtsgeschäft mit dinglicher Ex-tunc-Wirkung. In diesem Fall wird also der Veräußerer automatisch wieder Eigentümer seiner Sache und kann sie daher auch mittels rei vindicatio (§ 366) herausverlangen (näher dazu I/8/24).

3. Subjektiver Verzug

3/19 Ist der Leistungsverzug durch ein dem Schuldner zurechenbares **rechtswidriges und schuldhaftes Verhalten** verursacht worden, liegt subjektiver Verzug vor (Rz 3/8). In diesem Fall kann der Gläubiger ebenfalls (wie beim objektiven Verzug) entweder *auf Erfüllung bestehen* oder unter Nachfristsetzung *vom Vertrag zurücktreten.* Zusätzlich hat er **Anspruch auf Ersatz des Schadens,** der ihm durch die Verspätung oder das gänzliche Ausbleiben der Leistung entstanden ist (zur Pauschalierung dieses Ersatzanspruchs durch Vereinbarung einer *Vertragsstrafe* gem § 1336 I/10/27 ff).

Schadenersatzrechtlich zurechenbar ist dem Schuldner gem § 1313a auch das Verhalten seiner *Erfüllungsgehilfen* (allgemein dazu III/13/44 ff). Ob der Schuldner auch für das den Leistungsverzug auslösende (Fehl-)Verhalten seines *Zulieferers* nach § 1313a haftungsrechtlich einstehen muss, ist streitig, wird aber mit *Reischauer*[6] – entgegen der hA – zu bejahen sein.

6 In Rummel[3] § 1313a Rz 5.

Besteht der Gläubiger auf **Erfüllung** oder erbringt der Schuldner seine Leistung innerhalb angemessener Frist nach Rücktrittserklärung, ist nur der sog **Verspätungsschaden** zu ersetzen (§ 918 Abs 1). Der Gläubiger kann also Ersatz für jene Nachteile verlangen, die er durch die Verspätung der Leistung erlitten hat (zB die angemessenen Kosten für einen Mietwagen bei verspäteter Lieferung des gekauften Autos). **3/20**

Wird der **Vertrag durch Rücktritt aufgelöst**, gebührt dem Gläubiger der Ersatz seines **Nichterfüllungsschadens** (§ 921 S 1); dh er ist vermögensmäßig so zu stellen, wie er stünde, wenn ordnungsgemäß erfüllt worden wäre. Die Höhe dieses Schadenersatzanspruchs kann nach Wahl des Gläubigers konkret oder abstrakt berechnet werden. **3/21**

Bei **abstrakter Berechnung** ergibt sich der Schaden aus der Wertdifferenz zwischen der ausgebliebenen Leistung und der eigenen Gegenleistung, die bei ordnungsgemäßer Erfüllung zu erbringen gewesen wäre (*Differenzanspruch*). Ein solcher Schaden besteht natürlich nur dann, wenn die ausgebliebene Leistung höher zu bewerten ist als die Gegenleistung.

Beispiel: Der rücktrittsberechtigte K hatte von V eine Sache um 850,– gekauft. Hat diese Sache einen Wert von 1.000,–, steht dem K bei subjektivem Verzug des V ein Differenzanspruch in Höhe von 150,– zu.

Bei **konkreter Schadensberechnung** ist insb ein vom Anspruchsberechtigten geschlossenes *Deckungsgeschäft* (Deckungskauf oder -verkauf) zu berücksichtigen. Insofern besteht dann ein Schaden, wenn das Deckungsgeschäft ungünstiger war als der wegen Schuldnerverzugs aufgelöste Vertrag. Der Gläubiger muss sich allerdings um den Abschluss eines möglichst günstigen Deckungsgeschäfts bemühen (Schadensminderungsobliegenheit; dazu III/13/68). Gegenstand eines (ersatzfähigen) Deckungskaufs kann nur eine gleichartige Sache sein.

Beispiel für *Deckungskauf*: K muss sich die Ware, die er von V um 550,– gekauft, aber nicht erhalten hat, um 600,– bei D besorgen. Sein Schaden beträgt daher 50,–.

Deckungsverkauf: V hatte seine Sache um 1.500,– an K verkauft. Dieser Vertrag wurde wegen Zahlungsverzugs des K aufgelöst. In der Folge kann V die Sache nur mehr um 1.300,– veräußern. Er erleidet also einen Schaden in Höhe von 200,–.

Entstehen dem Gläubiger durch die schuldhafte Nichterfüllung des Vertrages *weitere Schäden*, so gebührt ihm auch dafür nach schadenersatzrechtlichen Grundsätzen Ersatz (§ 921 S 1). **3/22**

Ein dem Gläubiger durch den Schuldnerverzug entstandener Gewinnentgang ist nur dann ersatzfähig, wenn dem Schuldner grobes Verschulden vorzuwerfen ist (§ 1331; anders jedoch § 349 UGB für Geschäfte zwischen Unternehmern; zum Ganzen III/13/6 und III/13/52).

Gem § 1333 Abs 2 kann der Gläubiger bei schuldhaftem Leistungsverzug des Schuldners auch für „die notwendigen Kosten zweckentsprechender au- **3/23** ßergerichtlicher *Betreibungs- oder Einbringungsmaßnahmen*, soweit diese in einem angemessenen Verhältnis zur betriebenen Forderung stehen", Ersatz verlangen (vgl auch Rz 3/10). Gemeint sind damit vor allem Aufwendungen für die Tätigkeit von Inkassoinstituten. Einschlägige Anwaltskosten werden hingegen nach dem RechtsanwaltstarifG beurteilt[7]. In den Details ist hier freilich Vieles streitig[8].

Befindet sich ein **Verbraucher** gegenüber einem Unternehmer in Leistungsverzug, sind *nachträgliche Vereinbarungen*, die den Verbraucher zur Tragung von Betreibungs- und Einbringungskosten verpflichten, nur unter den Voraussetzungen nach § 6 Abs 1 Z 15 KSchG wirksam: Zum einen müssen diese Kosten in der entsprechenden Vereinbarung „gesondert und aufgeschlüsselt ausgewiesen" werden. Außerdem kann nur Ersatz für jene Kosten verlangt werden, die „zur zweckentsprechenden Betreibung oder Einbringung der Forderung" notwendig sind. Diese Bestimmung gilt aber – wie gesagt – nur für nach Eintritt des Verzugs getroffene Vereinbarungen. Die *gesetzliche* Pflicht zum Ersatz von Betreibungs- oder Einbringungskosten gem § 1333 Abs 2 ABGB trifft bei Vorliegen der entsprechenden Voraussetzungen auch Verbraucher gegenüber Unternehmern.

4. Teilverzug

3/24 Teilverzug liegt dann vor, wenn der Schuldner eine im Verhältnis zum Schuldinhalt **unvollständige Leistung** anbietet, der obligationsgemäßen Erfüllung aber kein dauerndes Hindernis entgegensteht (sonst Teilunmöglichkeit; dazu Rz 3/58 ff).

Maßgebend für die Rechtsfolgen ist in solchen Fällen nach hA einerseits die Frage der *Teilbarkeit der Leistung*, die nicht nach objektiven Kriterien, sondern nach der Vereinbarung zu beurteilen ist (Rz 2/11). Zusätzlich ist allerdings in Wertungseinheit mit § 932 Abs 4 (Rz 3/105) zu berücksichtigen, ob der Teilverzug als *geringfügiger Mangel* iS dieser Bestimmung zu qualifizieren ist[9] (s auch Rz 3/27 und Rz 3/113 ff).

3/25 Ist die Leistung nach dem Parteiwillen **unteilbar**, braucht der Gläubiger eine angebotene Teilleistung grundsätzlich nicht anzunehmen (§ 1415; s aber Rz 3/27 aE). Er kann gem § 918 Abs 1 entweder auf vollständiger Erfüllung bestehen oder unter Nachfristsetzung vom Vertrag zurücktreten.

3/26 Sind **Leistung und Gegenleistung** auf solche Weise **teilbar**, dass dem ausständigen Leistungsteil ein äquivalenter Teil der Gegenleistung zugeordnet werden kann, berechtigt der Teilverzug nicht zum Gesamt-, sondern nur zum **Teilrücktritt** (unter Nachfristsetzung). Dies ergibt sich aus der entsprechenden Anwendung des § 918 Abs 2. Als Alternative zum Teilrücktritt

7 ErläutRV 1167 BlgNR 21. GP 14.

8 Vgl *Karollus/Lukas*, FS Mayer (2004) 74 ff; *Ch. Rabl*, JBl 2007, 494; *Kodek*, VbR 2013, 8.

9 Dazu insb *Lukas*, FS 200 Jahre ABGB II 1257.

hat natürlich auch hier der Gläubiger die Möglichkeit, auf vollständiger Vertragserfüllung zu bestehen.

Der unmittelbare Anwendungsbereich des § **918 Abs 2** betrifft nur Verträge, die *von beiden Seiten durch Teillieferungen zu erfüllen* sind, wobei jede Teilleistung durch einen äquivalenten Gegenleistungsteil vergolten wird. Solche Geschäfte werden als **Sukzessivlieferungsverträge** bezeichnet. **3/27**

Bei Sukzessivlieferungsverträgen *ieS* sind die Leistungen beider Parteien von vornherein umfangmäßig bestimmt; es handelt sich daher um Zielschuldverhältnisse. In einem *weiteren Sinn* werden auch Bezugsverträge als Sukzessivlieferungsverträge bezeichnet (zB Wasser-, Gas-, Strom-, Bierbezugsverträge). Da bei diesen Geschäften das Ausmaß der Gesamtleistungen nicht von vornherein feststeht, handelt es sich um Dauerschuldverhältnisse (allgemein zur Abgrenzung zwischen Ziel- und Dauerschuldverhältnissen I/5/11). § 918 Abs 2 ist auch auf Sukzessivlieferungsverträge iwS anwendbar.

Verbrauchern steht gem § 15 KSchG bei Verträgen über wiederkehrende Leistungen mit Unternehmern ein besonderes Kündigungsrecht zu (dazu Rz 4/55).

Gerät eine Partei des Sukzessivlieferungsvertrages mit einer **Teillieferung in Verzug,** kann der Gläubiger zum einen seinen Erfüllungsanspruch geltend machen. Den Rücktritt kann er entweder nur bzgl der *ausstehenden Teillieferung* oder hinsichtlich *aller noch offenen Leistungen* erklären. Ein Recht zum Rücktritt vom gesamten Vertrag steht jedoch regelmäßig nicht zu (vgl aber Rz 3/156).

Voraussetzung für die Anwendbarkeit des § 918 Abs 2 ist auch bei Erfüllung in Form von beiderseitigen Teillieferungen stets die *Teilbarkeit der Leistungen.* Ist hingegen eine (nach dem Parteiwillen) unteilbare Leistung in Teillieferungen zu erbringen (zB mehrbändiges Lexikon, Loseblattsammlung), kann der Gläubiger bei Teilverzug des Schuldners gem § 918 Abs 1 vom gesamten Vertrag zurücktreten.

Um Wertungswidersprüche zum Gewährleistungsrecht zu vermeiden, wird allerdings in Fällen, in denen der ausständige Teil der unteilbaren Leistung als bloß *geringfügiger (Quantitäts-)Mangel* iSd § 932 Abs 4 (Rz 3/105) zu qualifizieren ist, nur Teilrücktritt zugelassen[10] (s auch Rz 3/112 ff).

Bei Teilverzug mit einer **unteilbaren Leistung** ist dem Gläubiger jedenfalls dann das *Wahlrecht* zwischen Gesamt- und Teilrücktritt einzuräumen, wenn für den Schuldner die gegenseitigen Leistungen teilbar sind (vgl VIII/Fall 30). Die überwiegende Lehre spricht sich allerdings inzwischen für ein **unbeschränktes Wahlrecht des Gläubigers zwischen Gesamt- und Teilrücktritt** aus, wenn sich der Schuldner einer unteilbaren Leistung in Teilverzug befindet. **3/28**

---

10 *Reischauer*, JBl 2002, 143; *Reidinger* in Schwimann/Kodek[4] § 918 Rz 108; *P. Bydlinski* in KBB[4] § 918 Rz 18.

Auch insofern wird zur Begründung insb die Wertungseinheit mit dem Gewährleistungsrecht ins Treffen geführt[11], das in § 932 Abs 4 dem Gläubiger beim *nicht geringfügigen Mangel* ein unbeschränktes Wahlrecht zwischen Wandlung und Preisminderung einräumt (Rz 3/104 f).

5. Verzug mit Nebenleistungen

3/29 Gerät der Schuldner mit der Erfüllung einer Nebenleistungspflicht in Verzug, ist bzgl der Rechtsfolgen zunächst zwischen äquivalenten und inäquivalenten Nebenpflichten zu unterscheiden (dazu Rz 1/12 f).

Bei **äquivalenten Nebenpflichten** entscheidet die *Teilbarkeit* im obigen Sinn (Rz 3/24 ff). Ist also für den Gläubiger auch die Hauptleistung allein von Interesse und kann der ausstehenden Nebenleistung ein Teil der Gegenleistung zugeordnet werden, kommt neben der Geltendmachung des Erfüllungsanspruchs nur *Teilrücktritt* in Betracht.

Beispiel: Die gekaufte Maschine wird geliefert, die ebenfalls übernommene Montagepflicht wird jedoch nicht erfüllt.

Bei *Unteilbarkeit* steht *Gesamtrücktritt* zu; der Gläubiger kann aber – jedenfalls bei Teilbarkeit für den Schuldner (Rz 3/28) – auch *Teilrücktritt* wählen.

3/30 Bei Verzug mit einer **unselbständigen Nebenleistung** steht *Gesamtrücktritt* dann zu, wenn nach der Vereinbarung bzw dem Vertragszweck die Hauptleistung allein für den Gläubiger ohne Interesse ist (zB Verzug mit der Übergabe des Typenscheins beim Autokauf).

In anderen Fällen kommt mangels Entgeltsbeziehung der Nebenleistung weder Teilrücktritt noch Gesamtrücktritt in Betracht (zB bei Verletzung einer Aufklärungspflicht; vgl aber Rz 1/23). Der Gläubiger kann, wenn die Leistung noch nachholbar ist, *auf Erfüllung bestehen*. Bei Verschulden des Verpflichteten stehen *Schadenersatzansprüche* zu.

Wird allerdings durch die Pflichtverletzung des Schuldners das gegenseitige Vertrauensverhältnis so tief zerrüttet, dass für den Gläubiger die Aufrechterhaltung der Vertragsbindung unzumutbar wird, ist in Analogie zum Grundgedanken des § 918 Abs 2 ein Rücktrittsrecht bzgl des gesamten Vertrages zu gewähren (zB bei gravierender Schutzpflichtverletzung; vgl Rz 3/156).

6. Verzug beim Fixgeschäft

3/31 Ein Fixgeschäft iSd § 919 S 1 liegt dann vor, wenn nach der **Vereinbarung** feststeht, dass eine **verspätete Leistung nicht mehr als Erfüllung angenommen**

11 Vgl *Lukas*, FS 200 Jahre ABGB II 1257; *Reischauer* in Rummel[3] § 918 Rz 20; diesem zustimmend *Reidinger* in Schwimann/Kodek[4] § 918 Rz 106; *Gruber* in ABGB-ON[1.02] § 918 Rz 41.

wird. Der Gläubiger erklärt schon bei Vertragsschluss für den Fall einer Verspätung den Rücktritt. Diese Vereinbarung kann ausdrücklich erfolgen, insb durch die sog kassatorische Klausel *„bei sonstigem Rücktritt“*; auch aus der Verwendung von Ausdrücken wie „fix“, „prompt“, „genau“, „präzise“ iVm einer Zeitangabe wird sich oft ein entsprechender Parteiwille ergeben.

Die Verzugsfolgen des Fixgeschäfts treten gem § 919 S 2 auch dann ein, wenn sich aus der *Natur des Geschäfts* oder aus dem *erkennbaren Zweck* der Leistung ergibt, dass an einer verspäteten Lieferung kein Interesse besteht.

Beispiele: Torte für Geburtstagsfeier am 1.4., Faschingskostüm für Maskenball am 5.2., Taxi zum Bahnhof um 10.30 Uhr.

Die Bestimmung des § 919 S 2 umfasst nach dem Willen des Gesetzgebers auch solche Fälle, in denen das Interesse an einer verspäteten Leistung erst *nachträglich* (aber vor Eintritt des Verzugs) wegfällt und dies für den Schuldner erkennbar ist[12].

Durch den Schuldnerverzug wird das Fixgeschäft **automatisch aufgelöst.** **3/32** Es bedarf weder einer Rücktrittserklärung noch einer Nachfristsetzung. Bei schuldhaftem Leistungsverzug hat der Gläubiger Anspruch auf Ersatz seines Nichterfüllungsschadens.

Der Gläubiger hat allerdings die Möglichkeit, trotz Versäumung des fixierten **3/33** Termins durch den Schuldner **auf Erfüllung zu bestehen.** Dies muss er dem Schuldner unverzüglich mitteilen. Unterlässt der Gläubiger diese Mitteilung, kann er nachträglich die Leistung nicht mehr fordern. Ein solches Erfüllungsbegehren ist freilich **nur beim „relativen Fixgeschäft“** möglich, dh dann, wenn die Leistung noch nachholbar ist.

Beim sog **absoluten Fixgeschäft** kommt ein Erfüllungsbegehren nach Schuldnerverzug von vornherein nicht in Betracht. Als absolut ist ein Fixgeschäft dann anzusehen, wenn der Schuldner nach Natur und Zweck des Vertrages ein nachträgliches Bestehen auf Erfüllung als ausgeschlossen betrachten konnte.

Beispiele: Beleuchtung eines Festes, Blumenschmuck für Hochzeitsfeier, Taxi zum Flughafen.

II. Gläubigerverzug (Annahmeverzug)

1. Tatbestand und rechtliche Einordnung

Der Gläubiger gerät in Annahmeverzug, wenn er die vom Schuldner *obligationsgemäß angebotene Leistung nicht annimmt.* **3/34**

Gläubigerverzug kann also nur eintreten, wenn die Leistung **fällig** ist und vom Schuldner in gehöriger Weise **angeboten** wird. Bei Bringschuld muss die Leistung real, bei Holschuld verbal angeboten werden.

12 Vgl Mat zur 3. TN 287.

Ist bei einer Holschuld der Leistungstermin kalendermäßig bestimmt, ist nicht einmal ein Verbalanbot nötig. Annahmeverzug tritt hier bereits dadurch ein, dass der Gläubiger die bereitgehaltene Leistung bei Fälligkeit nicht abholt. Auch bei der Bringschuld reicht bloßes Verbalanbot, wenn der Gläubiger im Vorhinein die Annahme der Leistung ernsthaft verweigert.

Entspricht die vom Schuldner angebotene Leistung nicht dem Schuldinhalt, kann sie der Gläubiger grundsätzlich[13] zurückweisen, ohne in Annahmeverzug zu geraten (§ 1413).

3/35 Der Gläubiger gerät auch dadurch in Verzug, dass er die ihm obliegende, für die Erfüllung notwendige *Mitwirkung unterlässt.*

Beispiele: Der Gläubiger besorgt die für die Leistung erforderliche behördliche Genehmigung nicht; der Gläubiger erscheint nicht zur Trainerstunde; der Gläubiger übt sein Wahlrecht bzgl des Leistungsgegenstandes nicht aus (vgl Rz 2/21); der Gläubiger gibt dem zur Zahlung durch Banküberweisung berechtigten Schuldner sein Bankkonto nicht bekannt (vgl Rz 2/25).

3/36 Entgegen dem Wortlaut des § 1062 stellt der Gläubigerverzug im Normalfall keine Pflichtverletzung, sondern eine **bloße Obliegenheitsverletzung** dar[14]. Es besteht also *kein durchsetzbarer Anspruch auf Abnahme der Leistung*. Denn idR hat der Schuldner kein eigenständiges Interesse an der Erbringung seiner eigenen Leistung; er verspricht sie nur deshalb, weil er die Gegenleistung erhalten will. Diese kann er trotz Annahmeverzugs seines Vertragspartners fordern (vgl Rz 2/45).

Aus diesen Erwägungen folgt aber, dass ein klagbarer **Abnahmeanspruch** dann zu bejahen ist, wenn ausnahmsweise der Schuldner an der Erbringung seiner eigenen Leistung ein selbständiges Interesse hat, das über jenes am Erhalt der Gegenleistung hinausgeht. Dieses besondere Abnahmeinteresse muss allerdings dem anderen Teil bei Vertragsschluss erkennbar sein. In solchen Fällen führt die Nichtannahme der Leistung bei Fälligkeit nicht nur zum Gläubiger-, sondern auch zum Schuldnerverzug.

Beispiele: Verkauf des auf einem Grundstück lagernden Aushubs, weil der Verkäufer den Platz braucht (OGH 1 Ob 666/84 JBl 1985, 746); Veräußerung eines Automaten zu Reklamezwecken (OGH 7 Ob 285/62 HS 3138/49); Verkauf eines Kunstwerks, um dieses öffentlich zur Schau zu stellen.

3/37 Abgesehen von den eben behandelten Sonderfällen stellt der Annahmeverzug – wie gesagt – eine bloße Obliegenheitsverletzung dar. Bei **synallagmatischen Geschäften** kommt es aber häufig vor, dass ein Teil nicht nur die Abnahme der Gegenleistung verweigert, sondern auch seine eigene Leistung nicht erbringt. Er gerät dann sowohl in Gläubiger- als auch in Schuldnerverzug. Die entsprechenden Rechtsfolgen treten nebeneinander ein; so

13 Zu diesbezüglichen Ausnahmen vgl Rz 3/26 ff, 3/58 ff.

14 HA; anders *Reischauer* in Rummel[3] § 1419 Rz 3.

zB wenn der Käufer die obligationsgemäß angebotene Sachleistung nicht annimmt und auch den Kaufpreis nicht bezahlt.

2. Rechtsfolgen

Die Rechtsfolgen des Gläubigerverzugs sind im Gesetz nur sehr dürftig geregelt. § 1419 beschränkt sich auf einen Satz: „*Hat der Gläubiger gezögert, die Zahlung anzunehmen; so fallen die widrigen Folgen auf ihn.*" Daraus haben Lehre und Rsp folgende – zum Teil allerdings umstrittene – Regeln entwickelt: **3/38**

Die wichtigste der *widrigen Folgen* des Gläubigerverzugs betrifft die *Gefahrtragung*. Geht der Leistungsgegenstand während des Annahmeverzugs durch **Zufall** unter, **trägt der Gläubiger die Preisgefahr**. Er muss also seine Gegenleistung erbringen, ohne selbst etwas zu erhalten. Bei zufälliger Verschlechterung des Leistungsgegenstandes während des Gläubigerverzugs ist der Schuldner zu keiner Verbesserung verpflichtet. Der Gläubiger muss die Leistung trotz verminderter Qualität annehmen und die Gegenleistung in voller Höhe erbringen. **3/39**

Diese Regeln gelten nicht nur für die Spezies-, sondern auch für die **Gattungsschuld** (Rz 2/13 ff), wenn der Schuldner bei Fälligkeit die für den Gläubiger bestimmten Stücke ausgesondert und diesem real (Bringschuld) bzw verbal (Holschuld) angeboten hat. Durch diese Handlungen kommt es zur sog **Konzentration**, die die Schuld auf die angebotenen Stücke beschränkt. Der zufällige Untergang der ausgesonderten Menge befreit den Schuldner von seiner Leistungspflicht.

Beispiel: Der Gläubiger nimmt die vom Schuldner vereinbarungsgemäß gelieferten 300 Stück Weingläser nicht ab. Auf dem Rückweg erleidet der Fahrer des Schuldners ohne sein Verschulden einen Verkehrsunfall, bei dem die Gläser zerstört werden. Der Gläubiger muss den vereinbarten Preis bezahlen, ohne selbst noch einen Leistungsanspruch zu haben (vgl auch VIII/Fall 32).

Ob den Gläubiger während seines Annahmeverzugs nur das geschilderte Zufallsrisiko trifft oder ob er darüber hinaus noch mit einer weitergehenden Gefahrtragung belastet ist, ist streitig[15]. **3/40**

In der *älteren Lehre und Rsp* wurde überwiegend die Ansicht vertreten, dass die Sorgfaltspflicht des Schuldners bzgl der Verwahrung des Leistungsgegenstandes mit Eintritt des Gläubigerverzugs vermindert werde. Der *Schuldner habe leichte Sorglosigkeit nicht mehr zu vertreten.*

Nach dieser Auffassung trägt also der Gläubiger auch die Gefahr, dass der Leistungsgegenstand während seines Verzugs durch leichte Sorglosigkeit des Schuldners untergeht

15 Vgl zum Folgenden etwa die Darstellung des Meinungsstandes bei *Stabentheiner* in ABGB-ON[1.02] § 1419 Rz 8.

oder verschlechtert wird. Er muss auch in diesem Fall seine Gegenleistung vollständig erbringen, obwohl er selbst entweder gar keine oder nur die verschlechterte Leistung erhält (Preisgefahr).

Ein Großteil der *jüngeren Lehre* spricht sich jedoch gegen eine Reduktion der Verwahrungspflicht des Schuldners ab Eintritt des Gläubigerverzugs aus[16]. Nach dieser Auffassung erstreckt sich die Pflicht des Verkäufers zur sorgfältigen Verwahrung des Leistungsgegenstandes gem § 1061 bis zur *tatsächlichen*, nicht bloß bis zur vereinbarten Übergabe. Der Schuldner hat demnach auch während des Gläubigerverzugs für jede Sorgfaltswidrigkeit bei der Verwahrung einzustehen. **Der Gläubiger trägt nur das Zufallsrisiko.** Wird die obligationsgemäße Leistung durch fahrlässiges Verhalten des Schuldners während des Annahmeverzugs unmöglich, stehen dem Gläubiger Rücktrittsrecht und Schadenersatzanspruch nach §§ 920, 921 grundsätzlich zu (dazu Rz 3/55 f).

Der Annahmeverzug des Gläubigers wird aber häufig als *Mitverschulden* iSd § 1304 zu beurteilen sein und zu einer entsprechenden Kürzung des Ersatzanspruchs führen[17] (allgemein zum Mitverschulden III/13/64 ff).

3/41 **Sonstige widrige Folgen**, die der Gläubiger zu tragen hat, sind alle durch den Annahmeverzug verursachten Mehraufwendungen des Schuldners, insb die zusätzlichen Kosten für Hin- und Rücktransport sowie Verwahrung des Leistungsgegenstandes. Schadenersatzansprüche des Schuldners kommen nach hA mangels Rechtswidrigkeit des Gläubigerverzugs (Rz 3/37) im Normalfall nicht in Betracht[18].

3/42 Besteht allerdings ausnahmsweise eine echte **Pflicht des Gläubigers zur Abnahme der Leistung** (s Rz 3/36), kann der Schuldner bei Verzug des Gläubigers gem § 918 entweder auf Erfüllung seines Abnahmeanspruchs bestehen oder unter Nachfristsetzung vom Vertrag zurücktreten. Außerdem stehen ihm hier bei Verschulden des Gläubigers auch Schadenersatzansprüche zu (Ersatz des Verspätungs- oder Nichterfüllungsschadens). Daneben hat der Gläubiger die widrigen Folgen seines Verzugs gem § 1419 zu tragen.

3/43 Im Normalfall wird durch den Annahmeverzug das **Schuldverhältnis nicht beendet.** Dem Gläubiger steht weiterhin sein Leistungsanspruch zu. Will er diesen geltend machen, ist dem Schuldner allerdings ein für allfällige Dispositionen nötiger Aufschub analog § 904 zu gewähren.

16 So insb *Reischauer* in Rummel³ § 1419 Rz 9; vgl auch *Kerschner* in Jabornegg/Artmann² § 374 UGB Rz 9; *Apathy*, JBl 1982, 561 FN 3; *Ch. Rabl*, JBl 1997, 490 ff.

17 Ausführlich dazu *Ch. Rabl*, JBl 1997, 494 ff.

18 Anders *Reischauer* in Rummel³ § 1419 Rz 3.

Der Schuldner muss aber seine Leistungsbereitschaft grundsätzlich aufrechterhalten, was für ihn einen unangenehmen Schwebezustand bedeutet. Ist eine Sachleistung geschuldet, besteht gem § 1425 die Möglichkeit der *gerichtlichen Hinterlegung* (s Rz 4/15 ff).

Beim *Warenkauf zwischen Unternehmern* kann der Verkäufer im Fall des Annahmeverzugs des Käufers gem § 373 Abs 1 UGB „die Ware auf Gefahr und Kosten des Käufers in einem öffentlichen Lagerhaus oder sonst in sicherer Weise hinterlegen"; unter bestimmten Voraussetzungen ist er gem § 373 Abs 2 und 3 UGB zum Selbsthilfeverkauf berechtigt.

Bei der *Wahlschuld* kann der Schuldner im Fall des Gläubigerverzugs gem § 906 Abs 2 entweder selbst die Wahl treffen oder vom Vertrag zurücktreten (Rz 2/21).

Für den *Werkvertrag* sieht § 1168 Abs 2 ein Rücktrittsrecht des Unternehmers bei Verzug des Bestellers mit der erforderlichen Mitwirkung vor (III/3/17).

Der **Annahmeverzug endet**, wenn der Gläubiger die Leistung des Schuldners annimmt, wenn die Parteien einvernehmlich die Fälligkeit hinausschieben oder wenn das Schuldverhältnis beendet wird. **3/44**

C. Nachträgliche Unmöglichkeit

I. Begriff und Abgrenzung

Unmöglichkeit liegt dann vor, wenn der geschuldeten Leistung ein **dauerndes Hindernis** entgegensteht. **3/45**

Bloß *vorübergehende* Unmöglichkeit der Leistung führt grundsätzlich zum Schuldnerverzug (zB befristete Importsperre). Kann aber die Leistung auch innerhalb angemessener Nachfrist iSd § 918 nicht erbracht werden, erübrigt sich beim Rücktritt die Nachfristsetzung (allgemein zum Schuldnerverzug Rz 3/7 ff).

Bei der **Speziesschuld** (Rz 2/15) führt die Zerstörung oder irreparable Beschädigung des Leistungsgegenstandes zur Unmöglichkeit. **3/46**

Für die **Gattungsschuld** (Rz 2/16) gilt hingegen der Satz: *„genus non perit"* (die Gattung geht nicht unter). Bei Untergang einzelner Stücke der Gattung ist der Schuldner zur Leistung anderer Stücke verpflichtet. Unmöglichkeit der Leistung wird hier nur durch den Untergang der gesamten Gattung begründet. Bei der *beschränkten Gattungsschuld* (Rz 2/17) führt der Untergang des gesamten Vorrats, aus dem die Leistung nach der Vereinbarung erbracht werden sollte, zur Unmöglichkeit.

Ist der Schuldner zu einer *Geldzahlung* verpflichtet, begründet weder Geldmangel noch sonstige Vermögenslosigkeit die Unmöglichkeit der Leistung. Dies gilt selbst dann, wenn die schlechte wirtschaftliche Lage unverschuldet eingetreten ist (vgl auch Rz 2/26).

Von maßgebender Bedeutung für die Rechtsfolgen ist zunächst die Abgrenzung zwischen anfänglicher (ursprünglicher) und nachträglicher Unmöglichkeit. Bei **anfänglicher Unmöglichkeit** steht der versprochenen Leistung schon im Zeitpunkt des Vertragsschlusses ein dauerndes Hindernis entge- **3/47** gen. Die **nachträgliche Unmöglichkeit** tritt hingegen erst zwischen Vertragsschluss und Fälligkeit ein.

3/48 Bei der **anfänglichen Unmöglichkeit** ist zu unterscheiden[19]:

- Ist die versprochene Leistung **„geradezu unmöglich"**, wird dadurch gem § 878 das *Zustandekommen des Vertrages verhindert.* § 878 erfasst jedoch nach überwiegender Ansicht nur Vereinbarungen über faktisch absurde Leistungen und die Fälle der rechtlichen Unmöglichkeit[20]. Nach anderer Auffassung[21] sind darüber hinaus all jene Verträge nach § 878 ungültig, die eine Leistung zum Inhalt haben, die von niemandem erbracht werden kann (objektive Unmöglichkeit).
- Ist hingegen die versprochene Leistung bloß **schlicht unmöglich**, kommt nach hA der Vertrag zunächst zustande; er kann jedoch vom Gläubiger der unmöglichen Leistung aufgelöst werden (dazu Rz 3/123, 3/155).

3/49 Die Regelung der §§ 920 und 1447 betrifft nach hM nur die Fälle der **nachträglichen Unmöglichkeit.** Ob es sich dabei um objektive oder bloß subjektive Unmöglichkeit handelt, spielt insofern keine Rolle.

Beispiele: Untergang des Leistungsgegenstandes bei der Speziesschuld; geschuldete Sache kann nicht mehr beschafft werden; ausländischer Schuldner kann wegen eines inzwischen verhängten Export- oder Importverbots nicht leisten; die geschuldete Sache ist an einen Dritten übereignet worden und der Rückerwerb ist faktisch ausgeschlossen.

Wird die geschuldete Leistung nach Vertragsschluss unerlaubt, liegt **nachträgliche rechtliche Unmöglichkeit** vor (vgl §§ 880, 1048). Es gelten die gleichen Regeln wie bei faktischer Unmöglichkeit.

Beispiele: Geschuldete Lebensmittel oder Medikamente dürfen nicht mehr in Verkehr gebracht werden; behördliche Genehmigung (etwa für die Errichtung eines Bauwerks) wird nicht erteilt.

3/50 Ist die Leistung zwar grundsätzlich möglich, kann sie aber dem Schuldner wegen schwerwiegender Veränderung der wirtschaftlichen oder sonstigen Verhältnisse nicht mehr zugemutet werden, spricht man von **Unerschwinglichkeit** oder **Unzumutbarkeit.**

Beispiele: Wegen Einstellung der Produktion würde die Herstellung des Leistungsgegenstandes unverhältnismäßige Kosten verursachen (*Unerschwinglichkeit*). Die Erbringung der vereinbarten Arbeitsleistung wäre wegen geänderter Verhältnisse mit schwerwiegenden Gefahren für die Gesundheit des Schuldners verbunden (*Unzumutbarkeit*).

Unter welchen Voraussetzungen in derartigen Fällen die Rechtsfolgen der (nachträglichen) Unmöglichkeit (Rz 3/51 ff) zur Anwendung kommen,

---

19 Ausführlich zum Folgenden I/7/14 ff.

20 Insofern differenzierend *Rummel* in Rummel/Lukas[4] § 878 Rz 4; ebenso *Graf* in ABGB-ON[1.02] § 878 Rz 5 ff.

21 So in neuerer Zeit insb *Lukas*, JBl 1992, 15 ff und FS 200 Jahre ABGB II 1259 ff; vgl auch *Riedler* in Schwimann/Kodek[4] § 878 Rz 9.

ist (zumindest teilweise) zweifelhaft. Auf (wirtschaftliche) Unerschwinglichkeit kann sich der Schuldner wohl nur dann berufen, wenn er sie weder selbst verschuldet hat noch bei Vertragsschluss vorhersehen konnte[22]. Nur unter dieser Voraussetzung wird er die Erfüllung seiner Leistungspflicht ablehnen dürfen (§ 1447; Rz 3/51).

In jedem Fall steht es dem Schuldner aber frei, die an sich unzumutbare oder unerschwingliche Leistung dennoch zu erbringen.

II. Zufällige Unmöglichkeit

Die durch Zufall verursachte Unmöglichkeit der versprochenen Leistung, **3/51**
insb der zufällige Untergang des Leistungsgegenstandes (Spezies), führt gem § 1447 zur **Aufhebung der Leistungspflicht** (vgl auch §§ 880, 1048). Eine Rücktrittserklärung ist nach hA nicht erforderlich[23] (vgl aber Rz 3/53).

Der *Gläubiger* kann die unmöglich gewordene Leistung nicht mehr fordern; er trägt also die *Leistungsgefahr*. Er braucht aber auch seine Gegenleistung nicht zu erbringen; denn das Erlöschen der Leistungspflicht hebt beim synallagmatischen Vertrag auch die Gegenleistungspflicht auf (funktionelles Synallagma; vgl Rz 1/10). Der *Schuldner* der unmöglich gewordenen Leistung bekommt also kein Entgelt und trägt somit die *Preisgefahr*. Eine bereits erhaltene Zahlung muss er zurückgeben (§ 1447 letzter Satz). Zur Teilunmöglichkeit vgl Rz 3/58 ff.

Diese Regeln gelten allerdings nur dann, wenn *weder der Schuldner noch der Gläubiger die Unmöglichkeit der Leistung zu vertreten hat* (Rz 3/54 ff und 3/65).

Die Aufhebung der gegenseitigen Leistungspflichten wegen zufälliger Un- **3/52**
möglichkeit betrifft vor allem **Speziesschulden**.

Bei **Gattungsschulden** führt hingegen der zufällige Untergang einzelner Stücke der Gattung nicht zur Unmöglichkeit der Leistung. Der Schuldner ist vielmehr zur Leistung anderer Stücke verpflichtet. Schuldbefreiend wirkt hier nur der Untergang der gesamten Gattung, bei der *beschränkten Gattungsschuld* der Untergang des gesamten Vorrats, aus dem die Leistung erbracht werden sollte (vgl auch Rz 3/46). Gleiches gilt, wenn die gesamte Gattung durch Verbot aus dem Verkehr gezogen wird, die Leistung also rechtlich unmöglich wird (Rz 3/49).

Aus § 1447 und § 7 (natürliche Rechtsgrundsätze) wird die Regel abgeleitet, **3/53**
dass der Schuldner das, was in seinem Vermögen an die Stelle des unterge-

---

22 Vgl insb *Reischauer* in Rummel[3] § 920 Rz 4, 8.
23 Gegenteilig *Reischauer* in Rummel[3] § 920 Rz 13 und FS 200 Jahre ABGB I 594 f.

gangenen Leistungsgegenstandes getreten ist, auf Verlangen des Gläubigers herausgeben muss. Dieses Leistungssurrogat wird als **stellvertretendes commodum**[24] bezeichnet.

Stellvertretendes commodum ist zB die für die untergegangene Sache erhaltene Versicherungssumme oder die Schadenersatzleistung eines dritten Schädigers.

Verlangt der Gläubiger das stellvertretende commodum, muss er auch seine Gegenleistung erbringen.

Da der Anspruch auf Herausgabe des stellvertretenden commodums als Surrogat für den Erfüllungsanspruch angesehen wird und nur gegen Erbringung der vertraglichen Gegenleistung zusteht, setzt er wohl das Fortbestehen des Vertrages voraus. Dann kann man aber entgegen hA nicht davon ausgehen, dass die zufällige Unmöglichkeit zur automatischen Aufhebung des Vertrages führt. – § 1447 spricht auch nur von Aufhebung der *Verbindlichkeit*, deren Erfüllung unmöglich geworden ist. – Wesentlich sachgerechter ist es, mit *Reischauer*[25] auch in den Fällen des § 1447 die Vertragsauflösung von einer Rücktrittserklärung des Gläubigers (analog § 920) abhängig zu machen. Hat der Schuldner für den untergegangenen Leistungsgegenstand ein stellvertretendes commodum erlangt, hat der Gläubiger die Wahl: Er kann entweder den Vertrag auflösen oder das stellvertretende commodum gegen Erbringung seiner Gegenleistung verlangen.

Die Pflicht zur Herausgabe des stellvertretenden commodums besteht nicht nur bei zufälliger, sondern auch bei zu vertretender Unmöglichkeit der geschuldeten Leistung (argumentum a minori ad maius).

III. Vom Schuldner zu vertretende Unmöglichkeit

1. Anwendungsbereich des § 920

3/54 Der Schuldner hat das Unmöglichwerden seiner Leistung zunächst dann zu vertreten, wenn er oder seine Gehilfen (§ 1313a) die **Unmöglichkeit verschuldet** haben (zB schuldhafte Zerstörung oder irreparable Beschädigung des Leistungsgegenstandes).

Ob die Sorgfaltspflicht des Schuldners bzgl der Verwahrung des Leistungsgegenstandes durch *Annahmeverzug des Gläubigers* reduziert wird, ist streitig (vgl dazu Rz 3/40).

Außerdem hat es der Schuldner zu vertreten, wenn die Leistung während seines **schuldhaften Verzugs durch Zufall unmöglich** wird.

2. Rechtsfolgen

3/55 Der Gläubiger hat gem § 920 ein *Wahlrecht*:

– Er hat zum einen die Möglichkeit, den Vertrag aufrecht zu lassen, seine eigene Leistung zu erbringen und vom Schuldner den Wert der unmög-

24 Dazu insb *Bollenberger*, Das stellvertretende Commodum (1999).
25 S FN 23.

lich gewordenen Gegenleistung zu verlangen. Damit macht er den sog **Austauschanspruch** geltend.

- Der Gläubiger kann aber auch den **Rücktritt vom Vertrag** erklären, der hier keiner Nachfristsetzung bedarf; denn eine unmögliche Leistung kann auch nachträglich nicht mehr erbracht werden. Soweit der Gläubiger seine Gegenleistung schon erbracht hat, kann er sie gem § 921 letzter Satz (iVm § 1435) zurückverlangen (vgl Rz 3/18). Außerdem gebührt dem Gläubiger – wie beim subjektiven Schuldnerverzug – gem § 921 Schadenersatz in Form des sog **Differenzanspruchs** (vgl Rz 3/21).

Austausch- und Differenzanspruch führen allerdings nur dann zu unterschiedlichen Ergebnissen, wenn als Gegenleistung für die unmöglich gewordene Leistung nicht Geld, sondern eine andere Sache geschuldet ist (insb beim Tauschvertrag).

Sowohl beim Austausch- als auch beim Differenzanspruch handelt es sich um einen Schadenersatzanspruch wegen schuldhafter (oder sonst zu vertretender) Nichterfüllung des Vertrages. Beide Ansprüche können nach Wahl des Gläubigers entweder **abstrakt oder** – insb bei Abschluss eines Deckungsgeschäfts – **konkret berechnet** werden (dazu Rz 3/21). Entstehen dem Gläubiger durch die Nichterfüllung des Vertrages weitere Schäden, kann er auch dafür nach schadenersatzrechtlichen Grundsätzen Ersatz verlangen (vgl § 921 S 1; zur Pauschalierung dieses Ersatzanspruchs durch Vereinbarung einer *Vertragsstrafe* gem § 1336 I/10/27 ff). **3/56**

Ein dem Gläubiger durch die Unmöglichkeit der Leistung entstandener Gewinnentgang ist nur dann ersatzfähig, wenn dem Schuldner grobes Verschulden vorzuwerfen ist (§ 1331; anders jedoch § 349 UGB; zum Ganzen III/13/6 und III/13/52).

Als weitere Gruppe der vom Schuldner zu vertretenden Unmöglichkeit werden bisweilen jene Fälle genannt, in denen der Schuldner das **Unmöglichwerden** seiner Leistung zwar nicht verschuldet hat, aber **bei Vertragsschluss bereits vorhersehen hätte können** (insb eine nachträgliche Unerlaubtheit). Das rechtswidrige Verhalten des Schuldners kann hier aber bloß in der Verletzung einer vorvertraglichen Aufklärungspflicht gesehen werden (culpa in contrahendo, vgl Rz 1/18 ff). Diese Pflichtverletzung ist nur ursächlich für jenen Schaden, den der Gläubiger durch sein Vertrauen auf die Leistungszusage erleidet (Vertrauensschaden). Das Unmöglichwerden der Leistung und den dadurch beim Gläubiger entstandenen Nichterfüllungsschaden hätte hingegen der Schuldner auch durch pflichtgemäßes Verhalten nicht verhindern können. Dennoch spricht sich ein Teil der Lehre für die Ersatzfähigkeit des Nichterfüllungsschadens aus[26]. Nach allgemeinen **3/57**

26 So insb *Reischauer* in Rummel[3] § 920 Rz 5 und 18 ff.

schadenersatzrechtlichen Grundsätzen gebührt hingegen dem Gläubiger in diesen Fällen nur der Ersatz des **Vertrauensschadens**[27] (s Rz 1/25; I/7/16).

IV. Teilunmöglichkeit

3/58 Ist die geschuldete Leistung nicht zur Gänze, sondern nur teilweise unmöglich geworden, ist für die Rechtsfolgen – wie beim Teilverzug – die Frage der **Teilbarkeit** maßgebend (Rz 2/11). Es kommt darauf an, ob nach der Vereinbarung bzw nach Natur oder Zweck des konkreten Geschäfts auch der noch mögliche Teil der geschuldeten Leistung für die Parteien, insb für den Gläubiger von Interesse ist. Für die Beurteilung dieser Frage ist grundsätzlich auf den Zeitpunkt des Vertragsschlusses abzustellen. Gem § 920 S 2 ist aber Unteilbarkeit auch dann anzunehmen, wenn aufgrund einer *nachträglichen* Änderung der Umstände die noch mögliche Teilleistung *für den Gläubiger nicht mehr von Interesse ist* und diese Umstandsänderung für den Schuldner erkennbar war.

Die Abgrenzung sollte man in Wertungseinheit mit dem Gewährleistungsrecht nach denselben Kriterien vornehmen wie die Unterscheidung zwischen geringfügigem und nicht geringfügigem Mangel nach § 932 Abs 4 (Rz 3/24; vgl auch Rz 3/112 ff).

Beispiele: Geschuldet ist ein gebrauchter LKW mit Anhänger; der Anhänger ist bei einem Verkehrsunfall irreparabel beschädigt worden. Vom geschuldeten Tafelservice sind einige Teile zerbrochen.

3/59 Ist die geschuldete **Leistung** im dargelegten Sinn **teilbar** und kann dem noch möglichen Leistungsteil nach der Vereinbarung ein äquivalenter Teil der Gegenleistung zugeordnet werden, muss der Gläubiger die angebotene Teilleistung übernehmen und ist nur zum *Teilrücktritt* berechtigt.

Beim **Sukzessivlieferungsvertrag** kann der Gläubiger analog § 918 Abs 2 entweder von der einen unmöglich gewordenen Teillieferung oder von allen noch offenen Leistungen zurücktreten (Rz 3/27). Einer Nachfristsetzung bedarf es hier mangels Nachholbarkeit der Leistung nicht.

3/60 Bei teilweiser Unmöglichkeit einer **unteilbaren Leistung** ist der Gläubiger gem § 920 S 2 zum *Rücktritt vom gesamten Vertrag* berechtigt. Er kann sich aber *wahlweise* auch mit dem *Teilrücktritt* begnügen (vgl Rz 3/28).

Hat der Gläubiger jedoch die angebotene (Teil-)Leistung ohne Vorbehalt als (vollständige) Erfüllung angenommen, stehen ihm die Gewährleistungsrechte gem § 932 Abs 4 zu (vgl auch Rz 3/112 ff).

Allerdings entspricht das gewährleistungsrechtliche Wahlrecht zwischen Wandlung und Preisminderung gem § 932 Abs 4 im Effekt dem eben behandelten Wahlrecht zwischen

27 Ebenso *Koziol–Welser/Kletečka* I[14] Rz 546; vgl auch *Riedler* in Schwimann/Kodek[4] § 878 Rz 16; *Reidinger* in Schwimann/Kodek[4] § 920 Rz 13; *Bollenberger* in KBB[4] § 878 Rz 8 ff.

Gesamt- und Teilrücktritt. Beurteilt man außerdem die jeweiligen Tatbestandsvoraussetzungen für dieses Wahlrecht des Gläubigers nach den gleichen Kriterien (s Rz 3/58), stellt sich die Situation vor und nach Übergabe der (Teil-)Leistung weitgehend gleich dar.

Die dargelegten Regeln gelten sowohl bei zu vertretender als auch bei nicht zu vertretender Teilunmöglichkeit. Nach hA wird allerdings bei **nicht zu vertretender Teilunmöglichkeit** der Vertrag automatisch, also ohne Rücktrittserklärung, zur Gänze oder teilweise aufgehoben. Nach Ansicht von *Reischauer*[28], dem mE zu folgen ist, ist hingegen auch in diesen Fällen die (teilweise) Vertragsauflösung von einer Rücktrittserklärung abhängig (vgl Rz 3/53). 3/61

Denn jede Teilunmöglichkeit einer unteilbaren Leistung ist zugleich als unbehebbarer Mangel iSd Gewährleistungsrechts zu qualifizieren und berechtigt den Gläubiger nach Annahme der (Teil-)Leistung als Erfüllung gem § 932 Abs 4 zur Wandlung oder Preisminderung. Das Bestehen eines Gewährleistungsrechts setzt aber den aufrechten Vertrag voraus. Die These, dass bei nicht zu vertretender Teilunmöglichkeit der Vertrag automatisch (zur Gänze oder teilweise) aufgelöst wird, ist damit unvereinbar.

Hat der Schuldner die **Teilunmöglichkeit** seiner Leistung **zu vertreten**, steht dem Gläubiger zusätzlich ein Anspruch auf Ersatz seiner dadurch entstandenen Schäden zu (Rz 3/55 f).

Die erörterten Regeln gelten auch für die **beschränkte Gattungsschuld** (Rz 2/17), wenn ein Teil des Vorrats, aus dem die Leistung nach dem Vertrag erbracht werden sollte, untergeht und dadurch die vollständige Befriedigung des Gläubigers unmöglich wird. Problematisch sind insofern jene Fälle, in denen aus dem vorhandenen Vorrat mehrere Gläubiger befriedigt werden sollten. 3/62

Beispiel: Der Rinderzüchter V hat von seinen 150 Milchkühen 65 an A, 50 an B und 35 an C verkauft. Aufgrund einer Viruserkrankung muss V 70 seiner Tiere notschlachten lassen.

Sachgerecht ist hier wohl eine quotenmäßige Befriedigung aller Gläubiger. Der einzelne Gläubiger ist allerdings zum Gesamtrücktritt berechtigt, wenn die Leistung nach der konkreten Vereinbarung unteilbar ist (Rz 3/58).

V. Unmöglichkeit von Nebenleistungen

Wird die Erfüllung einer Nebenleistungspflicht (Rz 1/12 f) unmöglich und ist die **Hauptleistung allein ohne Interesse** für den Gläubiger, kann er gem § 920 S 2 vom (gesamten) Vertrag zurücktreten (zB Unmöglichkeit der Übergabe des Typenscheins beim Autokauf); wahlweise kann er sich auch hier mit dem Teilrücktritt begnügen (Rz 3/60). Hat allerdings der Gläubiger die Hauptleistung ohne Vorbehalt als (vollständige) Erfüllung übernommen, stehen ihm die Gewährleistungsrechte gem § 932 Abs 4 zu. 3/63

28 In Rummel[3] § 920 Rz 15.

3/64 Ist hingegen auch die **Hauptleistung allein von Interesse** für den Gläubiger, kommt grundsätzlich nicht Gesamt-, sondern bloß Teilrücktritt in Betracht; dies gilt allerdings nur dann, wenn die Erfüllung einer **äquivalenten** Nebenleistungspflicht unmöglich geworden ist.

Beispiel: Zubehörgegenstände, wie etwa die Krawatte zum Anzug oder die Zierkissen zur Sitzgarnitur sind nicht lieferbar.

Bei Unmöglichkeit einer **inäquivalenten** Nebenleistung ist Teilrücktritt mangels entsprechender Entgeltsbeziehung ausgeschlossen. Der Gläubiger kann nur – bei Verschulden des Verpflichteten – Schadenersatz wegen Nichterfüllung der Nebenpflicht fordern (zum Rücktrittsrecht aus wichtigem Grund vgl Rz 3/30 und 3/156).

VI. Vom Gläubiger zu vertretende Unmöglichkeit

3/65 Mit dem Begriff der vom Gläubiger zu vertretenden Unmöglichkeit werden jene Fälle zusammengefasst, in denen die Leistungsvereitelung auf Umstände zurückzuführen ist, die nicht dem Schuldner, sondern dem Gläubiger zuzurechnen sind.

- Der Gläubiger hat zunächst seinen eigenen Verzug zu vertreten. Geht während des **Annahmeverzugs** der Leistungsgegenstand durch Zufall unter, wird der Schuldner von seiner Leistungspflicht befreit. Der Gläubiger muss dennoch die vereinbarte Gegenleistung erbringen und trägt somit die Preisgefahr (ausführlich dazu Rz 3/38 ff).
- Der Gläubiger hat es ferner zu vertreten, wenn er (vor Fälligkeit) **selbst den Leistungserfolg herbeiführt** und dadurch die Erfüllung durch den Schuldner unmöglich macht. In solchen Fällen schuldet der Gläubiger grundsätzlich das vereinbarte Entgelt. Der Schuldner muss sich aber anrechnen lassen, was er sich durch das Unterbleiben der Leistung erspart hat (§§ 1155, 1168).

  Beispiel: Der Gläubiger repariert selbst sein Auto oder tapeziert selbst seine Wohnung. Besorgt sich hingegen der Gläubiger (Käufer) eine Sache der gleichen Gattung von einem Dritten (zB einen Kühlschrank), wird dadurch die Erfüllung durch den Schuldner (Verkäufer) nicht unmöglich.
- Dem Gläubiger ist es auch anzulasten, wenn er vor Fälligkeit das **Unmöglichwerden der Leistung verschuldet**, insb wenn er den Leistungsgegenstand schuldhaft zerstört oder beschädigt. Auch in diesen Fällen schuldet der Gläubiger das vereinbarte Entgelt.

  Nach verbreiteter Ansicht soll der Gläubiger auch bei *schuldloser* Leistungsvereitelung zur Entgeltzahlung verpflichtet sein[29]. Für Dienstgeber und Werkbesteller ergibt sich dies aus § 1155 und § 1168. Diese Bestimmungen werden auf andere Verträge analog angewandt.

---

29 *Mayrhofer*, SchRAT 393; *Ch. Rabl*, JBl 1997, 488; *Reischauer* in Rummel[3] § 1419 Rz 28.

D. Gewährleistung

I. Begriff, Zweck und Anwendungsbereich

Unter Gewährleistung versteht man das **Einstehenmüssen des Schuldners für Mängel seiner Leistung.** Eine Leistung ist mangelhaft, wenn sie entweder hinsichtlich ihrer Qualität oder Quantität nicht dem Schuldinhalt entspricht (*Sachmangel*) oder wenn dem Gläubiger nicht die nach dem Vertrag geschuldete Rechtsposition verschafft wird (*Rechtsmangel*). **3/66**

Der Mangel führt beim entgeltlichen Geschäft regelmäßig zu einer **Störung der subjektiven Äquivalenz** von Leistung und Gegenleistung. Der Gläubiger erhält für seine Leistung nicht den ihm nach dem Vertrag zustehenden Gegenwert. Diese Störung soll durch das Gewährleistungsrecht ausgeglichen bzw beseitigt werden. Der Gewährleistungspflichtige hat für den Minderwert seiner Leistung einzustehen; *auf ein Verschulden kommt es dabei nicht an.* **3/67**

Ob der Mangel bereits bei Vertragsschluss bestanden hat oder erst nachträglich eingetreten ist, spielt für das Bestehen eines Gewährleistungsrechts keine Rolle. Entscheidend ist insofern nur, dass die Leistung bei Übergabe nicht der Vereinbarung entspricht (zur Konkurrenz mit anderen Rechtsbehelfen Rz 3/145 ff).

Bietet der Schuldner bei Fälligkeit eine mangelhafte Leistung an, wird dadurch regelmäßig auch der Tatbestand des *(Teil-)Verzugs* (Rz 3/24 ff) oder der *(Teil-)Unmöglichkeit* (Rz 3/58 ff) erfüllt. Da die Rechtsfolgen der mangelhaften Leistung (§§ 932 ff) und die des Verzugs bzw der Unmöglichkeit (§§ 918–921) zwar nicht grundsätzlich, aber doch in einigen Details voneinander abweichen, stellt sich die Frage der Abgrenzung (dazu auch Rz 3/5, 3/24, 3/27 f, 3/58, 3/60 f). **3/68**

Nach hA[30] ist insofern die **Übergabe** des Leistungsgegenstandes als maßgebende Zäsur anzusehen. Im Prinzip braucht der Gläubiger eine mangelhafte Leistung des Schuldners nicht anzunehmen (§ 1413), sondern kann die Rechtsbehelfe gem §§ 918–921 geltend machen. Nach *Annahme der Leistung als (vollständige) Erfüllung* stehen ihm nur mehr die einschlägigen Gewährleistungsrechte zu[31].

30 Anders *Reischauer* (in Rummel[3] Vor §§ 918–933 Rz 9 und JBl 2002, 168), der sich für ein unbeschränktes Wahlrecht des Gläubigers zwischen Gewährleistungsrecht und den nach §§ 918–921 zustehenden Rechtsbehelfen ausspricht.

31 Ausführlich *Lukas*, FS 200 Jahre ABGB II 1246 ff.

3/69 In dem Zusammenhang ist nach hA außerdem die Unterscheidung zwischen mangelhafter Leistung und **Anderslieferung** (Leistung eines „*Aliud*“) zu beachten.

- Ist Inhalt einer **Speziesschuld** eine bestimmte, bei Vertragsschluss bereits vorhandene Sache, liegt eine Anderslieferung immer dann vor, wenn eine andere als die vereinbarte Sache geliefert wurde. *Jede Anderslieferung* wird hier – trotz Übernahme als Erfüllung – als *Nichtleistung* behandelt. Ist die geschuldete Leistung möglich, werden die Verzugsfolgen der §§ 918 f angewendet, bei (nachträglicher) Unmöglichkeit die Rechtsfolgen der §§ 920 f.

  Ist hingegen aufgrund eines Werkvertrags die *Herstellung* einer bestimmten Sache geschuldet, muss die Abgrenzung zwischen mangelhafter Leistung und Anderslieferung (wenn man diese Unterscheidung für nötig hält) nach ähnlichen Kriterien erfolgen wie bei der Gattungsschuld.
- Die Rsp qualifiziert auch bei der **Gattungsschuld** jede Anderslieferung als Nichtleistung und wendet die §§ 918 ff an[32]. Schwierigkeiten bereitet dabei freilich die Abgrenzung zwischen Lieferung einer *anderen Gattung* (Aliud) und mangelhafter Leistung (zB: statt der geschuldeten Eier der Güteklasse I wurden solche der Güteklasse II geliefert; statt der vereinbarten Aktien wurden Zertifikate geleistet[33]).

  Ein Teil der Lehre differenziert insofern zwischen einfachem und absolutem Aliud. Eine Nichtleistung, die die Rechtsfolgen der §§ 918 ff nach sich zieht, wird nur bei Lieferung eines *absoluten Aliud* angenommen. Bei Leistung eines *einfachen, genehmigungsfähigen Aliud* soll hingegen Gewährleistungsrecht zur Anwendung kommen. Für die Abgrenzung zwischen einfachem und absolutem Aliud ziehen manche Autoren § 378 UGB (per analogiam) heran, der (in der Frage der Rügeobliegenheit; dazu Rz 3/139) danach unterscheidet, ob der Schuldner mit einer Genehmigung der Anderslieferung rechnen konnte oder nicht. Die Gegner dieser These wollen (wie die Rsp) danach differenzieren, ob dieselbe oder eine andere Gattung geliefert wurde, was aber – wie gesagt – im Einzelfall erhebliche Schwierigkeiten bereiten kann.
- Nach Ansicht von *Reischauer*[34] (dem mE zuzustimmen ist) kommt bei jeder Anderslieferung Gewährleistungsrecht zur Anwendung; dies so-

---

32 Vgl dazu und zum Folgenden die Darstellung des Meinungsstandes bei *Reischauer* in Rummel[3] Vor §§ 918–933 Rz 11; *Reidinger* in Schwimann/Kodek[4] § 918 Rz 13 f; *Ofner* in Schwimann/Kodek[4] § 922 Rz 9 ff; *P. Bydlinski* in KBB[4] § 922 Rz 3 f.

33 Zur diesbezüglichen Diskussion in Rsp und Lehre OGH 4 Ob 93/11x JBl 2012, 175 (*Geroldinger/Radler*) = ecolex 2012/10 (*Wilhelm*); *Zöchling-Jud* in ABGB-ON[1.02] §§ 922, 923 Rz 4; *P. Bydlinski* in KBB[4] § 922 Rz 4; jeweils mwN.

34 In Rummel[3] Vor §§ 918–933 Rz 11; ebenso *Lukas*, FS 200 Jahre ABGB II 1251 f; *Geroldinger/Radler*, JBl 2012, 179 mwN.

wohl bei der Gattungs- als auch bei der Stückschuld. Es müsse allerdings offenkundig sein, dass zur Erfüllung eines bestimmten Vertrages geleistet wurde (das ist zB nicht der Fall, wenn statt Weintrauben Kartoffeln geliefert wurden).

Zur Klarstellung ist nochmals zu betonen, dass sich die geschilderte Problematik der Anderslieferung nur dann stellt, wenn es zu einer *Übergabe* des Leistungsgegenstandes gekommen ist. Der Gläubiger hat jedoch bei jeder Anderslieferung wie bei mangelhafter Leistung das Recht, die Annahme zu verweigern und kann dann stets die Rechtsbehelfe der §§ 918–921 geltend machen (Rz 3/68).

Die §§ 922–933b enthalten die allgemeinen Gewährleistungsregeln für **entgeltliche Verträge** (zur teilweisen Anwendbarkeit auf unentgeltliche Geschäfte III/2/7). Für gewisse Geschäfte bestehen *Sondergewährleistungsvorschriften*; so für den Bestandvertrag (§§ 1096 f; III/8/19 und III/8/22), die Zession (§§ 1397 ff; Rz 5/41 ff) und den Warenkauf zwischen Unternehmern (§§ 377 ff UGB; Rz 3/139). Hier kommen die allgemeinen Regeln nur subsidiär zur Anwendung. **3/70**

Im *KSchG* finden sich zwingende Schutzvorschriften zugunsten der **Verbraucher**. Sie betreffen insb den Ort, an dem der Unternehmer seine Gewährleistungspflichten zu erfüllen hat (§ 8; Rz 3/93), die Zulässigkeit von vertraglichen Beschränkungen der Gewährleistungsrechte (§ 9; Rz 3/138), die Gewährleistung für Montagefehler (§ 9a; Rz 3/79) sowie die Erfordernisse einer vertraglichen Garantie (§ 9b; Rz 3/144).

Die allgemeinen Gewährleistungsbestimmungen der §§ 922 ff ABGB erhielten ihre geltende Fassung durch das **Gewährleistungsrechts-Änderungsgesetz**[35]; ebenso die in Rz 3/70 angeführten Sonderbestimmungen des KSchG. **3/71**

Anlass für diese Reform war die Verpflichtung zur Umsetzung der *Verbrauchsgüterkauf-RL* der EU[36]. Durch das GewRÄG hat der österr Gesetzgeber diese RL in ihren Kernpunkten im ABGB und nur zu einem relativ geringen Teil im KSchG umgesetzt. Zusätzlich wurden einige über die RL hinausgehende, von dieser also nicht erzwungene Neuregelungen geschaffen.

II. Begriff des Mangels

1. Beurteilung nach dem konkreten Vertrag

„Wer einem anderen eine Sache gegen Entgelt überlässt, *leistet Gewähr, dass sie dem Vertrag entspricht.*" Nach dieser Bestimmung des § 922 Abs 1 S 1 ist **3/72**

35 GewRÄG BGBl I 2001/48; in Kraft seit 1.1.2002; Materialien: ErläutRV 422 BlgNR 21. GP (zitiert: RV); JAB 522 BlgNR 21. GP (zitiert: AB).

36 ABl L 1999/171, 12.

also die Frage, ob die erbrachte Leistung mangelhaft ist, **nach dem konkreten Vertrag** zu beurteilen.

Für die Ermittlung des einschlägigen Vertragsinhalts sind die allgemeinen Auslegungsregeln heranzuziehen (dazu I/6/40 ff). Ist der konkrete Vertrag hinsichtlich Qualität oder Eigenschaften des Leistungsgegenstandes unvollständig, so ist im Rahmen ergänzender Auslegung insb auf Natur und Zweck des Geschäfts und auf die im Verkehr gewöhnlich vorausgesetzten Eigenschaften abzustellen (vgl § 922 Abs 1 S 2).

Jede Abweichung der tatsächlichen Leistung vom Schuldinhalt begründet einen Mangel.

Beispiele: Ist eine neue Sache geschuldet, stellt iZw jede Beschädigung einen Mangel dar, auch wenn dadurch die Funktionsfähigkeit nicht beeinträchtigt ist. Bei gebrauchten Gegenständen sind hingegen die üblichen Abnützungserscheinungen hinzunehmen; doch müssen auch solche Sachen – mangels abweichender Vereinbarung – ihrem gewöhnlichen Verwendungszweck entsprechend funktionsfähig sein. So muss etwa auch ein Gebrauchtwagen fahrtauglich und in verkehrssicherem Zustand sein; es sei denn, er wäre „zum Ausschlachten" gekauft worden. In manchen Fällen bietet die Höhe des Preises gewisse Anhaltspunkte dafür, welche Eigenschaften bzw welche Qualität der Sache als vereinbart anzusehen ist; so etwa in der Frage, ob das gekaufte Schmuckstück aus purem Gold oder bloß vergoldet sein muss.

3/73 Auch das Abweichen des Leistungsgegenstandes von einem vorgelegten **Muster** oder einer **Probe** stellt grundsätzlich einen Mangel dar. Dies ist in § 922 Abs 1 S 2 ausdrücklich angeordnet, ergibt sich aber idR bereits aus allgemeinen Auslegungsregeln.

3/74 § 5a Abs 1 Z 1 KSchG und § 4 Abs 1 Z 1 FAGG normieren vorvertragliche Aufklärungspflichten des **Unternehmers** gegenüber einem **Verbraucher** über die „*wesentlichen Eigenschaften*" des Leistungsgegenstandes. Da diese Eigenschaften Vertrags- und damit Schuldinhalt werden (so ausdrücklich § 4 Abs 4 FAGG), begründet deren Fehlen einen Mangel.

Gem § 6 Abs 1 Z 10 KSchG sind Vertragsbestimmungen nichtig, wonach der **Unternehmer** oder eine seinem Einflussbereich unterliegende Stelle ermächtigt wird, darüber zu entscheiden, ob seine Leistungen an den **Verbraucher** der Vereinbarung entsprechen.

3/75 In den §§ 922 ff werden durchgehend die Begriffe **Übergeber** und **Übernehmer** für Gewährleistungsschuldner und -gläubiger verwendet. Damit soll der allgemeine Anwendungsbereich der Gewährleistungsbestimmungen (insb auch für Werkverträge; dazu III/3/5 ff) zum Ausdruck gebracht werden.

2. Öffentliche Äußerungen

3/76 Ob die Sache dem Vertrag entspricht, ist gem § 922 Abs 2 „auch danach zu beurteilen, was der Übernehmer aufgrund der über sie gemachten öffentlichen Äußerungen des **Übergebers** oder des **Herstellers**, vor allem in der *Werbung* und in den der Sache beigefügten Angaben erwarten kann". Gleiches gilt für öffentliche Äußerungen einer Person, die die Sache in den Europäischen Wirtschaftsraum eingeführt hat (**EWR-Importeur**) oder die sich durch Anbringung ihres Namens, ihrer Marke oder eines anderen Kennzeichens als Hersteller ausgibt (**„Quasi-Hersteller"**).

Welche Erwartungen aufgrund solcher Äußerungen berechtigt sind, ist aus der Sicht eines *„verständigen Erwerbers"* zu beurteilen[37].

Die Bestimmung ist nach den Mat zB dann einschlägig, „wenn Äußerungen eines Herstellers über den Kraftstoffverbrauch eines Fahrzeugs, über die Kompatibilität einer Software mit einer bestimmten Hardware … oder über den Energieverbrauch eines Elektrogeräts von den tatsächlichen Gegebenheiten substanziell abweichen … Allgemein gehaltene Werbeaussagen, die noch nichts über die Qualität und die Eigenschaft des Gutes aussagen (etwa ‚schmeichelweich' für einen Weichspüler), sollen gewährleistungsrechtlich nicht relevant sein. Ebenso werden offenkundig marktschreierische und nicht ernst gemeinte Angaben auch in Hinkunft nicht zur Haftung führen."

Nach der Vorstellung des Gesetzgebers[38] und überwiegender Lehre[39] sind die in § 922 Abs 2 angeführten öffentlichen Äußerungen nur insofern gewährleistungsrechtlich relevant, als sie von den Parteien dem Vertrag – allenfalls konkludent – zugrunde gelegt worden sind. Im Zweifel soll allerdings von einem entsprechenden Vertragsinhalt auszugehen sein.

Der Übergeber ist an die besagten öffentlichen Äußerungen gem § 922 **3/77**
Abs 2 letzter Satz **nicht gebunden**,
- wenn er sie **weder kannte noch kennen konnte**,
- wenn sie **bei Vertragsschluss berichtigt waren**
- oder wenn sie den **Vertragsschluss nicht beeinflusst** haben konnten.

Die *Beweislast* für das Vorliegen eines dieser Ausnahmetatbestände trägt der *Übergeber*[40]. Der Tatbestand der Berichtigung ist nur dann erfüllt, wenn die Richtigstellung der Äußerung in einer Weise erfolgt, die (objektiv) geeignet ist, die Auffassung des Übernehmers zu korrigieren.

37 RV 13; dort auch zum Folgenden.
38 RV 13.
39 Vgl etwa *Zöchling-Jud* in ABGB-ON[1.02] §§ 922, 923 Rz 21; *Ofner* in Schwimann/Kodek[4] § 922 Rz 21; *P. Bydlinski* in KBB[4] § 922 Rz 10; jeweils mwN; anders insb *Faber*, Handbuch zum neuen Gewährleistungsrecht (2001) 66 ff.
40 RV 14.

III. Arten der Mängel

1. Qualitäts- und Quantitätsmängel

3/78 Weicht die erbrachte Leistung hinsichtlich ihrer Qualität, ihrer Eigenschaften oder ihrer Funktionsfähigkeit vom Schuldinhalt ab, spricht man von einem **Qualitätsmangel**.

Beispiele: Das gelieferte Obst oder Gemüse entspricht nicht der vereinbarten Güteklasse; der Rasenmäher funktioniert nicht; der „Zuchthengst" ist für Zuchtzwecke ungeeignet; der „Biedermeierschrank" ist erst zehn Jahre alt; vgl auch VIII/Fall 33.

3/79 Für **Verbrauchergeschäfte** normiert § 9a KSchG spezielle Gewährleistungspflichten des Unternehmers für **Montagefehler**.

Satz 1 der Bestimmung behandelt den Fall, dass ein Unternehmer nicht nur zur Lieferung, sondern auch zur Montage einer Sache verpflichtet ist. Verursacht der Unternehmer durch unsachgemäßes Verhalten bei der Montage einen *Mangel an der Sache*, so ist er (auch) dafür gewährleistungspflichtig; dies selbst in solchen Fällen, in denen die Montage erst nach Übergabe der Sache erfolgt.

Dass der Übergeber für die *mangelhafte Montage* als solche gewährleistungspflichtig ist, ergibt sich bereits aus allgemeinen Grundsätzen.

War die Sache zur *Montage durch den Verbraucher* bestimmt, umfasst die Gewährleistungspflicht des Unternehmers nach § 9a S 2 KSchG insb auch solche Mängel, die infolge eines *Fehlers der Montageanleitung* an der Sache entstanden sind (sog „IKEA-Klausel").

3/80 Ein **Quantitätsmangel** liegt dann vor, wenn weniger als die geschuldete Menge geliefert wird (zB 10 statt 12 Kisten Bier, 25 statt 30 Hemden). Quantitätsmängel betreffen meist Gattungsschulden; sie können aber auch bei Speziesschulden vorkommen (zB von den geschuldeten 6 Jugendstilsesseln werden nur 5 geliefert; zur Abgrenzung vom Teilverzug Rz 3/112 ff).

2. Rechtsmängel

3/81 Wird dem Gläubiger **nicht die geschuldete Rechtsposition eingeräumt**, spricht man von einem Rechtsmangel; so etwa, wenn dem Käufer das Eigentum an der gekauften Sache nicht übertragen wird.

Verkauft zB ein Dieb die gestohlene Sache, kann er meist dem Erwerber das Eigentum daran nicht verschaffen (auch nicht nach § 367; dazu IV/6/46 ff).

Ebenso begründen **rechtliche Belastungen** einer Sache einen Rechtsmangel, wenn sie der Vereinbarung widersprechen (zB die Belastung der verkauften Liegenschaft mit einer Hypothek).

Auch **öffentlich-rechtliche Mängel** kommen in Betracht (etwa das Fehlen der Betriebsanlagengenehmigung oder der baubehördlichen Bewilligung). Ob ein Mangel vorliegt, richtet sich auch hier nach dem Vertrag. Die Abgrenzung zum Sachmangel ist freilich manchmal zweifelhaft[41] (zB ein Baugrundstück darf wegen archäologischer Funde nicht bebaut werden); sie kann aber insb für den Beginn der Gewährleistungsfrist (dazu Rz 3/120 f) von Bedeutung sein.

IV. Maßgebender Zeitpunkt

Damit Gewährleistungsrechte zustehen, muss der Mangel gem § 924 S 1 grundsätzlich im Zeitpunkt der Leistung, also bei **Übergabe des Leistungsgegenstandes** vorgelegen sein. Kommt es jedoch schon früher zum Gefahrenübergang, wie insb im Fall des Gläubigerverzugs (Rz 3/39 f), so ist dieser Zeitpunkt entscheidend. 3/82

Zum Zeitpunkt der Übergabe und des Gefahrenübergangs bei **Schickschuld** s Rz 2/56. Bei Übergabe durch **Besitzkonstitut** (§ 428; IV/2/39) ist zweifelhaft, ob auf den Zeitpunkt der Übereignung oder den der (späteren) körperlichen Übergabe abzustellen ist[42].

Es genügt allerdings, wenn der Mangel **seiner Anlage nach** im maßgebenden Zeitpunkt bereits bestanden hat; dass er erst später erkennbar geworden ist, schadet also nicht. Anlagemängel sind häufig sog **„Weiterfressermängel“**, bei denen ein fehlerhafter Bestandteil zu einer wachsenden Verschlechterung, oft sogar zur Zerstörung der Gesamtsache führt (vgl auch Rz 3/121). In der Frage der Behebbarkeit oder der Geringfügigkeit des Mangels ist der Zustand des Leistungsgegenstandes im Zeitpunkt des *Hervorkommens* des Mangels maßgebend[43].

Führt zB ein fehlerhafter Dichtring in einem neuen Kfz-Motor dazu, dass der Motor schon nach 23 Monaten unbrauchbar wird, so fehlt es bereits im Zeitpunkt der Übergabe an einer gewöhnlich vorausgesetzten Eigenschaft; denn nach der Verkehrserwartung muss ein neuer Kfz-Motor, der nicht in exzessiver Weise beansprucht wird, mehr als zwei Jahre funktionstüchtig bleiben[44].

§ 924 S 2 stellt die – widerlegliche – **Vermutung** auf, dass ein **Mangel, der innerhalb von 6 Monaten nach Übergabe hervorgekommen ist, bereits bei Übergabe vorhanden war**[45]. Steht also fest, dass der Mangel innerhalb der besagten Frist aufgetreten ist (Beweislast des Übernehmers), so ist der 3/83

41 Vgl *Zöchling-Jud* in ABGB-ON[1.02] §§ 922, 923 Rz 5 ff; *Ofner* in Schwimann/Kodek[4] § 933 Rz 1; *P. Bydlinski* in KBB[4] § 933 Rz 3; jeweils mit Nachw der einschlägigen Rsp.

42 Dazu insb *Ch. Rabl*, Die Gefahrtragung beim Kauf (2002) 94 ff mit Darstellung des Diskussionsstandes; vgl auch III/1/13 mwN.

43 *P. Bydlinski* in KBB[4] § 932 Rz 19; *Zöchling-Jud*, FS Fenyves (2013) 859; *Koziol*, Obsoleszenzen im österreichischen Recht (2016) Rz 117 ff; jeweils mwN.

44 OGH 1 Ob 71/15w ecolex 2015/401, 946 (*Schoditsch*) = ZVR 2015/200 (*Huber*); vgl auch OGH 6 Ob 151/12t JBl 2013, 654.

45 Ausführlich zu dieser Bestimmung insb *Reischauer*, JBl 2010, 217 ff.

Übergeber zur Gewährleistung verpflichtet; es sei denn, er kann nachweisen, dass der Mangel (auch seiner Anlage nach) in Wahrheit erst nach Übergabe entstanden ist (Beweislast des Übergebers). Kann nicht nachgewiesen werden, dass der Mangel innerhalb von 6 Monaten nach Übergabe aufgetreten ist, so trifft den Übernehmer die Beweislast für das Vorliegen des Mangels im Zeitpunkt der Übergabe.

Die Vermutung des § 924 S 2 gilt nach dessen S 3 nicht, *„wenn sie mit der Art der Sache oder des Mangels unvereinbar ist"*.

Der erste Ausnahmetatbestand bzgl der *Art der Sache* kann nach den Mat[46] vor allem bei minderwertigen oder besonders kurzlebigen Waren einschlägig sein. Ein genereller Ausschluss ganzer Produktgruppen von der Vermutung des § 924 S 2 kommt allerdings nicht in Betracht. Insb kann nicht davon ausgegangen werden, dass bei *gebrauchten Gütern* die Vermutung von vornherein unanwendbar ist. Hinsichtlich der *Art des Mangels* umfasst die Ausnahmebestimmung des § 924 S 3 offenbare Gebrauchs- oder Abnützungserscheinungen sowie Folgen einer offenkundigen Fehlbehandlung der Sache. Generell sind insofern solche Fehler gemeint, „bei denen *typischerweise* anzunehmen ist, dass sie nicht bereits bei der Übergabe der Sache vorhanden waren"[47].

Für Fälle, in denen nach der Art der Sache oder des Mangels die *Vermutungsfrist von 6 Monaten zu lang* ist, wird eine entsprechende Verkürzung der Frist des § 924 S 2 vertreten[48]; so insb für Waren, deren durchschnittliche Haltbarkeit weniger als 6 Monate beträgt.

3/84 Sonderregeln gelten für bestimmte **Viehmängel**. Gem § 925 iVm der Verordnung BGBl 1972/472 wird bei gewissen Tierkrankheiten vermutet, dass sie bereits bei Übergabe bestanden haben, wenn sie innerhalb bestimmter Fristen (zwischen 5 und 150 Tagen) aufgetreten sind[49].

Der Erwerber kann sich aber auf die Vermutung nur dann berufen, wenn er sogleich nach Auftreten der Krankheit den Veräußerer verständigt oder ein gerichtliches Beweissicherungsverfahren durchführen lässt (§§ 926, 927).

Die §§ 925–927 wurden durch das GewRÄG nicht geändert. Diese Bestimmungen sind allerdings nach § 9 Abs 2 KSchG „auf den Erwerb durch **Verbraucher** nicht anzuwenden"[50].

3/85 Bei **Liegenschaften** ist der maßgebende Zeitpunkt für das Vorliegen von **Sachmängeln** die körperliche Übergabe; bei **bücherlichen Lasten** kommt es hingegen auf den Einverleibungszeitpunkt an.

Belastet zB der Veräußerer die Liegenschaft zwischen körperlicher Übergabe und grundbücherlicher Übereignung mit einer Hypothek, stehen dem Erwerber insofern Gewährleistungsrechte zu.

---

46 RV 15.

47 RV 15.

48 *P. Bydlinski* in KBB[4] § 924 Rz 7 f; *Reischauer*, JBl 2010, 222; OGH 4 Ob 104/07h JBl 2007, 787; aM *Ofner* in Schwimann/Kodek[4] § 924 Rz 9; *Zöchling-Jud* in ABGB-ON[1.02] § 924 Rz 10.

49 Vgl *Ofner* in Schwimann/Kodek[4] § 925 Rz 2.

50 Dazu insb *Fischer-Czermak*, FS Krejci (2001) 1170 ff; *Reischauer*, JBl 2002, 157.

V. Gewährleistungsbehelfe

Gem § 932 Abs 1 kann der Übernehmer „wegen eines Mangels die **Verbesserung** (Nachbesserung oder Nachtrag des Fehlenden), den **Austausch** der Sache, eine **angemessene Minderung des Entgelts (Preisminderung)** oder die **Aufhebung des Vertrages (Wandlung)** fordern". Für die Frage, welches dieser Gewährleistungsrechte zusteht, ist vor allem das Kriterium der *Behebbarkeit* maßgebend (§ 932 Abs 2). Von wesentlicher Bedeutung bei den sekundären Gewährleistungsbehelfen ist der Begriff des *„geringfügigen Mangels"*, dessen Vorliegen gem § 932 Abs 4 das Wandlungsrecht von vornherein ausschließt (Rz 3/105). **3/86**

1. Vorrang der Verbesserung

Gem § 932 Abs 2 S 1 kann der Übernehmer zunächst **„nur die Verbesserung oder den Austausch der Sache** verlangen". Der Übergeber soll also grundsätzlich eine „zweite Chance" erhalten, um den vertragsgemäßen Zustand herzustellen. **3/87**

Die sekundären Gewährleistungsrechte der **Wandlung oder Preisminderung** können gem § 932 Abs 4 nur in folgenden Fällen geltend gemacht werden (zu den diesbezüglichen Details Rz 3/97 ff): **3/88**
- **Unmöglichkeit** der Mangelbehebung,
- **Unverhältnismäßigkeit** der Mangelbehebung,
- **Verweigerung** der Mangelbehebung,
- **Verzug** mit der Mangelbehebung,
- **Erhebliche Unannehmlichkeiten für den Übernehmer,**
- **Unzumutbarkeit für den Übernehmer** aus triftigen Gründen in der Person des Übergebers.

a) Verbesserung oder Austausch

Verbesserung ist die Behebung eines Mangels an der konkreten Sache. **3/89**

Rechtsmängel sind behebbar, wenn die rechtlichen Hindernisse oder Belastungen beseitigt werden können.

Beispiele: Löschung der Hypothek nach Tilgung der gesicherten Forderung; Erfüllung öffentlich-rechtlicher Auflagen zur Erlangung der geschuldeten Betriebsanlagengenehmigung oder Baubewilligung.

Ein **Austausch der Sache,** also die Ersetzung des fehlerhaften Stücks durch ein mangelfreies, kommt von vornherein *nur bei Gattungsschulden* (Rz 2/16) in Betracht[51]. **3/90**

---

51 HA; s etwa *P. Bydlinski* in KBB[4] § 932 Rz 3 mwN; anders *Zöchling-Jud* in ABGB-ON[1.02] § 932 Rz 9.

Haftet allerdings der Mangel der gesamten Gattung an oder sind keine mangelfreien Stücke der konkreten Gattung mehr verfügbar, so ist eine Mangelbehebung durch Austausch der Sache unmöglich.

3/91 Gem § 932 Abs 2 steht dem **Übernehmer** grundsätzlich das **Wahlrecht** zwischen Verbesserung und Austausch der Sache zu. Bei *Unmöglichkeit* einer dieser beiden Abhilfen muss sich der Übernehmer mit der anderen begnügen. Gleiches gilt, wenn die eine Abhilfe, verglichen mit der anderen, mit einem *unverhältnismäßigen Aufwand für den Übergeber* verbunden wäre. Ob dies der Fall ist, richtet sich gem § 932 Abs 2 S 2 „auch nach dem Wert der mangelfreien Sache, der Schwere des Mangels und den mit der anderen Abhilfe für den Übernehmer verbundenen Unannehmlichkeiten".

Der Wert der Sache ist nach den Mat[52] insofern zu berücksichtigen, als vor allem bei billigen Massenprodukten praktisch der Austauschanspruch im Vordergrund steht, bei teuren und hochwertigen Gütern hingegen die Verbesserung. Ist eine der beiden Abhilfen mit größeren Unannehmlichkeiten für den Übernehmer verbunden als die andere, so muss der Übergeber grundsätzlich höhere Kosten für die weniger unangenehme Abhilfe aufwenden[53].

b) Durchführung der Mangelbehebung

3/92 Die Verbesserung oder der Austausch ist gem § 932 Abs 3 **„in angemessener Frist** und mit möglichst geringen Unannehmlichkeiten für den Übernehmer zu bewirken". Eine *Fristsetzung* durch den Übernehmer ist nicht notwendig. Vielmehr ist der Übergeber verpflichtet, das Verbesserungs- oder Austauschverlangen des Übernehmers von sich aus in angemessener Frist zu erfüllen. Die Länge der Frist richtet sich nach den Umständen des Einzelfalls[54] (vgl auch Rz 3/15).

3/93 **Verbesserungsort** ist, wenn keine abweichende Vereinbarung besteht, im Allgemeinen der ursprüngliche Erfüllungsort (Rz 2/53 ff).

Beim **Verbrauchergeschäft** ist die Verbesserung oder der Austausch der Sache gem § 8 Abs 1 Z 1 KSchG grundsätzlich am Ort der Übergabe bzw an dem Ort zu leisten, an den die Sache vom Unternehmer befördert oder versendet worden ist.

Der Verbraucher kann aber gem § 8 Abs 1 Z 2 KSchG verlangen, dass die Sache an dem Ort verbessert wird, an dem sie sich gewöhnlich befindet, wenn nach der Art der Sache eine Beförderung zum Unternehmer nicht tunlich ist, insb weil die Sache sperrig, gewichtig oder durch Einbau unbeweglich geworden ist. Dieser Ort muss sich allerdings im Inland befinden

---

52 RV 17.

53 Vgl *Zöchling-Jud* in ABGB-ON[1.02] § 932 Rz 33; *Ofner* in Schwimann/Kodek[4] § 932 Rz 29; *P. Bydlinski* in KBB[4] § 932 Rz 4 f.

54 S zB OGH 1 Ob 106/13i EvBl 2014/37.

und darf für den Unternehmer nicht überraschend sein. Die zweitgenannte Voraussetzung ist dann erfüllt, wenn sich der Standort der Sache im Einzugsgebiet des Unternehmers befindet oder diesem bei Vertragsschluss bekannt war.

Gem § 8 Abs 2 KSchG kann der Unternehmer die Übersendung der zu verbessernden Sache auf seine Gefahr verlangen, wenn dies für den Verbraucher tunlich ist.

Dass die *Kosten der Mangelbehebung* der Übergeber zu tragen hat, ist in § 8 Abs 3 KSchG (für Verbrauchergeschäfte) ausdrücklich normiert. Dies gilt aber als selbstverständliche Folge der entsprechenden Gewährleistungspflicht auch außerhalb des Anwendungsbereichs des KSchG. **3/94**

Inhalt und Umfang der Pflicht zur Mangelbehebung richten sich grundsätzlich nach dem vertraglichen Schuldinhalt. Bei eingebauten Sachen (zB verlegten Fliesen) wäre demnach der *Ausbau der mangelhaften und Einbau der mangelfreien Sache* nur dann von der Austauschpflicht gem § 932 Abs 2 umfasst, wenn der Übergeber schon ursprünglich nicht nur zur Lieferung, sondern auch zum Einbau der Sache verpflichtet war.

Nach Auffassung des *EuGH*[55], dem der *OGH*[56] folgt, ist hingegen beim *Verbrauchergeschäft* der Übergeber *auch dann* zum Aus- und Einbau bzw zur Tragung der diesbezüglichen Kosten verpflichtet, *wenn er die Sache nur geliefert und der Übernehmer selbst für den Einbau gesorgt hat.* Derartige Kosten sind daher (iS richtlinienkonformer Interpretation[57]) als „notwendige Kosten der Verbesserung oder des Austauschs" nach § 8 Abs 3 KSchG anzusehen[58].

Nach allgemeinem Zivilrecht kann hingegen der Ersatz solcher Kosten (Mangelfolgeschaden) gem § 933a ABGB nur bei Vorliegen der schadenersatzrechtlichen Voraussetzungen verlangt werden (Rz 3/150).

Gewisse Fallkonstellationen führen dazu, dass der Übernehmer durch die Verbesserung Vorteile erlangt, die über den ursprünglichen Schuldinhalt hinausgehen (zB Ersparnis von Reparatur- oder Wartungsaufwand, längere Lebensdauer der verbesserten Sache). Es stellt sich dann die Frage, ob der Übernehmer dafür eine Vergütung leisten muss, ob er also zur **Vorteilsausgleichung** verpflichtet ist. **3/95**

Beispiel (vgl OGH 1 Ob 829/81 SZ 55/29): Infolge der Verbesserung mangelhafter Fassadenplatten erspart sich der Übernehmer die Sanierung von verschmutzten Stellen („Regennasen").

55 Verb Rs C-65/09 und C-87/09 (Weber und Putz) ecolex 2011/345 (*Wilhelm*).
56 4 Ob 80/12m JBl 2013, 180; 9 Ob 64/13x EvBl 2014/89 (*Perner*).
57 I/1/42 ff.
58 *Apathy* in Schwimann/Kodek[4] § 8 KSchG Rz 10 mwN; kritisch insb *Zöchling-Jud* in ABGB-ON[1.02] § 932 Rz 13 ff.

Der OGH spricht sich grundsätzlich gegen eine Pflicht des Übernehmers zur Vorteilsausgleichung aus. In der Lehre werden differenzierende Lösungen vertreten. Überwiegend wird die Vorteilsausgleichung grundsätzlich abgelehnt und nur für besonders krasse Sonderfälle bejaht[59]. Beim *Verbrauchergeschäft* kommt sie nach der E des EuGH in der Rechtssache „Quelle"[60] generell nicht in Betracht (zum Vorteilsausgleich im Schadenersatzrecht III/13/54 f; zur Problematik der sog *Sowiesokosten* bei mangelhafter Herstellung eines Werks III/3/8).

3/96 Führt der gewährleistungsberechtigte Übernehmer die Mangelbehebung selbst durch oder beauftragt er damit einen Dritten (sog **voreilige Selbstverbesserung**), stellt sich die Frage, ob er vom Übergeber den Ersatz seines diesbezüglichen Aufwandes verlangen kann[61]. Der **OGH** folgt jener Auffassung, die einen solchen **Ersatzanspruch bejaht** und ihn auf eine Analogie zu den §§ 1168 und 1155 stützt. Der Anspruch wird allerdings nur dann gewährt, wenn er innerhalb der *Frist nach § 933* geltend gemacht wird. Außerdem wird er der Höhe nach mit jenem Betrag *begrenzt*, den sich der *Übergeber* durch die Nichtvornahme der Verbesserung *erspart* hat. Die gleichen Einschränkungen vertritt auch jener Teil der Lehre, der als Grundlage für den Aufwandersatzanspruch § 1042 oder § 1097 S 2 (per analogiam) heranzieht.

Diese (im Ergebnis gleich lautenden) Lösungen stehen allerdings im Widerspruch zu § 932 Abs 2, wonach primär dem Übergeber die Chance zur Mangelbehebung gewährt werden muss (Rz 3/87; vgl VIII/Fall 34). Im Hinblick auf diesen Grundsatz kann mE ein Anspruch des Übernehmers auf Ersatz seines Aufwandes für Selbst- oder Fremdverbesserung **nur als Sekundärbehelf** bejaht werden, also insb dann, wenn der Übergeber die „zweite Chance" zur Herstellung des vertragsgemäßen Zustandes nicht genutzt hat[62]. Als Anspruchsgrundlage kommt hier vor allem die analoge Heranziehung von *§ 1097 S 2, 1. Alternative* in Betracht[63]. Der Ersatzanspruch umfasst in diesem Fall den *gesamten Verbesserungsaufwand* des Übernehmers (soweit er nötig war) und nicht bloß jenen Aufwand, den sich der Übergeber durch die Unterlassung der Mangelbehebung erspart hat.

Auf § 933a kann der Anspruch auf Ersatz der Verbesserungskosten nur bei Vorliegen der entsprechenden schadenersatzrechtlichen Voraussetzungen gestützt werden (Rz 3/101).

---

59 Vgl *Zöchling-Jud* in ABGB-ON[1.02] § 932 Rz 73 f mit Darstellung des Meinungsstandes.

60 EuGH Rs C-404/06 (Quelle) wbl 2008, 335.

61 Näher zum Folgenden *P. Bydlinski* in KBB[4] § 932 Rz 15; *Zöchling-Jud* in ABGB-ON[1.02] § 932 Rz 45; jeweils mwN.

62 Vgl RV 18; *Rebhahn/Kietaibl* in Schwimann/Kodek[4] § 1167 Rz 66; *Welser*, ZfRV 2007, 8 f.

63 Ausführlich *Reischauer*, Zak 2011, 323 ff.

2. Die sekundären Gewährleistungsbehelfe

a) Anwendungsbereich

Da der Übergeber grundsätzlich die Chance erhalten soll, durch Behebung des Mangels den vertragsgemäßen Zustand noch herzustellen, steht dem Übernehmer das Recht zur **Wandlung oder Preisminderung** nur in den (bereits in Rz 3/88 aufgezählten) Fällen des § 932 Abs 4 zu. **3/97**

aa) Unmöglichkeit oder Unverhältnismäßigkeit der Mangelbehebung

Der Tatbestand der **Unmöglichkeit** liegt dann vor, wenn der Mangel weder durch Verbesserung noch durch Austausch der Sache behoben werden kann (s auch § 932 Abs 2 und dazu Rz 3/91). Ist einer der Primärbehelfe möglich und liegt insofern auch keiner der sonstigen Fälle des § 932 Abs 4 vor, so muss sich der Übernehmer mit dieser Abhilfe begnügen. **3/98**

Erfordert die Behebung des Mangels einen **unverhältnismäßig hohen Aufwand**, so ist der Übergeber zur Verbesserung bzw zum Austausch zwar nicht verpflichtet, wohl aber berechtigt. Nur wenn sich der Übergeber auf die Unverhältnismäßigkeit der Mangelbehebung beruft, kann der Übernehmer die sekundären Gewährleistungsbehelfe geltend machen. **3/99**

In der Frage der *Verhältnismäßigkeit* ist der für die Mangelbehebung *nötige Aufwand* ein wesentliches Kriterium. Dieser Aufwand darf zu dem durch die Mangelbehebung erreichbaren Vorteil bzw Nutzen in keinem auffallenden Missverhältnis stehen. Die Bewertung des erzielbaren Vorteils orientiert sich allerdings nicht allein nach objektiven Kriterien, sondern nach dem konkreten Vertrag. Insofern ist maßgebend, welche Bedeutung der Mangel aufgrund der Vereinbarung für die betroffene Vertragspartei hat und wie hoch daher deren Interesse an der Beseitigung des Mangels zu bewerten ist[64].

Ist zB die erbrachte Leistung aufgrund des Mangels für den vereinbarten Gebrauch völlig ungeeignet, dann ist auch ein Aufwand, der den Sachwert insgesamt übersteigt, nicht als unverhältnismäßig anzusehen (OGH 7 Ob 654/79 SZ 53/7). Selbst die vollständige Neuerrichtung des geschuldeten Werks stellt keinen unverhältnismäßigen Aufwand dar, wenn die obligationsgemäße Gebrauchstauglichkeit auf anderem Weg nicht hergestellt werden kann[65]. Eine Verbesserung, die über das vertraglich Geschuldete hinausgeht, kann jedoch nicht verlangt werden (OGH 10 Ob 71/14k JBl 2015, 376).

Nach Auffassung des *EuGH*[66] ist es beim Verbrauchergeschäft dem Unternehmer (= Übergeber) grundsätzlich *nicht gestattet*, sich auf die *Unver-*

---

64 Vgl etwa OGH 4 Ob 44/14w JBl 2015, 55 (*Geroldinger*).

65 Vgl *Reischauer* in Rummel³ § 1167 Rz 3; *Rebhahn/Kietaibl* in Schwimann/Kodek⁴ § 1167 Rz 60; *Ofner* in Schwimann/Kodek⁴ § 932 Rz 47; jeweils mwN.

66 Verb Rs C-65/09 und C-87/09 (Weber und Putz) ecolex 2011/345; vgl zu dieser E auch Rz 3/94.

hältnismäßigkeit des mit der Mangelbehebung verbundenen Aufwands (iSd § 932 Abs 4) *zu berufen*. Zweifelhaft ist allerdings (ua), ob eine dieser EuGH-E entsprechende (richtlinienkonforme) Auslegung der einschlägigen Regelung in § 932 möglich ist[67] (allgemein dazu I/1/42 ff).

bb) Verweigerung der oder Verzug mit der Mangelbehebung

3/100 **Verweigert** der Übergeber von vornherein die Behebung des Mangels oder gerät er damit in **Verzug**, steht dem Übernehmer ebenfalls das Recht zur Wandlung oder Preisminderung zu. Mehrfache Verbesserungsversuche braucht der Übernehmer nicht hinzunehmen. Zur Frage, ob der Übernehmer die Verbesserung selbst vornehmen oder von einem Dritten durchführen lassen und vom Übergeber Aufwandersatz verlangen kann, s Rz 3/96.

3/101 Bei **schuldhaftem Verzug** des Übergebers mit der Mangelbehebung kann der Übernehmer den Ersatz der Verbesserungskosten nach *schadenersatzrechtlichen* Grundsätzen fordern. Gleiches gilt bei schuldhafter Verweigerung der Mangelbehebung. Setzt der Übergeber zur Erfüllung seiner Verbesserungs- oder Austauschpflicht *Gehilfen* ein, so hat er für deren Verhalten gem § 1313a haftungsrechtlich einzustehen[68] (allgemein dazu III/13/44 ff).

Trifft den Übergeber schon an der Mangelhaftigkeit seiner Leistung ein Verschulden, kann von vornherein statt Gewährleistung Schadenersatz verlangt werden (§ 933a; Rz 3/148 ff).

cc) Erhebliche Unannehmlichkeiten für den Übernehmer

3/102 Damit der Übernehmer auf die sekundären Gewährleistungsbehelfe zurückgreifen kann, müssen die **Unannehmlichkeiten**, die für ihn mit der Verbesserung bzw dem Austausch verbunden wären, **erheblich** sein.

Als **Beispiele** für „erhebliche Unannehmlichkeiten" nennen die Mat[69] umfangreiche Stemm- und Maurerarbeiten samt den damit zusammenhängenden Schmutz- und Lärmbelästigungen, weiters den Fall, dass der Übergeber im schwer erreichbaren Ausland sitzt und daher ein Geldausgleich leichter abzuwickeln ist als eine Reparatur oder ein Austausch der Sache.

dd) Unzumutbarkeit für den Übernehmer aus triftigen Gründen in der Person des Übergebers

3/103 Ein in der **Person des Übergebers** liegender Grund, der die primären Gewährleistungsbehelfe für den Übernehmer **unzumutbar** macht, besteht vor

---

67 Näher zur gesamten Problematik *Zöchling-Jud* in ABGB-ON[1.02] § 932 Rz 48/1; *Ofner* in Schwimann/Kodek[4] § 932 Rz 47; *P. Bydlinski* in KBB[4] § 932 Rz 18; jeweils mwN und Darstellung des Diskussionsstandes.

68 *Zöchling-Jud* in ABGB-ON[1.02] § 933a Rz 4.

69 RV 18; vgl auch *Ofner* in Schwimann/Kodek[4] § 932 Rz 55 ff; *Zöchling-Jud* in ABGB-ON[1.02] § 932 Rz 53 ff; OGH 6 Ob 85/05a JBl 2006, 458; OGH 5 Ob 191/05g JBl 2006, 518.

allem dann, wenn die Art des Mangels, sein Zustandekommen oder andere Umstände die *Untüchtigkeit* oder eine *besondere Sorglosigkeit* des Übergebers (oder dessen Erfüllungsgehilfen) nahelegen; so zB bei Mängeln, die die Sicherheit des Übernehmers oder dritter Personen gefährden[70] (vgl auch Rz 3/156).

b) Wandlung oder Preisminderung

Kommen die sekundären Gewährleistungsbehelfe zur Anwendung, so kann der **Übernehmer** gem § 932 Abs 4 S 1 zwischen Wandlung und Preisminderung grundsätzlich **wählen**. Das Recht zur **Wandlung** steht allerdings nur dann zu, „wenn es sich **nicht um einen geringfügigen Mangel** handelt". **3/104**

Der **Begriff des geringfügigen Mangels** wird im Gesetz nicht definiert. Nach den Mat[71] soll das Wandlungsrecht nicht zustehen, „wenn die Auflösung des Vertrages angesichts des geltend gemachten Mangels unverhältnismäßig wäre". Im Allgemeinen ist darauf abzustellen, ob aufgrund des Mangels der – übliche oder besonders vereinbarte – Verwendungszweck des Leistungsgegenstandes mehr als nur geringfügig beeinträchtigt ist. Maßgebend ist also die **Schwere des Mangels**. Sie ist durch Vergleich zwischen vertraglich Geschuldetem und tatsächlich Geleistetem zu ermitteln. Ist die *im Verkehr vorausgesetzte oder besonders bedungene Brauchbarkeit* mehr als nur geringfügig gestört, steht das Wandlungsrecht zu[72]. Abzulehnen ist hingegen die in der Judikatur vertretene Auffassung, wonach die Frage der Geringfügigkeit des Mangels durch Abwägung der Interessen der Vertragsparteien zu beurteilen sei[73]. In Wahrheit spielt es keine Rolle, wenn etwa der Rückabwicklungsgegenstand für den Übergeber nur mit wesentlichem Verlust verkäuflich ist. **3/105**

Im Ergebnis wurden zB bei einem Neuwagenkauf die Vibrationsgeräusche des Schaltknüppels als geringfügiger Mangel (OGH 1 Ob 14/05y SZ 2005/82) und die unzureichende Heizleistung der Klimaanlage (maximal 20°) als nicht geringfügiger Mangel (OGH 8 Ob 63/05f ecolex 2006/5) qualifiziert. Nicht geringfügig ist auch der Mangel einer Heizung für ein Einfamilienhaus, die nur einen Raum beheizt (4 Ob 112/06h).

Fehlt eine *besonders bedungene Eigenschaft*, ist idR von einem nicht geringfügigen Mangel auszugehen. In Sonderfällen kann freilich auch insofern anders zu entscheiden sein; zB wenn Schuldinhalt die Herstellung eines Hauses ist und der Farbton des Außenputzes nicht dem diesbezüglichen Wunsch des Bestellers entspricht.

---

70 RV 18; vgl auch *Reischauer*, JBl 2002, 149, 150; *Ofner* in Schwimann/Kodek[4] § 932 Rz 62 f; *P. Bydlinski* in KBB[4] § 932 Rz 16 f.

71 RV 19.

72 S insb *Reischauer*, Zak 2015, 404; vgl auch *P. Bydlinski* in KBB[4] § 932 Rz 19; *Zöchling-Jud* in ABGB-ON[1.02] § 932 Rz 61 ff.

73 Nachw etwa bei *Ofner* in Schwimann/Kodek[4] § 932 Rz 81.

Ob der Mangel leicht behebbar ist, spielt nach – mE richtiger – Ansicht des OGH für die Frage der Geringfügigkeit keine Rolle[74] (vgl VIII/Fall 33).

3/106 Die erfolgreiche Geltendmachung des *Wandlungsrechts* (= Gestaltungsrecht) führt zur **Auflösung des Vertrages**. Die gegenseitigen Leistungen sind gem § 1435 zurückzustellen. Insofern gelten die Regeln des Bereicherungsrechts (dazu III/15/9). Die Vertragsauflösung nach § 932 hat – so wie der Rücktritt nach § 918 oder § 920 – bloß obligatorische, aber *keine dingliche Wirkung*. Übertragenes Eigentum fällt also nicht automatisch an den Veräußerer zurück, sondern es besteht nur ein schuldrechtlicher Anspruch auf Rückübertragung (vgl Rz 3/18).

Das Wandlungsrecht steht auch dann zu, wenn die mangelhafte Sache nicht mehr zurückgestellt werden kann (etwa weil sie verarbeitet worden oder untergegangen ist). Ob in diesem Fall Ersatz zu leisten ist, bestimmt sich nach den einschlägigen bereicherungsrechtlichen Grundsätzen (vgl III/15/36 ff).

Eine gewährleistungsrechtliche Pflicht des Übergebers zum Ausbau des mangelhaften Leistungsgegenstandes bzw zur Tragung der diesbezüglichen Kosten wird im Fall der Wandlung (anders als beim Austauschanspruch; Rz 3/94) – auch beim Verbrauchergeschäft – abzulehnen sein[75].

3/107 Beschränkt sich der Mangel auf einen Leistungsteil, kommt **Teilwandlung** in Betracht. Voraussetzung dafür ist allerdings, dass *Leistung und Gegenleistung* nach dem Parteiwillen in der Weise *teilbar* sind, dass dem mangelfreien Leistungsteil ein entsprechender Teil der Gegenleistung zugeordnet werden kann[76] (Analogie zu § 918 Abs 2; Rz 3/26; vgl VIII/Fall 35).

3/108 Das **Recht auf Preisminderung** steht *als sekundärer Gewährleistungsbehelf bei jedem Mangel* zu; beim nicht geringfügigen Mangel kann der Übernehmer – wie erwähnt – gem § 932 Abs 4 wahlweise auch Wandlung begehren.

Das Preisminderungsrecht ist kein Schadenersatzanspruch, sondern ein *Gestaltungsrecht*, das zu einer Vertragsänderung führt. Die Höhe der Gegenleistung wird an den Wert der mangelhaften Leistung angepasst.

3/109 Nach hA erfolgt die Preisminderung nach der sog **relativen Berechnungsmethode**. Dadurch wird die beim Vertragsschluss zugrunde gelegte Wertrelation zwischen Leistung und Gegenleistung (subjektive Äquivalenz) aufrechterhalten. Der vereinbarte Preis (P) muss sich zum geminderten Preis

---

74 ZB OGH 7 Ob 239/05f JBl 2006, 585; OGH 1 Ob 106/13i EvBl 2014/37; ebenso *B. Jud*, Schadenersatz bei mangelhafter Leistung (2003) 299 f; gegenteilig *Bollenberger*, RdW 2002, 715; *Kletečka*, RdW 2003, 616.

75 Dazu insb *Faber*, JBl 2013, 159 f mwN.

76 Vgl *Reischauer* in Rummel[3] § 932 Rz 6; *Rebhahn/Kietaibl* in Schwimann/Kodek[4] § 1167 Rz 52; *Mayrhofer*, SchRAT 419 f; jeweils mwN.

(p) so verhalten wie der objektive Wert der mangelfreien Sache (W) zum objektiven Wert der mangelhaften Sache (w):

$$P : p = W : w; p = (P \cdot w) : W$$

Beispiel: Für eine Sache mit einem objektiven Wert von 2.500,– war ein Kaufpreis von 3.000,– vereinbart. Die mangelhafte Sache hat einen objektiven Wert von 1.500,–. Nach der relativen Berechnungsmethode beträgt der geminderte Kaufpreis 1.800,–.

Reischauer[77] lehnt die relative Berechnungsmethode ab und begründet dies damit, dass beim behebbaren Mangel der Verbesserungsanspruch unabhängig davon zusteht, ob die Verbesserungskosten über die relative Wertminderung hinausgehen. Nach seiner Ansicht ist der vereinbarte Preis um die Wertdifferenz zwischen mangelfreiem und mangelhaftem Zustand der Leistung zu mindern: p = P – (W – w). Nach dieser Berechnungsmethode beträgt der geminderte Preis im obigen Fallbeispiel 2.000,–.

Ist das im Vertrag vereinbarte Entgelt bereits in voller Höhe bezahlt worden, dann fällt durch die erfolgreiche Geltendmachung des Preisminderungsrechts der Rechtsgrund für diese Leistung im Ausmaß des Minderungsbetrages weg. Gem § 1435 besteht ein entsprechender Rückzahlungsanspruch. **3/110**

3. Kumulierung der Rechtsbehelfe

Ist der **Mangel nur teilweise behebbar**, kann im entsprechenden Umfang Verbesserung und wegen des verbleibenden (unbehebbaren) Restmangels Preisminderung begehrt werden. Ob dem Übergeber ein *Recht zur Verbesserung so weit wie möglich* zusteht, ist freilich zweifelhaft und kann nur dann in Betracht kommen, wenn der nach Verbesserung verbleibende Mangel bloß geringfügig ist[78]. **3/111**

Besteht eine *teilbare Leistung* (Rz 2/11) aus mehreren Sachen, ist eine Kumulierung von Verbesserung, Preisminderung und Teilwandlung (Rz 3/107) möglich; so zB wenn nur eine Sache verbesserbar ist, die zweite einen geringfügigen und die dritte einen nicht geringfügigen Mangel aufweist[79].

4. Quantitätsmangel/bloße Teilleistung

Ein Quantitätsmangel liegt dann vor, wenn weniger als die geschuldete Menge geliefert wird. Dieser sog **echte Quantitätsmangel** kommt nicht nur bei der Gattungs-, sondern auch bei der Speziesschuld vor (vgl Rz 3/80). **3/112**

77 In Rummel[3] § 932 Rz 8.
78 So *P. Bydlinski* in KBB[4] § 932 Rz 7; vgl auch *Ofner* in Schwimann/Kodek[4] § 932 Rz 12. Nach *Zöchling-Jud* (in ABGB-ON[1.02] § 932 Rz 8) ist ein nur teilweise behebbarer Mangel als unbehebbarer Mangel zu behandeln.
79 *Reischauer* in Rummel[3] § 932 Rz 15 mwN.

Von einem **unechten Quantitätsmangel** spricht man, wenn der Leistungsgegenstand von vornherein nicht den Mengen- oder Gewichtsangaben des Schuldners entspricht; zB die gekauften Zwirnspulen enthalten nicht die vereinbarte Zwirnlänge pro Spule (OGH SZ 4/92); das verkaufte Rind hat nicht das zugesagte Gewicht (OGH SZ 1/19). Dabei handelt es sich in Wahrheit um Qualitätsmängel, bei denen sich die im Folgenden zu behandelnden Sonderfragen nicht stellen.

Ähnliche Rechtsfragen wie beim echten Quantitätsmangel treten allerdings auch in sonstigen Fällen auf, in denen eine **Leistungspflicht nur teilweise** und damit unvollständig **erfüllt** wird (vgl Rz 3/24 ff, 3/29); so zB wenn Zubehörgegenstände nicht (mit-)geliefert oder geschuldete Nebenleistungen (Montage, Einbau uä) nicht erbracht werden (VIII/Fall 30). Es geht also um Mängel, die nicht die Qualität, sondern den *Umfang der Leistung* betreffen.

3/113 Bei **gewährleistungsrechtlicher Beurteilung** könnte der Übernehmer in jedem Fall einer bloßen Teilleistung primär den *Nachtrag des Fehlenden* (§ 932 Abs 2 iVm Abs 1), bei Vorliegen eines der Tatbestände nach § 932 Abs 4 *Wandlung oder Preisminderung* verlangen.

Dabei ist jedoch zu bedenken, dass der echte Quantitätsmangel oder eine sonst in ihrem Umfang unvollständige Leistung zugleich den Tatbestand des **Teilverzugs** oder der **Teilunmöglichkeit** erfüllt. Die Frage der Grenzziehung zwischen Gewährleistungsrecht und den Regeln der §§ 918, 920 bereitet hier besondere Schwierigkeiten; denn die sonst übliche Zäsur der Übergabe des Leistungsgegenstandes und dessen Annahme als Erfüllung (Rz 3/68) scheint in solchen Fällen oft kein taugliches Abgrenzungskriterium darzustellen (s aber Rz 3/115).

Der Grund dafür liegt darin, dass der Gläubiger die vom Schuldner angebotene Teilleistung häufig nicht zurückweist, sondern übernimmt, bei entsprechender Vereinbarung – insb beim Sukzessivlieferungsvertrag (Rz 3/27) – zur Vermeidung des Gläubigerverzugs sogar übernehmen muss. Dies tut er freilich regelmäßig in der Erwartung, dass die noch offene Teilleistung ebenfalls geliefert werde.

3/114 Nach überwiegender Ansicht sind bei echten Quantitätsmängeln (und in den vergleichbaren Fällen) grundsätzlich die Regeln des *Teilverzugs* (§ 918) bzw der *Teilunmöglichkeit* (§ 920) anzuwenden[80]: Ist der Nachtrag des Fehlenden ohne unverhältnismäßigen Aufwand möglich, kann demnach der Gläubiger (Übernehmer) entweder auf vollständiger Erfüllung bestehen oder unter Nachfristsetzung – je nach *Teilbarkeit* der Leistung – den Gesamt- oder Teilrücktritt vom Vertrag erklären (Rz 3/26 ff). Bei Unmöglich-

80 Vgl etwa *Ofner* in Schwimann/Kodek[4] § 922 Rz 15 mit Nachw auch zu abweichenden Lehrmeinungen.

keit der Nachlieferung des ausständigen Leistungsteils bedarf die Ausübung des Gesamt- oder Teilrücktrittsrechts keiner Nachfristsetzung.

Dieser Lösung kann – insb bei *Teilbarkeit* von Leistung und Gegenleistung (Rz 3/26) – weitgehend zugestimmt werden; dies freilich nur im Ergebnis. Als *Lösungsansatz* in der gegenständlichen Abgrenzungsfrage ist hingegen auch beim Quantitätsmangel (und in den vergleichbaren Fällen) auf die vorbehaltlose Übernahme der Leistung als maßgebende Zäsur abzustellen. Dabei ist allerdings zu beachten, dass der Gläubiger eine unvollständige Leistung häufig *nur als Teilleistung übernimmt*; denn er erwartet, dass der ausständige Leistungsteil noch erbracht wird (Rz 3/113). In diesem Fall stellt somit die **Annahme der Teilleistung keine Übernahme als vollständige Erfüllung** dar. Folgerichtig ist daher nach § 918 oder § 920 vorzugehen. § 932 kommt hingegen in jenen (wohl eher seltenen) Fällen zur Anwendung, in denen der Gläubiger die Teilleistung sehr wohl als (scheinbar) *vollständige* Erfüllung übernimmt[81]. **3/115**

VI. Geltendmachung der Gewährleistungsrechte

1. Form der Geltendmachung

Gem § 933 Abs 1 S 1 müssen Gewährleistungsrechte **gerichtlich** geltend gemacht werden, und zwar durch **Klage oder Einrede**. **3/116**

Die **außergerichtliche Anzeige** des Mangels innerhalb der einschlägigen Frist (Rz 3/117 ff) bewirkt allerdings gem § 933 Abs 3, dass die **Einrede** auch nach Ablauf der Gewährleistungsfrist **erhalten bleibt**.

Die Möglichkeit der Geltendmachung seines Gewährleistungsrechts durch **Einrede** ist aber nur dann von Nutzen für den Übernehmer, wenn er seine *Gegenleistung noch nicht (vollständig) erbracht* hat. In diesem Fall kann er nach rechtzeitiger außergerichtlicher Mangelanzeige der *Zahlungsklage des Übergebers* sein Gewährleistungsrecht durch entsprechende Einrede entgegenhalten.

Dass der Gewährleistungsberechtigte trotz Übernahme der mangelhaften Leistung grundsätzlich zur Zurückbehaltung der gesamten Gegenleistung berechtigt ist, entspricht hRsp und überwiegender Lehre (Rz 2/44). Die Einrede des nicht (gehörig) erfüllten Vertrages als Auswirkung des Zug-um-Zug-Prinzips steht allerdings nur zur Durchsetzung eines Verbesserungsanspruchs zu. Verlangt der Übernehmer Wandlung oder Preisminderung (§ 932 Abs 4), so muss er dieses Gestaltungsrecht durch entsprechende Einrede geltend machen.

Liegen die einschlägigen Voraussetzungen nach § 932 Abs 4 vor, so steht die *Wandlungseinrede* nach rechtzeitiger außergerichtlicher Geltendmachung auch dann zu, wenn der Übernehmer bereits einen Teil seiner Gegen-

---

81 *Lukas*, FS 200 Jahre ABGB II 1252 f; vgl auch *P. Bydlinski* in KBB[4] § 922 Rz 5.

leistung erbracht hat. Fordert der Übergeber mittels Klage den Rest der Gegenleistung, führt die Wandlungseinrede zur Aufhebung des gesamten Vertrages. In der Folge kann die bereits geleistete Teilzahlung gem § 1435 zurückverlangt werden. Dieser bereicherungsrechtliche Anspruch verjährt erst nach 30 Jahren.

2. Gewährleistungsfristen

a) Länge der Fristen

3/117 Klage oder Einrede haben – abgesehen vom Fall des § 933 Abs 3 (Rz 3/116) – nur dann Erfolg, wenn sie innerhalb der einschlägigen Gewährleistungsfrist erhoben werden. Diese beträgt gem § 933 Abs 1 und 2 bei **beweglichen Sachen 2 Jahre**, bei **unbeweglichen Sachen 3 Jahre** und bei **Viehmängeln 6 Wochen**.

3/118 Die 6-Wochen-Frist für **Viehmängel** (§ 933 Abs 2) ist gem § 9 Abs 2 KSchG „auf den Erwerb durch **Verbraucher** nicht anzuwenden“. Daher kann ein Verbraucher sein Gewährleistungsrecht wegen eines Viehmangels gegenüber einem Unternehmer grundsätzlich innerhalb der zweijährigen Frist nach § 933 Abs 1 geltend machen[82].

Der *Begriff des Viehmangels* in § 933 Abs 2 ist in zweifacher Hinsicht umstritten[83]: Zum einen stellt sich die Frage, ob unter „Vieh“ jedes Tier oder nur landwirtschaftliches Nutzvieh zu verstehen ist. Zum zweiten ist zweifelhaft, ob zu den Viehmängeln nur Krankheiten zu zählen sind oder auch sonstige Mängel (zB die Milchleistung der gekauften Kuh entspricht nicht der Vereinbarung).

3/119 Die **dreijährige Gewährleistungsfrist** gilt nicht nur bei Veräußerung oder Herstellung unbeweglicher Sachen, sondern auch für Arbeiten an solchen Sachen (zB Installationen, Maurerarbeiten, Verlegung von Böden, Tapeten etc).

Bei Verbindung einer beweglichen Sache mit einer unbeweglichen (insb einem Gebäude) hängt die Fristfrage zunächst davon ab, wer die entsprechenden Arbeiten durchführt. Werden zB Leitungsrohre vom Übergeber bloß verkauft, aber *nicht eingebaut*, gilt die Zweijahresfrist.

Stellt hingegen der *Übergeber die entsprechende Sachverbindung* her, soll nach der Rsp die Geltung der Dreijahresfrist davon abhängen, dass die bewegliche Sache zum unselbständigen Bestandteil des Gebäudes (IV/1/20 f) wird. Teile der Lehre stellen hingegen auf die funktionelle Verbindung der beweglichen mit der unbeweglichen Sache ab. Entscheidend für die Geltung der dreijährigen Gewährleistungsfrist ist danach, ob die Sachverbindung die gewöhnliche Funktion des Gebäudes ermöglichen soll[84].

---

82 Dazu insb *Fischer-Czermak*, FS Krejci 1176 f; *Reischauer*, JBl 2002, 153.

83 Vgl die Darstellung des Meinungsstandes bei *Ofner* in Schwimann/Kodek[4] § 933 Rz 19 ff; *P. Bydlinski* in KBB[4] § 933 Rz 18 f; dazu auch *Fischer-Czermak*, aaO 1169 ff; *Reischauer*, aaO.

84 Zum Ganzen *Ofner* in Schwimann/Kodek[4] § 933 Rz 5; *Zöchling-Jud* in ABGB-ON[1.02] § 933 Rz 4; ausführlich *Nordmeyer*, JBl 2015, 422, 494; jeweils mit Nachw zum Meinungsstand.

b) Fristbeginn

Die Gewährleistungsfrist läuft bei **Sachmängeln** gem § 933 Abs 1 S 2 ab dem Zeitpunkt der „*Ablieferung der Sache*". Maßgebend ist die Überprüfungsmöglichkeit des Übernehmers; daher beginnt auch bei Sachmängeln an Liegenschaften die Frist mit der körperlichen Übergabe. Ebenso ist bei Übergabe durch Zeichen (§ 427) oder durch Erklärung (§ 428) auf den Zeitpunkt der ersten Überprüfungsmöglichkeit für den Erwerber abzustellen[85]. **3/120**

Die Sechswochenfrist bei **Viehmängeln** beginnt ebenfalls mit der Ablieferung, außer es wird ein Mangel geltend gemacht, für den eine Vermutungsfrist nach § 925 besteht (Rz 3/84). In diesem Fall beginnt die Gewährleistungsfrist erst mit Ablauf der Vermutungsfrist (§ 933 Abs 2).

Bei **Rechtsmängeln** beginnt die Frist gem § 933 Abs 1 S 2 „erst mit dem Tag, an dem der Mangel dem Übernehmer *bekannt wird*". Bloße Erkennbarkeit genügt nach hA nicht[86]. Hier geht es insb um Fälle, in denen Dritte Rechte an der Sache geltend machen (vgl dazu auch Rz 3/129 f).

Bei **Sachmängeln** soll hingegen die Frist auch dann bereits mit **Ablieferung** der Sache beginnen, wenn der Mangel in diesem Zeitpunkt noch **nicht erkennbar** ist (sog *versteckter Mangel*). Nur in jenen Fällen, in denen *bestimmte Eigenschaften vereinbart* sind, deren Fehlen naturgemäß erst einige Zeit nach Ablieferung feststellbar ist, sei auf die Erkennbarkeit des entsprechenden Mangels abzustellen[87]. Hier wird eine konkludente Parteienvereinbarung über den späteren Fristbeginn angenommen. **3/121**

Nach der **ratio** der Gesamtregelung ist jedoch die *Erkennbarkeit des Mangels in jedem Fall das maßgebende Kriterium für den Fristbeginn* (vgl Rz 3/120). Daher ist auch bei Sachmängeln, die ihrer Natur nach bei Ablieferung der Sache nicht oder nur mit unverhältnismäßigem bzw unüblichem Aufwand feststellbar sind, auf den Zeitpunkt der objektiven Erkennbarkeit des Mangels abzustellen[88].

Von zunehmender praktischer Bedeutung ist in dem Zusammenhang die Fallgruppe der sog **Obsoleszenzen**[89] (vgl auch Rz 3/82). Dabei geht es um Vertragsgegenstände, bei denen zu den gewöhnlich vorausgesetzten Eigenschaften die Haltbarkeit und Funktionsfähigkeit über mehrere Jahre gehört und der Mangel gerade darin besteht, dass die *Gebrauchsunfähigkeit vorzeitig eintritt.*

---

85 *P. Bydlinski* in KBB[4] § 933 Rz 9; *Zöchling-Jud* in ABGB-ON[1.02] § 933 Rz 8; *Ofner* in Schwimann/Kodek[4] § 933 Rz 9.

86 *Ofner* in Schwimann/Kodek[4] § 933 Rz 18; *P. Bydlinski* in KBB[4] § 933 Rz 15; jeweils mwN.

87 So die Mat zum GewRÄG (RV 20) und die hRsp; vgl auch *Zöchling-Jud* in ABGB-ON[1.02] § 933 Rz 9 f; *Ofner* in Schwimann/Kodek[4] § 933 Rz 10; jeweils mwN.

88 *P. Bydlinski* in KBB[4] § 933 Rz 12; *Reischauer*, JBl 2002, 154; *Koziol*, Obsoleszenzen im österreichischen Recht (2016) Rz 136; jeweils mwN.

89 Ausführlich *Koziol*, Obsoleszenzen, insb Rz 122 ff.

3/122 Hat der Übergeber den **Mangel anerkannt** (zB durch Verbesserungszusage oder Verbesserungsversuch), so steht nach einem Teil der Lehre dem Übernehmer bei Verbesserungsverzug das Rücktrittsrecht nach § 918 (innerhalb der allgemeinen Verjährungsfrist) zu[90].

Da durch das Anerkenntnis des Mangels der *Lauf der Gewährleistungsfrist unterbrochen* wird (§ 1497; dazu I/3/40), beginnt mit der Ablieferung der (angeblich) verbesserten Sache eine neue Gewährleistungsfrist[91]. Dafür genügt ein deklaratives Anerkenntnis (Rz 5/15).

Wurde der Mangel nicht (vollständig) behoben, kann der Übernehmer – innerhalb der neuen Gewährleistungsfrist – nach § 932 Abs 4 Wandlung oder Preisminderung verlangen; denn mehrere Verbesserungsversuche braucht der Übernehmer nicht hinzunehmen (Rz 3/100).

3/123 Besondere Probleme bereiten die verschiedenen Fälle der **schlichten anfänglichen Unmöglichkeit**, die nach verbreiteter Auffassung nach Gewährleistungsrecht zu beurteilen sind (vgl I/7/16; dort auch zum Folgenden). Dies wird damit begründet, dass § 923 (ua) auch den Verkauf der nicht mehr vorhandenen Sache als Fall der Gewährleistung anführt.

Ist die geschuldete **Leistung zur Gänze unmöglich**, kann es naturgemäß zu keiner Übergabe kommen. Die Anwendbarkeit des § 933 ist daher zu bezweifeln. Ein Teil der jüngeren Lehre will dem Gläubiger anstelle des Wandlungsrechts ein *Rücktrittsrecht* analog § 920 einräumen[92]. Nach anderer Auffassung ist der Vertrag von vornherein nichtig gem § 878 S 1[93].

Ist die Sache mit einem **anfänglich unbehebbaren Mangel** behaftet (= anfängliche Teilunmöglichkeit) und weist sie der Gläubiger aus diesem Grund zurück, wird ihm ebenfalls das Recht zur Vertragsauflösung innerhalb der allgemeinen Verjährungsfrist zustehen. Hat hingegen der Gläubiger die mangelhafte Leistung als Erfüllung angenommen, beginnt – wie auch sonst – in diesem Zeitpunkt die Gewährleistungsfrist.

c) Rechtsnatur der Gewährleistungsfristen

3/124 Aus der Neufassung der Überschrift vor § 933 durch das GewRÄG ergibt sich, dass die Gewährleistungsfristen nicht – wie zur früheren Rechtslage überwiegend angenommen – als Präklusiv-[94], sondern als **Verjährungsfris-**

90 So *Reischauer* in Rummel³ § 933 Rz 5; *Mayrhofer*, SchRAT 423; *Wilhelm*, RdW 1986, 102; abw *Kurschel*, Die Gewährleistung beim Werkvertrag (1989) 105 ff.

91 *Reischauer*, aaO; *Ofner* in Schwimann/Kodek⁴ § 933 Rz 16 f; *Zöchling-Jud* in ABGB-ON$^{1.02}$ § 933 Rz 17 f; *P. Bydlinski* in KBB⁴ § 933 Rz 13 f; jeweils mwN.

92 *P. Bydlinski* in KBB⁴ § 923 Rz 4; *Graf* in ABGB-ON$^{1.02}$ § 878 Rz 11; *Gruber* in ABGB-ON$^{1.02}$ § 920 Rz 6; *Riedler* in Schwimann/Kodek⁴ § 878 Rz 10.

93 *Lukas*, FS 200 Jahre ABGB II 1259 ff.

94 Dazu I/3/46 f.

ten zu qualifizieren sind. Dennoch können diese Fristen gem § 933 Abs 1 S 3 durch vertragliche Vereinbarung verlängert (vgl demgegenüber § 1502 und dazu I/3/44) und im Prinzip auch verkürzt werden (s aber Rz 3/138).

d) Rückgriff gegen Lieferanten

Nach § 933b kann ein Unternehmer, der einem Verbraucher Gewähr geleistet hat, von seinem Vormann auch **nach Ablauf der Fristen** des § 933 die **Gewährleistung** fordern. Gleiches gilt für frühere Übergeber im Verhältnis zu ihren Vormännern. Durch diese Regelung soll der *gewährleistungsrechtliche Rückgriff* in der Vertriebskette, der innerhalb der Fristen des § 933 oft nicht möglich ist, sichergestellt werden. **3/125**

Das Regressrecht nach § 933b steht – bei Vorliegen der entsprechenden Voraussetzungen – auch demjenigen zu, der seinem Übernehmer wegen des Mangels nicht Gewähr, sondern Schadenersatz nach § 933a Abs 2 (dazu Rz 3/148 ff) geleistet hat.

Für **Voraussetzungen und Inhalt** des Rückgriffsrechts nach § 933b gelten nach hA grundsätzlich die *allgemeinen Gewährleistungsbestimmungen*[95]. **3/126**

Besondere Probleme bereiten insofern jene Fälle, in denen gem § 932 Abs 2 eine **Verbesserungspflicht** besteht. Verbessert der seinem Kunden zur entsprechenden Mangelbehebung verpflichtete Händler selbst, so ist eine Verbesserung durch den Vormann infolge Zweckerreichung unmöglich. „Die Selbstverbesserung stellt [...] die von § 932 ABGB vorgegebene Rangordnung der Gewährleistungsbehelfe auf den Kopf"[96]. Daher ist der gesetzliche Tatbestand des § 933b S 1 („hat ein Unternehmer einem Verbraucher Gewähr geleistet") im Sinn seiner ratio[97] einschränkend auszulegen: *Im Verbesserungsfall ist der Regressanspruch des Händlers nicht davon abhängig, dass er seine eigene Gewährleistungspflicht bereits erfüllt hat*[98]. Vielmehr kann der Händler die mangelhafte Sache an seinen Vormann zur Verbesserung durch diesen weiterleiten. Seinem Vormann gegenüber ist er dazu gem § 932 Abs 2 grundsätzlich verpflichtet (Primat der Verbesserung, Rz 3/87). Nur wenn auf diesem Weg gegenüber dem Kunden des Händlers eine Mangelbehebung innerhalb angemessener Frist (§ 932 Abs 3) nicht

95 Näher dazu und zum Folgenden *P. Bydlinski* in KBB⁴ § 933b Rz 4; *Zöchling-Jud* in ABGB-ON$^{1.02}$ § 933b Rz 19 ff; *Ofner* in Schwimann/Kodek⁴ § 933b Rz 13 ff; ausführlich *Raffaseder*, JBl 2016, 93; jeweils mit Nachw auch zu abweichenden Lehrmeinungen.

96 So *Reischauer*, Zak 2012, 107; dort auch zum Folgenden.

97 Nach Ablauf der Gewährleistungsfrist soll der Regressberechtigte keinen eigenen Vorteil aus dem Titel der Gewährleistung erlangen (s § 933b Abs 1 letzter Satz und dazu Rz 3/127). Diese Gefahr besteht aber in den einschlägigen Verbesserungsfällen von vornherein nicht, da der Händler die (vom Vormann) verbesserte Sache an seinen Kunden zurückstellen muss.

98 Gegenteilig etwa *Ofner* in Schwimann/Kodek⁴ § 933b Rz 15.

möglich ist, kann der Händler die Verbesserung selbst durchführen und von seinem Vormann Aufwandersatz verlangen (Rz 3/96).

3/127 Der sog besondere Rückgriff ist gem § 933b Abs 2 innerhalb von **2 Monaten** ab Erfüllung der eigenen Gewährleistungspflicht *gerichtlich geltend zu machen* (zur Rügeobliegenheit nach § 377 UGB Rz 3/139). Er *verjährt* aber jedenfalls in **5 Jahren** nach Erbringung der (mangelhaften) Leistung durch den Regresspflichtigen. Die Frist wird durch eine Streitverkündung (dazu Rz 3/129 f) für die Dauer des Rechtsstreits gehemmt (§ 933b Abs 2 letzter Satz).

Gem § 933b Abs 1 S 3 ist das Rückgriffsrecht (wenn es nach Ablauf der Fristen des § 933 geltend gemacht wird) *mit der Höhe des eigenen Aufwandes* beschränkt. Andererseits kann auch nach § 933b nicht mehr verlangt werden, als gem § 932 zusteht.

3/128 Der Anwendungsbereich des besonderen Rückgriffs ist zum einen insofern beschränkt, als dieses Recht **nur gegenüber Unternehmern** zusteht. Im Verhältnis zu Verbrauchern kann also nach Ablauf der Fristen des § 933 auch im Regressweg kein Gewährleistungsrecht mehr geltend gemacht werden.

Außerdem ist die Regelung des § 933b nach dessen Wortlaut (Abs 1) nur dann anwendbar, wenn am Ende der Absatzkette ein **Verbraucher** steht, der die (mangelhafte) Leistung von einem **Unternehmer** erhalten hat[99]. Diese Beschränkung ist allerdings sachlich kaum zu rechtfertigen und wird daher in der Lehre – teils heftig – kritisiert[100].

VII. Streitverkündung

3/129 Erlangt der Übernehmer einer Sache nicht die vertraglich geschuldete Rechtsposition, insb weil einem Dritten Rechte an dieser Sache zustehen, liegt ein **Rechtsmangel** vor, der den Übergeber grundsätzlich zur Gewährleistung verpflichtet. Ob allerdings die vom Dritten behaupteten Ansprüche tatsächlich bestehen, muss häufig erst in einem Rechtsstreit geklärt werden.

Macht ein Dritter im Klagsweg Rechte an der Sache geltend, kann der Übernehmer dem Übergeber gem § 931 den Streit verkünden (s § 21 ZPO). Dadurch soll dem Übergeber die Möglichkeit geboten werden, dem Prozess als *Nebenintervenient* (= Streithelfer; vgl §§ 17 ff ZPO) beizutreten, um den vielleicht unbegründeten Angriff abzuwehren. Denn idR wird primär der

99 Vgl auch RV 22.

100 S insb *Krejci*, VR 2001, 211; weiters *Zöchling-Jud* in ABGB-ON[1.02] § 933b Rz 7 f; jeweils mwN; vgl auch *P. Bydlinski* in KBB[4] § 933b Rz 7, der für weitgehende Analogie eintritt; anders jedoch *Ofner* in Schwimann/Kodek[4] § 933b Rz 4.

Übergeber in der Lage sein, den vom Dritten erhobenen Anspruch auf die Sache zu entkräften.

Unterlässt der Übernehmer die Streitverkündung, verliert er zwar dadurch grundsätzlich nicht sein Gewährleistungsrecht; dem Übergeber stehen aber alle Einwendungen zu, die im Vorprozess zu einer anderen Entscheidung geführt hätten. **3/130**

Tritt hingegen der Übergeber trotz Streitverkündung dem Übernehmer im Verfahren gegen den Dritten nicht bei, kann er im Gewährleistungsprozess die besagten Einwendungen nicht mehr erheben.

VIII. Ausschluss der Gewährleistung

Die §§ 928–930 behandeln Sonderfälle, in denen dem Übernehmer keine Gewährleistungsrechte zustehen, weil er für nicht schutzwürdig angesehen wird (näher dazu Rz 3/133). **3/131**

1. Augenfälligkeit des Mangels

§ 928 schließt die Gewährleistung für solche Mängel aus, die *„in die Augen fallen"*. Damit sind Mängel gemeint, die **ganz offenkundig** sind, die also ohne nähere Prüfung der Sache erkennbar sind (zB Risse am Haus, Blechschäden am Auto). **3/132**

Bei (beschränkten) **Gattungsschulden** kommt ein Gewährleistungsausschluss nach § 928 nur dann in Betracht, wenn die gesamte Gattung bzw der gesamte Vorrat, aus dem die Leistung zu erbringen ist, den gleichen augenfälligen Mangel aufweist; außerdem beim Handkauf, wenn und soweit der Erwerber das entsprechende Stück schon bei Vertragsschluss vor Augen hat.

Maßgebend ist der **Zeitpunkt des Vertragsschlusses**. Das Gesetz geht davon aus, dass augenfällige Mängel bei der vertraglichen Vereinbarung, insb bei der Preisbestimmung berücksichtigt worden sind. Voraussetzung für den Gewährleistungsausschluss ist daher, dass die Sache vor oder bei Vertragsschluss besichtigt worden ist. Andererseits ist die Gewährleistung auch für solche Mängel ausgeschlossen, die zwar nicht offenkundig sind, die aber *dem Übernehmer bei Vertragsschluss bekannt* waren. **3/133**

In Wahrheit liegt in derartigen Fällen gar **kein Mangel** vor, denn es ist von vornherein *keine andere Leistung geschuldet*[101]. Somit entspricht die tatsächliche Leistung dem vertraglichen Schuldinhalt (vgl Rz 3/72).

§ 929 bestimmt, dass demjenigen, der „eine fremde Sache wissentlich an sich bringt", keine Gewährleistungsrechte zustehen. Damit sind Fälle gemeint, in denen der Käufer weiß, dass die gekaufte Sache einem Dritten gehört und dass er daher kein Eigentum daran

101 *P. Bydlinski* in KBB[4] § 928 Rz 1; *Zöchling-Jud* in ABGB-ON[1.02] § 928 Rz 3.

erwerben kann. Freilich ist in solchen Fällen oft schon der Vertrag nach § 879 nichtig (zB beim Kauf vom Dieb; vgl I/7/36).

3/134 **Aus öffentlichen Büchern zu ersehende Lasten** stehen den augenfälligen Mängeln gleich (zB im Grundbuch eingetragene Servituten, Vorkaufsrechte etc; vgl aber § 928 letzter Satz und dazu Rz 3/136). Ob der Übernehmer Bucheinsicht genommen hat oder nicht, ist irrelevant.

3/135 Der Übergeber ist allerdings auch für offenkundige Mängel und bücherliche Lasten gewährleistungspflichtig, wenn er die fehlende Eigenschaft vertraglich **zugesichert** oder den Mangel **arglistig verschwiegen** hat.

Beispiele: Zusicherung der Lastenfreiheit; Ausnützen des Umstandes, dass der Übernehmer den Mangel tatsächlich nicht bemerkt; Abdeckung der schadhaften Stelle; gezielte Ablenkung; Präsentation der Sache bei bewusst schlechter Beleuchtung.

3/136 Gem § 928 letzter Satz müssen **Schulden und Rückstände**, die auf der Sache haften, **stets vertreten** werden, und zwar unabhängig davon, ob sie aus den öffentlichen Büchern ersichtlich sind oder nicht.

Auf der Sache haftende Schulden sind zB Hypotheken und Pfandrechte an beweglichen Sachen. Mit „Rückständen" sind rückständige Leistungen aufgrund von Reallasten oder Steuern, Zölle und sonstige Abgaben, wie etwa Grundsteuer, Bodenwertabgabe etc gemeint.

Das Gesetz geht davon aus, dass sich der Erwerber mit der Übernahme derartiger Lasten auch dann nicht einverstanden erklären will, wenn er sie kennt; es sei denn, die Parteien haben Abweichendes vereinbart.

Die Pflicht des Übergebers zur Beseitigung solcher Lasten wird als **Depurierungspflicht** bezeichnet. Den diesbezüglichen Anspruch braucht der Übernehmer nach hRsp *nicht* innerhalb der Frist nach § 933 geltend zu machen[102].

2. Gewährleistungsverzicht

3/137 Die gesetzlichen Gewährleistungsbestimmungen sind grundsätzlich dispositiv (zu den Ausnahmen s sogleich). Daher kann auf Gewährleistungsrechte prinzipiell verzichtet werden; dies – entgegen dem Wortlaut des § 929 – nicht nur ausdrücklich, sondern auch konkludent[103] (zur Möglichkeit einer vertraglichen Verkürzung der gesetzlichen Gewährleistungsfrist Rz 3/124 und 3/138).

Ein *allgemeiner Gewährleistungsverzicht* bezieht sich jedoch grundsätzlich nicht auf besonders vereinbarte Eigenschaften.

102 Gegenteilig insb *Apathy*, NZ 2006, 291 f; *Reischauer*, ÖJZ 2010, 794.

103 Ausführlich zum Folgenden *P. Bydlinski* in KBB[4] § 929 Rz 3 ff; *Zöchling-Jud* in ABGB-ON[1.02] § 929 Rz 2 ff; *Ofner* in Schwimann/Kodek[4] § 929 Rz 4 ff; vgl auch OGH 2 Ob 95/06v JBl 2008, 191; 9 Ob 50/10h JBl 2011, 4 (*P. Bydlinski*); 8 Ob 7/10b JBl 2011, 306 (*P. Bydlinski*); 1 Ob 106/13i JBl 2014, 259.

Wird ein Fahrzeug *„wie besichtigt und probegefahren"* gekauft, so bedeutet dies einen Gewährleistungsverzicht bzgl solcher Mängel, die bei Besichtigung und Probefahrt erkennbar gewesen wären.

Der vertragliche *Ausschluss jeglicher Gewährleistung* wird allerdings dann für sittenwidrig nach § 879 Abs 1 gehalten, wenn er fabriksneue Waren betrifft[104]. Ein Gewährleistungsverzicht in *AGB* wird häufig als gröblich benachteiligend iSd § 879 Abs 3 zu qualifizieren und aus diesem Grund ungültig sein[105] (allgemein dazu I/6/29 ff).

Bei **Verbrauchergeschäften** können gesetzliche Gewährleistungsrechte des Verbrauchers (§§ 922–933) gem § 9 Abs 1 S 1 KSchG vor Kenntnis des Mangels *weder eingeschränkt noch ausgeschlossen* werden. **3/138**

Auch die Vereinbarung einer *kürzeren* als der gesetzlichen *Gewährleistungsfrist* ist gem § 9 Abs 1 S 2 KSchG grundsätzlich *unwirksam*. Nur bei Veräußerung gebrauchter beweglicher Sachen kann die Gewährleistungsfrist auf ein Jahr verkürzt werden, „sofern dies im Einzelnen ausgehandelt wird" (vgl § 6 Abs 2 KSchG). Bei (gebrauchten) Kraftfahrzeugen ist allerdings eine solche Verkürzung nur dann wirksam, wenn seit dem Tag der ersten Zulassung mehr als ein Jahr vergangen ist (§ 9 Abs 1 S 3 KSchG)[106].

Bei **Geschäften zwischen Unternehmern** kann insb die Verletzung der **Mängelrügeobliegenheit** zum Verlust von Gewährleistungsrechten führen: Gem § 377 UGB muss der Käufer die erhaltene Ware untersuchen und allfällige Mängel dem Veräußerer binnen angemessener Frist anzeigen[107]. Unterlässt er dies, so kann er Gewährleistungsrechte, Ansprüche auf Ersatz des Mangelschadens sowie ein Anfechtungsrecht wegen Irrtums über die Mangelfreiheit der Sache nicht mehr geltend machen (§ 377 Abs 2 UGB). Die Unterlassung der Mängelrüge schadet allerdings nicht, wenn der Verkäufer den Mangel vorsätzlich oder grob fahrlässig verursacht oder verschwiegen hat (§ 377 Abs 5 UGB). **3/139**

Die Mängelrügeobliegenheit gilt nicht nur für Kaufverträge, sondern auch für Tauschverträge über bewegliche Sachen und Werkverträge über die Herstellung beweglicher Sachen zwischen Unternehmern (§ 381 Abs 2 UGB).

Zur *Rügeobliegenheit des Verbrauchers* beim Reiseveranstaltungsvertrag nach § 31e Abs 2 KSchG s III/3/22.

---

104 Vgl *Krejci* in Rummel/Lukas⁴ § 879 Rz 116; *Ofner* in Schwimann/Kodek⁴ § 929 Rz 17; *P. Bydlinski* in KBB⁴ § 929 Rz 7; jeweils mwN.

105 Dazu etwa OGH 1 Ob 106/13i EvBl 2014/37.

106 Vgl dazu AB 2.

107 Zur Rügefrist bei Durchführung eines Abnahme- oder Überprüfungsverfahrens gem § 457 UGB *K. Schmid/Lamplmayr*, ÖJZ 2014, 993.

3. Leistung in Pausch und Bogen

3/140 Beim Vertrag auf Leistung in Pausch und Bogen wird eine **Gesamtsache** (§ 302) veräußert, deren **Umfang nur grob umgrenzt** ist (kein Inventar) und deren **Einzelobjekte nicht näher beschrieben** sind. Die Sachen werden „so wie sie stehen und liegen, ohne Zahl, Maß und Gewicht" zu einem Pauschalpreis verkauft (§ 930).

Beispiele: Veräußerung eines landwirtschaftlichen Gutes, eines Gewerbeunternehmens, eines Warenlagers oder eines Nachlasses ohne Inventarisierung und ohne genaue Umschreibung der Einzelsachen.

3/141 In solchen Fällen ist gem § 930 die Gewährleistung sowohl für Qualitäts- als auch für Quantitätsmängel grundsätzlich ausgeschlossen (zur näheren Begründung dieses sog Gewährleistungsausschlusses vgl Rz 3/133). Nur wenn eine bestimmte Beschaffenheit oder besondere Eigenschaften vertraglich vereinbart wurden, ist für diesbezügliche Mängel einzustehen.

Wird eine Einzelsache unter Verwendung der Worte „in Pausch und Bogen" veräußert, wird damit ebenfalls häufig ein Gewährleistungsausschluss gemeint sein, der an den allgemeinen Grenzen der Zulässigkeit zu messen ist (vgl Rz 3/137 f).

IX. Gewährleistung und Garantie

3/142 Soweit die gesetzlichen Gewährleistungsrechte dispositiv sind, können sie durch Parteienvereinbarung nicht nur abbedungen (Rz 3/137 f), sondern auch modifiziert werden. Derartige Abreden zugunsten des Übernehmers werden im Geschäftsverkehr als Garantien bezeichnet. In der juristischen Fachsprache ist jedoch – zur Abgrenzung vom echten Garantievertrag (Rz 3/143) – der Begriff **„unechte Garantie"** üblich. Häufig wird dadurch die gesetzliche Gewährleistungsfrist verlängert. Manchmal verspricht der Übergeber auch, dafür einzustehen, dass innerhalb des Garantiezeitraums keine Mängel auftreten; dann kommt es nicht darauf an, dass der Fehler im Übergabezeitpunkt bereits vorhanden war. Im Zweifel kann jedoch dem Übergeber ein derartiger Wille nicht unterstellt werden. Generell ist die Bedeutung von Garantiezusagen durch Vertragsauslegung unter Berücksichtigung der jeweiligen Umstände des Einzelfalles zu ermitteln.

3/143 Von den unechten sind die **echten Garantieverträge** zu unterscheiden (§ 880a). Dabei verpflichtet sich der Garant gegenüber dem Begünstigten, für einen bestimmten Erfolg einzustehen (zB für einen bestimmten Unternehmensgewinn) oder die Gefahr eines künftigen Schadens zu übernehmen. Ein solcher Vertrag wird meist von einer dritten Person (= Garant) mit einer der Parteien des Veräußerungsgeschäfts geschlossen (näher dazu Rz 6/41 ff).

§ 9b KSchG enthält detaillierte Vorschriften darüber, welche Informationen die **Garantieerklärung eines Unternehmers gegenüber einem Verbraucher** enthalten muss. Dadurch sollen Irreführungen der Verbraucher über Bedeutung, Inhalt, Umfang und Geltungsdauer der Garantie verhindert werden. **3/144**

Die Regelung gilt nicht nur für *unechte*, sondern auch für *echte* Garantieverträge, durch die sich ein Unternehmer gegenüber einem Verbraucher für den Fall der Mangelhaftigkeit einer Sache verpflichtet, „diese zu verbessern, auszutauschen, den Kaufpreis zu erstatten oder sonst Abhilfe zu schaffen“ (§ 9b Abs 1 KSchG). Die Verbindlichkeit der Garantie erstreckt sich auch auf einschlägige *Werbeaussagen* (§ 9b Abs 1 S 2 KSchG). Als Beispiel nennen die Mat[108] eine in der Werbung angekündigte „Geld-zurück-Garantie“.

Der Garant hat gem § 9b Abs 1 KSchG „auf die gesetzliche Gewährleistungspflicht des Übergebers und darauf hinzuweisen, dass sie durch die Garantie nicht eingeschränkt wird“. Die Garantieerklärung muss Namen und Anschrift des Garanten sowie in einfacher und verständlicher Form den Inhalt der Garantie, vor allem ihre Dauer, ihre räumliche Geltung und die sonstigen für die Inanspruchnahme nötigen Angaben enthalten (§ 9b Abs 2 KSchG). Sie ist dem Verbraucher auf sein Verlangen schriftlich oder auf einem anderen für ihn verfügbaren Datenträger bekanntzugeben (§ 9b Abs 3 KSchG).

Ein *Verstoß* des Garanten gegen die dargelegten Vorschriften berührt die *Gültigkeit* der Garantie *nicht*; vielmehr ist der Garant zum *Ersatz* des dadurch verursachten *Schadens* verpflichtet (§ 9b Abs 4 KSchG).

X. Konkurrenz der Gewährleistung mit anderen Rechtsbehelfen

1. Verzug oder nachträgliche Unmöglichkeit

Dass eine mangelhafte Leistung iSd Gewährleistungsrechts zugleich den Tatbestand des (teilweisen) Schuldnerverzugs (§ 918) oder der (Teil-)Unmöglichkeit (§ 920) erfüllt, wurde bereits dargelegt (Rz 3/68, 3/112 ff). Da die Rechtsfolgen nach §§ 918 ff und die gem §§ 932 ff in teilweisem Widerspruch zueinander stehen, kommt eine *kumulative Anwendung* dieser Bestimmungen von vornherein *nicht in Betracht*. **3/145**

Wenngleich die einschlägigen Regelungsinhalte weitgehend zu harmonisieren sind (vgl Rz 3/24, 3/27 f, 3/60 f, 3/112 ff), bestehen doch Unterschiede vor allem hinsichtlich der *Verjährungsfristen* (Rz 3/18, 3/117) und der *Geltendmachung* der einschlägigen Rechte (Rz 3/13, 3/116).

108 RV 25.

Auch eine **alternative Konkurrenz** (allgemein dazu I/1/31 ff) wird von der hA **abgelehnt**; dies vor allem mit der Begründung, dass die kurzen Gewährleistungsfristen (§ 933) sinnlos wären, wenn der Berechtigte stets auf die Rechtsbehelfe der §§ 918 ff ausweichen könnte. Als maßgebende *Zäsur* wird daher auf die **Annahme der Leistung als vollständige Erfüllung** der Schuld abgestellt. Vor Übernahme der Leistung stehen dem Gläubiger die Rechtsbehelfe der §§ 918 ff zur Verfügung, danach Gewährleistungsrechte.

2. Irrtum, List

3/146 Bestand der Mangel bereits bei Vertragsschluss, können auch die Voraussetzungen für eine Anfechtung oder Anpassung des Vertrages wegen Irrtums (§§ 871, 872; I/8/6 ff), allenfalls auch wegen List (§ 870; I/8/32 ff) vorliegen. Hier wird ein **Wahlrecht** des Übernehmers zwischen Gewährleistung und Vertragsanfechtung bzw -anpassung weitgehend **zugelassen**[109] (vgl auch I/1/33).

Dies kann einerseits für die *Verjährungsfrage* von Bedeutung sein (vgl §§ 933, 1487). Vor allem könnte aber – wenn man die alternative Konkurrenz zwischen den §§ 870–872 und § 932 *generell* bejaht – der gewährleistungsrechtliche *Vorrang der Mangelbehebung* (Rz 3/87) *„umgangen"* werden; dies freilich nur in jenen Fällen, in denen der bereits bei Vertragsschluss vorliegende *Mangel behebbar* iSd § 932 Abs 2 ist[110].

3. Wucher, laesio enormis

3/147 Lag der Mangel des Leistungsgegenstandes bereits bei Vertragsschluss vor, kann zugleich der Tatbestand des Wuchers (§ 879 Abs 2 Z 4; I/7/39) oder der laesio enormis (§ 934; I/8/43 ff) erfüllt sein. Auch hier wird das **Wahlrecht** zwischen den jeweils einschlägigen Rechtsbehelfen überwiegend **bejaht**, weil sie an unterschiedliche Voraussetzungen geknüpft sind[111].

---

109 Vgl zum Meinungsstand *Ofner* in Schwimann/Kodek[4] § 922 Rz 35; *Riedler* in Schwimann/Kodek[4] § 871 Rz 46; *P. Bydlinski* in KBB[4] § 932 Rz 24; *Zöchling-Jud* in ABGB-ON[1.02] Vor §§ 922–933b Rz 12 f; differenzierend *Lukas*, FS 200 Jahre ABGB II 1264 ff; *Reischauer*, JBl 2002, 167 f.

110 Ausführlich dazu *Lukas* und *Reischauer*, jeweils aaO.

111 Zum diesbezüglichen Meinungsstreit vgl einerseits *P. Bydlinski* in KBB[4] § 934 Rz 3, 6 und JBl 2008, 744 ff; andererseits *Riedler*, JBl 2009, 467 ff; jeweils mwN.

XI. Schadenersatz wegen mangelhafter Leistung

1. Voraussetzungen und Umfang der Schadenersatzpflicht

Durch Erbringung einer mangelhaften Leistung *verletzt der Übergeber seine Vertragspflichten* (Rz 3/3). Trifft ihn daran ein **Verschulden** (Rz 3/150), ist er gem § 933a Abs 1 dem Übernehmer zum Schadenersatz verpflichtet[112]. **3/148**

Hat der Übernehmer sein Gewährleistungsrecht geltend gemacht, so kann er außerdem Ersatz für jene Schäden fordern, die aufgrund der Mangelhaftigkeit der Leistung *an seinen sonstigen Rechtsgütern* entstanden sind. Dabei handelt es sich um die sog **Mangelfolgeschäden.**

Beispiele: Produktionsausfall wegen Leistung einer mangelhaften Maschine; höhere Heizkosten wegen Lieferung undichter Fenster; Körperverletzung und Eigentumsbeschädigung durch explodierende Propangasflasche.

Ein pflichtwidriges Verhalten des Übergebers, das zu derartigen Schäden an den Rechtsgütern des Übernehmers führt, wird von einem Teil der Lehre als *positive Vertragsverletzung* bezeichnet[113] (dazu auch Rz 1/13).

In § 933a wird zunächst klargestellt, dass dem Übernehmer bei Verschulden des Übergebers auch ein Anspruch auf Ersatz jenes Schadens zusteht, der in der *Mangelhaftigkeit der Sache selbst* liegt (Abs 1 iVm Abs 2). Er kann also **statt Gewährleistung den Ersatz des sog Mangelschadens** verlangen. Dabei handelt es sich um jenen Nachteil, der darin besteht, dass der Übernehmer nicht die geschuldete, sondern eine mangelhafte Leistung von geringerem Wert erhalten hat. **3/149**

Die Wahlmöglichkeit zwischen Gewährleistungsrecht und Schadenersatzanspruch (alternative Konkurrenz) ist vor allem deshalb von großer praktischer Bedeutung, weil der Ersatzanspruch erst in *drei Jahren* ab Kenntnis von Schaden und Schädiger, spätestens nach 30 Jahren, verjährt (§ 1489). Der Übernehmer kann daher oft auch nach Ablauf der Gewährleistungsfrist seinen Anspruch auf Ersatz des Mangelschadens noch geltend machen.

Der Schadenersatzanspruch setzt nach allgemeinen Regeln (§§ 1295 ff) ein dem Übergeber zurechenbares **rechtswidriges und schuldhaftes Verhalten** voraus (vgl III/13/14 ff und III/13/31 ff). Der diesbezügliche Vorwurf kann sich in concreto auf die Herstellung, Verwahrung oder Auswahl des Leistungsgegenstandes bzw auf die Nichtbeseitigung bestehender Mängel vor oder nach Übergabe beziehen (vgl auch Rz 3/101). **3/150**

---

112 Ausführlich zum Folgenden insb *Reischauer*, JBl 2002, 160 ff.

113 S insb *Koziol*, Haftpflichtrecht II[2] 79 ff; zur – mE berechtigten – Kritik vgl *Reischauer* in Rummel[3] Vor §§ 918–933 Rz 4 f mwN.

Steht freilich die Mangelhaftigkeit der Leistung und damit die Nicht- bzw Schlechterfüllung des Vertrages fest, dann kommt dem geschädigten Übernehmer die **Beweislastumkehr nach § 1298** und § 1297 zugute. Demnach ist von einem rechtswidrigen und schuldhaften Verhalten des Übergebers auszugehen, wenn nicht das Gegenteil nachgewiesen werden kann (dazu III/13/34 und III/13/37). Die Beweislastumkehr nach § 1298 ist allerdings gem § 933a Abs 3 nach **10 Jahren** ab Übergabe der Sache **verfristet.** Macht also der Übernehmer seinen Anspruch auf Ersatz des *Mangel- und/ oder Mangelfolgeschadens*[114] erst nach Ablauf dieser 10-Jahres-Frist geltend, dann trifft ihn die Beweislast für die objektive Sorgfaltswidrigkeit auf Seiten des Übergebers (s auch III/13/37).

2. Inhalt der Schadenersatzpflicht

3/151 Der Grundsatz, dass dem Übergeber primär die Chance zur Mangelbeseitigung zu geben ist, gilt nicht nur im Gewährleistungsrecht, sondern gem § 933a Abs 2 auch für den Ersatz des **Mangelschadens.** Demnach kann der Übernehmer, auch wenn er wegen des Mangels der Leistung vom Übergeber Schadenersatz fordert, **zunächst nur die Verbesserung oder den Austausch** der Sache verlangen (zu den Voraussetzungen des Geldersatzanspruchs Rz 3/153).

3/152 Zwischen *Verbesserung* und *Austausch* hat der Übernehmer, auch wenn er Schadenersatz begehrt, grundsätzlich das **Wahlrecht.** Bei Unmöglichkeit einer der beiden Abhilfen oder Unverhältnismäßigkeit des damit verbundenen Aufwandes iSd § 932 Abs 2 steht nur die andere Abhilfe zu (vgl Rz 3/91).

3/153 Ein **Anspruch auf Geldersatz** „wegen des Mangels selbst“ steht nach § 933a Abs 2 – in Übereinstimmung mit der gewährleistungsrechtlichen Regelung des § 932 Abs 4 – nur dann zu, wenn die Mangelbehebung

- **unmöglich** ist,
- einen **unverhältnismäßig hohen Aufwand** erfordern würde,
- vom Übergeber **verweigert** wird,
- der Übergeber damit in **Verzug** ist,
- mit **erheblichen Unannehmlichkeiten für den Übernehmer** verbunden wäre
- oder dem **Übernehmer** aus triftigen Gründen in der Person des Übergebers **unzumutbar** ist.

Bezüglich der Details kann auf die Ausführungen zu § 932 (Rz 3/98 ff) verwiesen werden.

---

114 Dazu AB 2.

Der Anspruch nach § 933a umfasst grundsätzlich (s aber Rz 3/155) den Ersatz des gesamten **Nichterfüllungsschadens**; dh der Übernehmer ist vermögensmäßig so zu stellen, wie er stünde, wenn ordnungsgemäß, also mangelfrei erfüllt worden wäre. 3/154

Für den **Mangelfolgeschaden** (Rz 3/148) steht von vornherein ein Anspruch auf Geldersatz zu.

Für den **Mangelschaden** kann der Übernehmer nur dann Geldersatz verlangen, wenn eine der Voraussetzungen nach § 933a Abs 2 (Rz 3/153) erfüllt ist. In diesem Fall kann der Anspruch auf Ersatz der *Wertdifferenz* zwischen geschuldeter und tatsächlich erbrachter Leistung oder auf Ersatz der aufgewendeten *Mangelbehebungskosten* gerichtet sein. Beim nicht geringfügigen Mangel (iSd § 932 Abs 4; Rz 3/105) wird auch ein Anspruch auf Ersatz des (an den Übergeber) *bezahlten Entgelts* gegen Rückstellung der mangelhaften Sache bejaht (*„schadenersatzrechtliche Wandlung“*)[115].

Die Entgeltzahlung des Übernehmers stellt zwar keinen Nichterfüllungsschaden dar, denn sie wurde durch die Pflichtverletzung des Übergebers (= Mangelhaftigkeit der Leistung) nicht verursacht; durch das Ausbleiben der adäquaten Gegenleistung ist jedoch diese Zahlung für den Übernehmer (teilweise) nutzlos und damit zum Schaden geworden. Es handelt sich also um einen sog *frustrierten Aufwand*, für den dem Übernehmer Ersatz gewährt wird (allgemein zur Frage der Ersatzfähigkeit von frustrierten Aufwendungen III/13/13).

3. Anfängliche Unmöglichkeit

In den Fällen der (schlichten) anfänglichen Unmöglichkeit, insb beim **anfänglich unbehebbaren Mangel** ist zu bedenken, dass der Schuldner (Übergeber) den Mangelschaden sowie gewisse sonstige *Nichterfüllungsschäden durch sein rechtswidriges Verhalten nicht verursacht* hat. Dem Schuldner kann hier allenfalls vorgeworfen werden, dass er eine Leistung versprochen hat, deren Unmöglichkeit er kannte oder kennen hätte müssen (culpa in contrahendo; vgl Rz 1/18 ff). Eine solche Pflichtverletzung ist allerdings nur für jenen Schaden kausal, den der Gläubiger (Übernehmer) *durch sein Vertrauen auf die Leistungszusage* erleidet (Vertrauensschaden). Darüber hinausgehende Schäden, die dem Gläubiger durch die Nicht- bzw Schlechtleistung entstanden sind, hätte hingegen der Schuldner auch durch pflichtgemäßes Verhalten nicht verhindern können; denn die zugesagte Leistung hätte er in keinem Fall erbringen können. 3/155

115 Vgl *Reischauer*, JBl 2002, 163 f; *Ofner* in Schwimann/Kodek[4] § 933a Rz 17; *P. Bydlinski* in KBB[4] § 933a Rz 9; *Zöchling-Jud* in ABGB-ON[1.02] § 933a Rz 26 f; jeweils mwN.

Dennoch spricht sich ein Teil der Lehre für die Ersatzfähigkeit des gesamten Nichterfüllungsschadens aus[116]. Nach allgemeinen schadenersatzrechtlichen Grundsätzen ist hingegen der Schuldner, der eine Leistung versprochen hat, deren Unmöglichkeit er kannte oder kennen hätte müssen, nur zum Ersatz des dadurch verursachten **Vertrauensschadens** verpflichtet[117] (I/7/16).

E. Rücktritt aus wichtigem Grund

3/156 Aus einzelnen Normen des Leistungsstörungsrechts (insb §§ 918, 920, 932 Abs 4) wird der allgemeine Grundsatz abgeleitet, dass ein Vertragsverhältnis stets aus wichtigem Grund aufgelöst werden kann. Dies gilt nicht nur für Dauer-, sondern *auch für Zielschuldverhältnisse*. Soweit freilich ein spezielles Rücktritts- oder Wandlungsrecht nach § 918, § 920 oder § 932 Abs 4 besteht, geht dieses vor.

Ein wichtiger Grund, der zum Rücktritt berechtigt, liegt dann vor, wenn ein Vertragsteil durch Verletzung von vertraglichen Haupt-, Neben- oder Schutzpflichten oder auch durch kriminelle Handlungen die Interessen des anderen Teils so schwer beeinträchtigt, dass für diesen aus objektiver Sicht die **Aufrechterhaltung der Vertragsbindung unzumutbar** wird. Eine Nachfristsetzung iSd § 918 Abs 1 (Rz 3/14) ist in solchen Fällen meist nicht erforderlich[118].

Beispiele: Vereinbarungswidrige Entgeltverrechnung und Bestreitung langfristiger Stundung (OGH 2 Ob 652/86 SZ 60/125); Belastung der veräußerten Liegenschaft mit Hypotheken nach Abschluss des Kaufvertrages (OGH 7 Ob 646/87 JBl 1988, 445); erhebliche Schädigung oder Gefährdung von Rechtsgütern des Vertragspartners durch Schutzpflichtverletzung; Diebstahl oder unsittliche Belästigung.

F. Leistungsstörungen bei Dauerschuldverhältnissen

3/157 Ein **Rücktritt nach §§ 918 ff** ist bei Dauerschuldverhältnissen, sobald sie sich im Abwicklungsstadium befinden, ausgeschlossen, bis dahin jedoch grundsätzlich möglich.

So kann zB ein Mieter, wenn ihm das Bestandobjekt in mangelhaftem Zustand angeboten wird, dessen Übernahme verweigern und gem § 918 Abs 1 unter Nachfristsetzung vom Vertrag zurücktreten (vgl III/8/19).

---

116 *Reischauer* in Rummel[3] § 920 Rz 18 ff; *Zöchling-Jud* in ABGB-ON[1.02] § 933a Rz 16.

117 *Riedler* in Schwimann/Kodek[4] § 878 Rz 16; *Ofner* in Schwimann/Kodek[4] § 933a Rz 7; *Bollenberger* in KBB[4] § 878 Rz 8 ff; jeweils mwN.

118 Vgl insb *Reischauer* in Rummel[3] Vor §§ 918–933 Rz 7; weiters *Reidinger* in Schwimann/Kodek[4] § 918 Rz 96; jeweils mwN.

Treten *während der Abwicklung* Mängel auf, kommen bei manchen Dauerschuldverhältnissen **Verbesserungsansprüche** und **Preisminderung** in Betracht; so zB gem § 1096 beim Bestandvertrag (vgl III/8/19 ff).

Im Übrigen kann jedes Dauerschuldverhältnis **aus wichtigem Grund durch sog außerordentliche Kündigung beendet** werden (zur Beendigung durch ordentliche Kündigung Rz 4/54). Dies ist zwar allgemein nirgends angeordnet, ergibt sich aber durch Gesamtanalogie aus entsprechenden Einzelvorschriften, die für bestimmte Dauerschuldverhältnisse bestehen; vgl insb § 1117 (Bestandvertrag; dazu III/8/67), § 1162 (Dienstvertrag; dazu III/4/7), § 1210 (GesbR; dazu III/12/13). **3/158**

Ein wichtiger Grund, der zur außerordentlichen Kündigung berechtigt, liegt dann vor, wenn für einen Teil die **Aufrechterhaltung der Vertragsbeziehung unzumutbar** wird (vgl auch Rz 3/156); so insb bei schwerwiegenden Leistungsstörungen oder sonstigen Pflichtverletzungen des Partners. Auch eine nicht vorhersehbare Änderung der für das Schuldverhältnis maßgebenden Umstände kann einen wichtigen Grund für dessen Auflösung darstellen; so etwa, wenn sich die rechtlichen Rahmenbedingungen für den Betrieb eines gepachteten Unternehmens wider Erwarten entscheidend verändern[119].

Die Kündigung führt zur **Auflösung** des Dauerschuldverhältnisses **ex nunc**; es kommt also zu keiner Rückabwicklung der für die Zeit vor Wirksamwerden der Kündigung erbrachten Leistungen.

---

119 Vgl OGH 6 Ob 92/71 MietSlg 23.077; 7 Ob 201/73 MietSlg 25.078; 8 Ob 527/88 MietSlg 40.064; *Reidinger* in Schwimann/Kodek[4] § 918 Rz 54 ff; *Pletzer* in ABGB-ON[1.02] § 901 Rz 18; ausführlich zum Ganzen *Fenyves*, Der Einfluss geänderter Verhältnisse auf Langzeitverträge, 13. ÖJT II/1 (1997).

§ 4. Erlöschen der Schuld

A. Erfüllung

I. Begriff und allgemeine Grundlagen

4/1 Die Schuld wird gem § 1412 *„vorzüglich durch die Zahlung"* getilgt; das ist **„die Leistung dessen, was man zu leisten schuldig ist"**. „Zahlung" iSd ABGB ist also nicht nur die Tilgung einer Geldschuld, sondern auch die Erfüllung jeder anderen Schuld.

Eine Leistung ist nur dann Erfüllung, wenn sie dem Schuldinhalt entspricht (s auch Rz 3/3); nur unter dieser Voraussetzung führt sie zum Erlöschen der Schuld. Gem § 1413 kann der Gläubiger nicht „gezwungen" werden, eine andere als die geschuldete Leistung anzunehmen; ebensowenig ist der Schuldner zu einer anderen als der vereinbarten Leistung verpflichtet.

4/2 Nach § 1413 S 2 braucht der Gläubiger die Leistung des Schuldners auch an **keinem anderen Ort** und im Prinzip auch zu **keiner anderen Zeit** anzunehmen, als dem Schuldinhalt entspricht (dazu Rz 2/53 ff und 2/36 ff).

Das bedeutet auch, dass eine Leistung *vor Fälligkeit* grundsätzlich nicht übernommen werden muss. Diesbezügliche Ausnahmen sind allerdings in § 16 VKrG und § 20 HIKrG für Kreditverbindlichkeiten von Verbrauchern gegenüber Unternehmern normiert (vgl Rz 2/41).

Gem § 1434 S 2 kann aber eine vor Fälligkeit erbrachte Leistung nicht zurückgefordert werden.

Eine **verspätete Leistung** muss innerhalb der Nachfrist nach § 918 noch angenommen werden (Rz 3/13 ff). Gleiches gilt für die Mangelbehebung innerhalb angemessener Frist gem § 932 Abs 3 (Rz 3/92).

4/3 Gem § 1415 ist der Gläubiger einer (nach dem Parteiwillen) unteilbaren Leistung nicht zur Entgegennahme von **Teilleistungen** verpflichtet (Rz 2/11 f).

Die Annahme von Teilleistungen darf jedoch nicht verweigert werden, wenn damit weder Aufwendungen noch nennenswerte Mühen verbunden sind; so insb bei Überweisung eines Teilbetrags einer Geldschuld auf das Bankkonto des Gläubigers[1].

---

1 OGH 3 Ob 58/06k JBl 2006, 799 im Anschluss an *Reischauer* in Rummel[3] § 1415 Rz 6, 8; *Koziol* in KBB[4] § 1415 Rz 1; *Stabentheiner* in ABGB-ON[1.02] § 1415 Rz 2 f; vgl zum Problem auch Rz 3/24 ff, 3/58 ff, 3/112 ff.

In jedem Fall ist der Gläubiger aber *berechtigt*, sowohl eine Teilleistung als auch eine mangelhafte Leistung als Erfüllung anzunehmen. In der Folge kann er das entsprechende Leistungsstörungsrecht geltend machen.

II. Rechtsnatur der Erfüllung

Die Erfüllung selbst ist **kein Rechtsgeschäft**. Es genügt die tatsächliche Erbringung der geschuldeten Leistung unabhängig von einem Erfüllungswillen (*Theorie der realen Leistungsbewirkung*). Auch eine irrtümliche Leistung bewirkt, wenn eine entsprechende Schuld besteht, deren Erfüllung. Geschäftsfähigkeit ist ebenfalls nicht Voraussetzung; auch eine geschäftsunfähige Person kann eine bestehende Schuld, wenn sie fällig ist, wirksam erfüllen (§ 1421; vgl auch Rz 4/6). **4/4**

Ist freilich **Schuldinhalt der Abschluss eines Rechtsgeschäfts**, dann müssen für die Erfüllung dieser Pflicht die entsprechenden Voraussetzungen und Fähigkeiten vorliegen; so etwa beim Abschluss des Hauptvertrages als Erfüllung eines Vorvertrages (§ 936; I/10/20). In solchen Fällen ist also für die wirksame Schulderfüllung auch Geschäftsfähigkeit (bzw gesetzliche Vertretung) erforderlich. **4/5**

Ob die Pflicht zur **Übertragung des Eigentums** an einer beweglichen Sache (zB aufgrund eines Kaufvertrages) durch bloßen Realakt (Übergabe) erfüllt werden kann oder ob dafür eine vom Verpflichtungsgeschäft unabhängige dingliche Einigung notwendig ist, ist streitig (vgl IV/6/39 f).

III. Leistung an und durch geschäftsunfähige oder beschränkt geschäftsfähige Personen

Schließt eine minderjährige oder unter Sachwalterschaft stehende Person ein Geschäft im Rahmen ihrer beschränkten Geschäftsfähigkeit, so ist die Erfüllung an und durch diese Person nach allgemeinen Regeln wirksam (vgl I/2/13 ff). **4/6**

Sonderbestimmungen bestehen für jene Fälle, in denen mangels (ausreichender) eigener Geschäftsfähigkeit einer Vertragspartei die *Schuld bzw Forderung durch gesetzliche Vertretung begründet* wurde: Auch in solchen Fällen ist die **Erfüllung durch den Geschäftsunfähigen** selbst wirksam, wenn die entsprechende Schuld *klagbar* ist, wenn sie also formgültig, unbedingt, fällig und noch nicht verjährt ist. Fehlt es jedoch an einer dieser Voraussetzungen, kann die erbrachte Leistung zurückgefordert werden (§§ 1421, 1433).

Die **Leistung an einen** (generell oder in concreto) **geschäftsunfähigen Gläubiger** wirkt gem § 1424 S 2 nur soweit schuldbefreiend, als der Leis- **4/7** tungsgegenstand *bei ihm noch vorhanden oder zu seinem Nutzen verwendet* worden ist. Ansonsten ist der Schuldner zur nochmaligen Leistung verpflichtet.

Hat also zB der geschäftsunfähige Leistungsempfänger die erhaltene Sache zerstört oder verloren, muss der Schuldner erneut leisten.

Die bedingt fortbestehende Leistungspflicht des Schuldners endet analog § 865 S 2 und 3, wenn der gesetzliche Vertreter die Leistung an den Geschäftsunfähigen genehmigt; dem gesetzlichen Vertreter kann dafür eine angemessene Frist gesetzt werden.

4/8 Ist die **Leistung** an eine nicht (voll) geschäftsfähige Person **ohne Rechtsgrund** erfolgt, wird für die bereicherungsrechtliche Rückabwicklung § 1424 analog herangezogen.

Ist also zB schon der Vertrag mit dem (für die konkrete Angelegenheit) Geschäftsunfähigen mangels Zustimmung des gesetzlichen Vertreters nicht wirksam zustandegekommen (§ 865 S 2 und 3), so kann die erbrachte Leistung nur soweit kondiziert werden, als sie noch vorhanden oder zum Nutzen des Geschäftsunfähigen verwendet worden ist.

IV. Leistung an und durch Dritte

4/9 Gem § 1424 S 1 muss die geschuldete Leistung *„dem Gläubiger oder dessen zum Empfange geeigneten Machthaber“* erbracht werden.

Ein Dritter ist grundsätzlich nur dann zur **schuldbefreienden Empfangnahme** der Leistung geeignet, wenn eine entsprechende Ermächtigung besteht. Diese Ermächtigung kann der Gläubiger entweder gegenüber der Empfangsperson oder gegenüber dem Schuldner erklären.

Aus Gründen des Gutglaubensschutzes hat ausnahmsweise auch die Leistung an Personen, die weder Gläubiger sind noch vom Gläubiger legitimiert wurden, schuldbefreiende Wirkung; so insb bei Bestehen einer *Anscheinsvollmacht* (I/9/25 ff), bei Zahlung des Nachlassschuldners an den *Scheinerben* (§ 824 per analogiam; vgl VI/6/35) und in den Fällen des *§ 1395 S 2* (dazu Rz 5/30 ff).

4/10 Die Leistung **durch einen Dritten** führt nur dann zur Schuldbefreiung, wenn entweder der Gläubiger oder der Schuldner dieser Leistung zugestimmt hat (§ 1423). Gegen den Willen von Schuldner und Gläubiger ist jedoch die Erfüllung durch einen Dritten idR nicht möglich.

Die Leistung eines Dritten hat allerdings oft zur Folge, dass die Forderung des Gläubigers von Gesetzes wegen (*§ 1358*) oder aufgrund eines entsprechenden Einlösungsbegehrens (*§ 1422*) auf den Dritten übergeht. In diesen Fällen ist zwar der Anspruch des Gläubigers befriedigt, die Verbindlichkeit des Schuldners besteht aber nun gegenüber dem Dritten (näher dazu Rz 5/58 ff).

§ 462 räumt dem nachrangigen Pfandgläubiger „vor der Feilbietung des Gutes“ ein Recht zur Einlösung der Forderung ein, ohne dass dafür die Zustimmung von Gläubiger oder Schuldner notwendig wäre (vgl IV/11/13 ff).

Macht jemand aus eigenen Mitteln einen Aufwand, den ein anderer hätte machen müssen, so steht ihm unter bestimmten Voraussetzungen nach *§ 1042* gegen den Verpflichteten ein Regressanspruch zu (zu den näheren Details III/15/22 ff).

Gehilfen, die der Schuldner zur Erfüllung seiner Pflicht einsetzt, sind ihm unmittelbar zurechenbar (vgl zu § 1313a III/13/44 ff). Die Leistung durch einen Erfüllungsgehilfen gilt als vom Schuldner erbracht und hat entsprechende Erfüllungswirkung. **4/11**

Bei *höchstpersönlichen Schulden* ist allerdings ein Gehilfeneinsatz nicht zulässig; so hat insb ein Dienstnehmer seine Pflichten aus dem Dienstvertrag idR persönlich zu erfüllen (§ 1153; vgl III/4/2).

V. Tilgungsreihenfolge bei mehreren Schulden

Hat ein Schuldner gegenüber demselben Gläubiger mehrere Verbindlichkeiten, kann zweifelhaft sein, welche Schuld durch eine bestimmte Leistung getilgt wird. Für solche Fälle enthalten die §§ 1415 und 1416 Regeln über die Tilgungsreihenfolge. **4/12**

- Primär ist eine diesbezügliche **Vereinbarung** zwischen Schuldner und Gläubiger maßgebend (§ 1415 S 2).
- Ansonsten kann der **Schuldner** bei der Leistung **erklären**, welche Verbindlichkeit er erfüllen will (§ 1416 S 1).
- Der Gläubiger kann aber einer solchen Erklärung des Schuldners *widersprechen* (= empfangsbedürftige Willenserklärung). In diesem Fall oder bei *fehlender Bestimmung durch den Schuldner* kommt die **gesetzliche Tilgungsreihenfolge** gem § 1416 zum Zuge:
  - Danach werden zunächst **Zins- vor Kapitalschulden** getilgt.
  - Von mehreren Kapitalschulden gilt diejenige als erfüllt, die schon **eingefordert oder zumindest fällig** ist. Für die Einforderung reicht ein außergerichtliches Zahlungsbegehren. Sind mehrere Schulden fällig, entscheidet die frühere Fälligkeit.
  - Führen auch diese Kriterien zu keinem Ergebnis, ist die **„Beschwerlichkeit“** maßgebend. Primär wird jene Schuld getilgt, die für den Verpflichteten am beschwerlichsten ist; das ist zB die höher verzinsliche, die mit einer Konventionalstrafe behaftete oder die durch ein Pfand des Schuldners gesicherte Verbindlichkeit.

VI. Pflichten des Gläubigers

Erfüllt der Schuldner seine Verbindlichkeit, ist der Gläubiger gem § 1426 zur Ausstellung einer **Quittung** verpflichtet. Diese ist dem Schuldner Zug um Zug gegen Erhalt der Leistung auszufolgen. Die Quittung ist eine **4/13** schriftliche Bestätigung des Gläubigers über die Erfüllung der Schuld. Sie muss die Namen der Parteien, Leistungszeit und -ort, den Gegenstand der getilgten Schuld sowie die Unterschrift des Gläubigers enthalten. Die Kosten der Quittung hat iZw der Gläubiger zu tragen.

Die Quittung ist idR eine *Wissenserklärung*. Sie begründet die **Vermutung, dass der Schuldner tatsächlich erfüllt hat.** Dem Gläubiger steht jedoch der Beweis des Gegenteils offen.

4/14 Besitzt der Gläubiger einen **Schuldschein** des Verpflichteten, so muss er diesen gem § 1428 bei Erfüllung **zurückgeben**. Ein Schuldschein ist eine Urkunde, die der Schuldner über das Bestehen seiner Verbindlichkeit ausgestellt hat. Die Rückstellung des Schuldscheins begründet die (widerlegliche) **Vermutung der vollständigen Erfüllung.** (Angenommene) Teilleistungen sind auf dem Schuldschein zu vermerken.

Ist der Schuldschein verloren gegangen, kann der Schuldner gem § 1428 S 3 Sicherstellung verlangen oder den Leistungsgegenstand gerichtlich hinterlegen. Außerdem kann er die Kraftloserklärung des Schuldscheins begehren (KraftloserklärungsG); die diesbezüglichen Kosten hat der Gläubiger zu tragen.

B. Gerichtliche Hinterlegung

4/15 Will der Schuldner seine Verbindlichkeit erfüllen, ist er aber daran aus Gründen gehindert, die nicht in seiner Sphäre liegen, besteht unter bestimmten Voraussetzungen die Möglichkeit der gerichtlichen Hinterlegung[2] (zur außergerichtlichen Hinterlegung beim Warenkauf zwischen Unternehmern nach § 373 Abs 1 UGB Rz 3/43).

Die berechtigte Hinterlegung der obligationsgemäßen Leistung führt zur Schuldbefreiung. Mit dem Erlag geht daher die Gefahr auf den Gläubiger über (§ 1425 S 2); ob auch das Eigentum übergeht, ist streitig[3].

4/16 Folgende Gründe berechtigen den Schuldner gem § 1425 S 1 zur Hinterlegung:

- Dem Schuldner ist die **Person des Gläubigers unbekannt.**

  Hier geht es um Fälle, in denen der Name bzw die Identität des Gläubigers trotz zumutbarer Prüfung unbekannt ist; so zB wenn der Schuldner nicht weiß, mit welcher juristischen Person er kontrahiert hat, oder wenn ihm der Erbe des verstorbenen Geschäftspartners unbekannt ist.

---

2 Ausführlich dazu *Reischauer*, JBl 2001, 541, 614 und ÖJZ 2001, 453.

3 Für Eigentumsübergang bereits mit Hinterlegung *Reischauer* in Rummel[3] § 1425 Rz 32; zustimmend *Koziol* in KBB[4] § 1425 Rz 13; *Stabentheiner* in ABGB-ON[1.03] § 1425 Rz 39; jeweils mit Nachw auch zur Gegenmeinung.

- Der **Gläubiger ist abwesend oder „mit dem Angebotenen unzufrieden“**.

  Dabei handelt es sich um spezielle Fälle des *Annahmeverzugs*. Verweigert der Gläubiger die Übernahme der obligationsgemäß angebotenen Leistung, gerät er dadurch genauso in Annahmeverzug wie bei abwesenheitsbedingter Nichtabnahme (vgl Rz 3/34). Der auf sonstigen Ursachen beruhende Gläubigerverzug stellt idR einen „anderen wichtigen Grund“ zur Hinterlegung dar.
- **Andere wichtige Gründe**, die den Schuldner zur Hinterlegung berechtigen, sind insb der bereits erwähnte Gläubigerverzug sowie der Umstand, dass mehrere Personen die Gläubigerposition für sich in Anspruch nehmen (dazu Rz 5/32).

Eine *ungerechtfertigte Hinterlegung führt nicht zur Schuldbefreiung*. Ob der Schuldner zur Hinterlegung berechtigt war, muss notfalls im Prozess geklärt werden.

Selbst eine der Sache nach berechtigte Hinterlegung hat nur dann schuldbefreiende Wirkung, wenn sie beim **Gericht des Erfüllungsortes** erfolgt. Sachlich zuständig sind die Gerichte erster Instanz (Art 18 EGJN). Die Hinterlegung erfolgt nach Maßgabe des (außerstreitigen) Erlagsverfahrens nach dem Verwahrungs- und EinziehungsG (BGBl I 2010/111). **4/17**

Ist der Leistungsgegenstand zum gerichtlichen Erlag nicht geeignet, hat das Gericht einen Verwahrer zu bestellen; so auch für Liegenschaften[4].

Die Befreiungswirkung ist gem § 1425 S 2 weiters davon abhängig, dass der **Gläubiger** durch das Gericht von der Hinterlegung bzw Verwahrung **verständigt** wird. Ist der Gläubiger abwesend oder unbekannt, ist ein Kurator zu bestellen (§ 270) und diesem der Erlag anzuzeigen. **4/18**

Dem Gläubiger ist die Sache unter den Bedingungen, die der Hinterleger beim Erlag gestellt hat, auszufolgen (zB nur gegen Quittung oder Zug um Zug gegen Erbringung der Gegenleistung).

Stellt allerdings der Hinterleger Ausfolgungsbedingungen, die vom Schuldverhältnis nicht gedeckt sind, hat die Hinterlegung keine Befreiungswirkung (zB Ausfolgung nur nach Zustimmung des Hinterlegers).

Wurde zugunsten mehrerer Personen hinterlegt, so kann an eine von diesen nur ausgefolgt werden, wenn die übrigen zustimmen oder ihre Zustimmung durch gerichtliche Entscheidung ersetzt wird.

---

4 Vgl insb *Ch. Rabl*, ÖJZ 1998, 689 f; ebenso nun OGH 3 Ob 88/14h JBl 2015, 313.

C. Leistung an Zahlungs Statt

4/19 Bei der Leistung an Zahlungs Statt (datio in solutum, § 1414) **erbringt der Schuldner mit Einverständnis des Gläubigers eine andere als die geschuldete Leistung.** Diese Leistung hat aufgrund des übereinstimmenden Parteiwillens schuldbefreiende Wirkung.

Nach dem Wortlaut des § 1414 kommt eine Leistung an Zahlungs Statt nicht nur bei Einverständnis des Gläubigers, sondern auch dann in Betracht, wenn *„die Zahlung selbst unmöglich ist"*. Dabei handelt es sich allerdings nur um einen heute weitgehend überholten Verweis auf das Exekutionsrecht für Fälle, in denen der Verpflichtete eine Geldschuld nicht bezahlen kann.

Nach der zur Zeit des Inkrafttretens des ABGB geltenden Rechtslage konnte der Gläubiger im Zwangsvollstreckungsverfahren anstatt der geschuldeten Geldsumme eine dem Verpflichteten gehörende Sache übernehmen. Das heutige Exekutionsrecht kennt eine vergleichbare Möglichkeit nur mehr bei der Überweisung einer Forderung an Zahlungs Statt (§ 316 EO).

Bei Unmöglichkeit der nicht in Geld bestehenden Leistung gelten hingegen die §§ 920 und 1447 (dazu Rz 3/45 ff).

4/20 § 1414 bezeichnet die Leistung an Zahlungs Statt als entgeltliches Geschäft, dessen **rechtliche Einordnung** allerdings streitig ist: Ein Teil der Lehre betrachtet die Surrogationsvereinbarung als reinen *„Erfüllungsvertrag"* mit dem Inhalt, dass die gegebene Leistung als Erfüllung der Schuld gelten soll[5]. Nach anderer Auffassung wird hingegen dadurch ein neues Vertragsverhältnis mit geändertem Schuldinhalt begründet. Demnach ist also mit jeder Leistung an Zahlungs Statt eine *Novation* verbunden[6] (§§ 1376 ff; dazu Rz 5/2 ff).

4/21 Die Qualifikation der Leistung an Zahlungs Statt als **entgeltliches** Geschäft hat vor allem zur Folge, dass dem Gläubiger die Rechtsbehelfe der Gewährleistung und der laesio enormis zur Verfügung stehen, wenn die erbrachte Ersatzleistung mangelhaft oder weniger als die Hälfte der ursprünglich geschuldeten Leistung wert ist. Die Geltendmachung eines Wandlungs- oder Aufhebungsrechts führt zur Auflösung der Surrogationsvereinbarung. Damit lebt die Forderung auf die ursprünglich geschuldete Leistung wieder auf.

4/22 Von der Leistung an Zahlungs Statt ist die im Gesetz nicht geregelte **Leistung zahlungshalber** zu unterscheiden. Auch sie setzt das Einverständnis beider Teile voraus. Hier erlischt allerdings die Schuld nicht durch die Leis-

---

5 So insb *Heidinger* in Schwimann/Kodek[4] § 1414 Rz 4 f; *Stabentheiner* in ABGB-ON[1.02] § 1414 Rz 4 f.

6 *Reischauer* in Rummel[3] § 1414 Rz 6 f; *Koziol* in KBB[4] § 1414 Rz 2.

tung als solche, sondern nur wenn bzw soweit der *Gläubiger aus der Ersatzleistung Befriedigung erlangt*. Er muss allerdings die dafür erforderlichen Schritte setzen[7].

Beispiel: Der Schuldner zahlt dem Gläubiger den geschuldeten Geldbetrag von 1.000,– nicht bar, sondern tritt ihm eine Forderung gegen einen Dritten in Höhe von ebenfalls 1.000,– ab (allgemein zur Forderungsabtretung Rz 5/16 ff). Erfolgt die Abtretung *an Zahlungs Statt*, so ist der Gläubiger bei Uneinbringlichkeit oder Unrichtigkeit der zedierten Forderung auf Gewährleistungsrechte beschränkt (§ 1397; dazu Rz 5/41 ff). Bei Leistung *zahlungshalber* erlischt hingegen die Schuld nur soweit, als der Gläubiger vom Dritten Befriedigung erlangt.

Ob in concreto eine Leistung *an Zahlungs Statt oder zahlungshalber* vorliegt, ist eine Frage der Vereinbarung, deren Inhalt durch Auslegung zu ermitteln ist. Im Zweifel ist Leistung zahlungshalber anzunehmen; dies gilt insb bei Abtretung von Forderungen und Hingabe eines Wechsels oder Schecks. Bei Übergabe körperlicher Sachen ist hingegen nach einem Teil der Lehre im Zweifel von einer Leistung an Zahlungs Statt auszugehen[8].

D. Aufrechnung (Kompensation)

I. Begriff und Funktion

Aufrechnung ist die **Tilgung gleichartiger gegenseitiger Forderungen ohne Leistungsaustausch**. 4/23

Beispiel: A hat gegen B eine Forderung von 1.000,–; B hat gegen A ebenfalls eine Forderung von 1.000,–. Um das Hin- und Herschieben von Geld zu vermeiden, werden die beiden Forderungen gegeneinander verrechnet und dadurch getilgt.

Durch die Aufrechnung werden mehrere **Zwecke** erreicht: Sie befreit den Aufrechnenden von seiner Schuld (*Befreiungszweck*) und führt zugleich zur Befriedigung seiner Forderung (*Befriedigungszweck*). Durch die gleichzeitige Schuldtilgung und Befriedigung des eigenen Anspruchs kommt es zur Verrechnung, die das Hin- und Herschieben der gegenseitigen Leistungen erspart (*Verrechnungszweck*). Zusätzlich stellt die Aufrechnungsmöglichkeit eine gewisse Sicherheit für die eigene Forderung dar. Solange der Gläubiger gegenüber seinem Schuldner selbst eine Verbindlichkeit hat, braucht er die Uneinbringlichkeit seiner Forderung nicht zu fürchten; denn er kann durch Aufrechnung die Befriedigung seines Anspruchs erreichen. Dieser *Sicherungsfunktion* kommt vor allem im Insolvenzverfahren Bedeutung zu.

---

7 Vgl *Reischauer* in Rummel[3] § 1414 Rz 15 ff; *Heidinger* in Schwimann/Kodek[4] § 1414 Rz 10; *Koziol* in KBB[4] § 1414 Rz 4; jeweils mwN.

8 So *Reischauer* in Rummel[3] § 1414 Rz 14; gegenteilig *Heidinger* in Schwimann/Kodek[4] § 1414 Rz 9; *Koziol* in KBB[4] § 1414 Rz 5; *Stabentheiner* in ABGB-ON[1.02] § 1414 Rz 7.

4/24 Die Forderung, *gegen* die aufgerechnet wird, wird üblicherweise als **Hauptforderung** (= Passivforderung) bezeichnet, die Forderung, *mit* welcher aufgerechnet wird, als **Gegenforderung** (= Aktivforderung).

Beispiel: B rechnet gegen die *Hauptforderung* des A von 1.000,– mit seiner *Gegenforderung* in Höhe von ebenfalls 1.000,– auf.

Die Aufrechnung erfolgt entweder durch entsprechende *Vereinbarung* (Rz 4/42) oder durch *einseitige* Willenserklärung. Das Gesetz normiert in den §§ 1438–1443 die Voraussetzungen und Wirkungen der einseitigen Kompensation.

II. Voraussetzungen einseitiger Aufrechnung

1. Gegenseitigkeit

4/25 Gegenseitigkeit bedeutet, dass der **Gläubiger zugleich Schuldner seines Schuldners ist und umgekehrt** (vgl §§ 1438, 1441 S 1). Auf welchem Rechtsgrund die Forderungen beruhen und welche Art von Verhältnis zwischen den Parteien besteht, ist für die Frage der Gegenseitigkeit ohne Belang.

Mit Forderungen von Dritten oder gegen Dritte kann grundsätzlich nicht aufgerechnet werden (§ 1441 S 1). Insofern bestehen aber gewisse Ausnahmen bei der Zession und beim Vertrag zugunsten Dritter (dazu Rz 5/37, 6/16).

2. Gleichartigkeit

4/26 „Forderungen, welche ungleichartige oder bestimmte und unbestimmte Sachen zum Gegenstande haben", lassen sich gem § 1440 S 1 nicht gegeneinander aufheben. Maßgebend ist also die Gleichartigkeit des **Gegenstandes der Forderungen**; auf deren Entstehungsgrund kommt es genausowenig an wie auf die Art des Verhältnisses zwischen den Beteiligten. Gleichartig sind vor allem Geldschulden[9], aber auch sonstige Gattungsschulden, die Waren gleicher Art und Qualität zum Inhalt haben.

Im Insolvenzverfahren werden alle Forderungen gegen die Masse in Geldforderungen umgewandelt (§ 14 Abs 1 IO).

Dass die Forderungen gleich hoch sind, ist nicht Voraussetzung für die Aufrechnung. Bei unterschiedlicher Höhe werden die gegenseitigen Forderungen nur soweit getilgt, als sie sich decken.

---

9 Zu den Fragen der Aufrechnung mit und gegen Fremdwährungsforderungen *Dullinger* in Rummel/Lukas[4] § 907b Rz 11; *Schauer* in ABGB-ON[1.00] § 907b Rz 6; *Binder/Kolmasch* in Schwimann/Kodek[4] § 907b Rz 12.

3. Richtigkeit

§ 1439 S 1 schließt die Kompensation „zwischen einer richtigen und nicht richtigen" Forderung aus. Richtigkeit (= Gültigkeit) bedeutet, dass die Forderung **wirksam entstanden, unbedingt und klagbar** ist. Daher kann mit einer Naturalobligation (zB aus einem formungültigen Geschäft), die ja auch sonst nicht geltend gemacht werden könnte, nicht aufgerechnet werden. **4/27**

Da aber eine Naturalobligation zahlbar ist (Rz 1/35), kann *gegen* sie sehr wohl aufgerechnet werden. So kann zB die natürliche Verbindlichkeit aufgrund einer formungültigen Bürgschaft durch Aufrechnung seitens des Bürgen getilgt werden. Umgekehrt kann jedoch der Gläubiger der formungültigen Bürgschaftsforderung diese nicht zur Tilgung eines gegen ihn gerichteten klagbaren Anspruchs verwenden.

Liquidität iSv leichter Beweisbarkeit der aufgerechneten Forderung ist nach hA keine materiellrechtliche Kompensationsvoraussetzung. **4/28**

Aber auch die Aufrechnung im Prozess kann nach richtiger Auffassung durch mangelnde Liquidität in keinem Fall verhindert werden[10].

4. Fälligkeit

Grundsätzlich müssen Haupt- und Gegenforderung fällig sein, damit die Aufrechnung zulässig ist (§ 1439 S 1). Soweit allerdings der Schuldner der Hauptforderung berechtigt ist, vor Fälligkeit zu zahlen, kann er auch aufrechnen. Reine Stundung, die die Fälligkeit nicht tangiert (Rz 2/42), verhindert auch die Kompensation nicht. **4/29**

Ist eine Forderung nur *Zug um Zug* gegen Erbringung der Gegenleistung zu erfüllen, steht ihr also die Einrede des nicht erfüllten Vertrages entgegen (dazu Rz 2/43 ff), darf der Gläubiger diesen Anspruch nicht durch Aufrechnung befriedigen.

Beispiel: Ein Verkäufer darf vor Übereignung der verkauften Sache nicht mit seiner Kaufpreisforderung gegen eine (Geld-)Forderung aufrechnen, die dem Käufer ihm gegenüber (aus einem anderen Schuldverhältnis) zusteht.

5. Aufrechnungserklärung

Das Recht zur einseitigen Aufrechnung ist ein **Gestaltungsrecht**, das durch Willenserklärung eines Teils gegenüber dem anderen ausgeübt wird. Dass eine Aufrechnungserklärung nötig ist, entspricht heute der hA. **4/30**

Der Gesetzgeber ging hingegen von einer *automatischen Aufrechnung* aus (ipso iure compensatur), die bei Vorliegen ihrer Voraussetzungen ohne Zutun der Betroffenen und unabhängig von deren Willen eintreten soll. Diese Vorstellung steht jedoch im Widerspruch

---

10 Vgl *Dullinger* in Rummel[3] § 1439 Rz 6; *Heidinger* in Schwimann/Kodek[4] § 1439 Rz 8; *Holly* in ABGB-ON[1.02] § 1439 Rz 7; jeweils mwN.

zum Grundsatz der Privatautonomie. Den Parteien würde dadurch die Verfügungsbefugnis über ihre Forderungen entzogen. Außerdem könnte eine derartige Wirkung die Rechtssicherheit massiv gefährden. Forderungen würden ohne Kenntnis der Parteien erlöschen. Spätere Zahlungen wären rückforderbar. Komplizierte Bereicherungsansprüche wären die Folge.

Die Kompensation ist grundsätzlich nur dann wirksam, wenn *im Zeitpunkt der Aufrechnungserklärung sämtliche Voraussetzungen erfüllt* sind (vgl auch Rz 4/40).

III. Aufrechnungsverbote und -beschränkungen

4/31 Trotz Vorliegens der allgemeinen Voraussetzungen kann die Aufrechnung durch *Vertrag oder Gesetz* ausgeschlossen oder beschränkt sein. Das ABGB selbst enthält vor allem in § 1440 S 2, weiters in § 1109 S 2 und in § 1441 S 2 Aufrechnungsverbote. Daneben gibt es noch eine Reihe einschlägiger sondergesetzlicher Bestimmungen. Aber auch ohne ausdrückliche Anordnung kann sich aus dem Zweck einer Vorschrift oder eines Vertrages ergeben, dass eine Schulderfüllung durch Kompensation ausgeschlossen ist.

So wird sich zB aus dem Zweck eines Darlehens- oder Kreditvertrages idR die Pflicht zur unbedingten Barauszahlung und somit ein Verbot der Aufrechnung mit allfälligen Gegenforderungen ergeben (OGH 1 Ob 649/81 SZ 54/161).

1. Aufrechnungsverbote nach § 1440 S 2

4/32 „*Eigenmächtig oder listig entzogene, entlehnte, in Verwahrung oder in Bestand genommene Stücke sind überhaupt kein Gegenstand der Zurückbehaltung oder der Kompensation*" (§ 1440 S 2, vgl auch § 1109 S 2). Ausgeschlossen ist demnach die Aufrechnung gegen Forderungen auf Rückgabe von Sachen, die der Herausgabepflichtige entweder durch vorwerfbare Handlung oder aufgrund bestimmter Rechtsverhältnisse (Leih-, Verwahrungs- oder Bestandvertrag) erlangt hat. In diesen Fällen soll sich der Schuldner seiner Rückstellungsverpflichtung auch nicht durch (einseitige) Aufrechnung entziehen können (s aber Rz 4/34). Der Herausgabeberechtigte kann hingegen bei Vorliegen der allgemeinen Voraussetzungen sehr wohl aufrechnen; die genannten Aufrechnungsverbote wirken also nur **einseitig**.

Allerdings wird in den einschlägigen Fällen eine Kompensation häufig schon mangels Gleichartigkeit der gegenseitigen Forderungen ausgeschlossen sein; denn die Rückgabepflicht wird meist eine Speziesschuld sein. Die praktische Bedeutung von § 1440 S 2 und § 1109 S 2 liegt daher vor allem im Ausschluss des Zurückbehaltungsrechts (dazu Rz 2/51) und weniger im Aufrechnungsverbot.

4/33 **Eigenmächtig oder listig entzogen** sind insb gestohlene oder betrügerisch herausgelockte Sachen.

Beispiel: Der Dieb kann gegenüber dem Herausgabeanspruch des Bestohlenen nicht mit einer Gegenforderung (etwa aus einem Darlehensvertrag) aufrechnen.

Die ratio dieses Aufrechnungsverbots wird in der Vorbeugung gegen unerlaubte Selbsthilfe und in der möglichst raschen Wiedergutmachung der Störung des Rechtsfriedens gesehen. Unrechtmäßig Angeeignetes ist schlechthin zurückzustellen, ohne dass Einwendungen berücksichtigt werden.

Bezüglich **entlehnter, in Verwahrung oder in Bestand genommener Sachen** sind § 1440 S 2 und § 1109 S 2 ihrem Zweck entsprechend auf das Zurückbehaltungsverbot (dazu Rz 2/51) zu beschränken. Eine Aufrechnung ist daher in diesen Fällen – soweit die sonstigen Voraussetzungen erfüllt sind – mE grundsätzlich zulässig[11]. **4/34**

2. Sonstige gesetzliche Aufrechnungsverbote

Gem § 1441 S 2 kann gegen eine **Forderung des Staates** nur mit einer Gegenforderung aufgerechnet werden, für die dieselbe „Staatskasse" zuständig ist. Unter *„Staatskasse"* ist ein Verwaltungszweig mit selbständiger Verrechnung zu verstehen. **4/35**

Beispiel: Gegen die Forderung des Staates aufgrund einer Verwaltungsstrafe kann nicht mit einem Anspruch auf Rückzahlung von zuviel bezahlten Steuern aufgerechnet werden.

Durch dieses *Privileg der öffentlichen Kassen* sollen Verrechnungsschwierigkeiten unter den einzelnen Staatskassen vermieden werden. Das Aufrechnungsverbot wirkt *nur zugunsten des Staates.*

Gegen **unpfändbare Forderungen** kann idR auch nicht aufgerechnet werden (§ 293 Abs 2 und 3 EO); denn dadurch könnte das Pfändungsverbot, insb der dadurch bezweckte Schutz vor Pfändung bestimmter Einkommensteile (Existenzminimum) umgangen werden. **4/36**

Weitere Aufrechnungsverbote oder -beschränkungen enthalten insb § 7 Abs 1 DHG, § 6 Abs 1 OrgHG, § 124 Abs 2 UGB, § 60 AktG, § 63 Abs 3 GmbHG und § 20 IO. **4/37**

3. Vertragliche Aufrechnungsverbote

Vertraglich vereinbarte Aufrechnungsverbote sind **grundsätzlich zulässig.** **4/38**

Bei **Verbraucherverträgen** ist jedoch die Wirksamkeit derartiger Vereinbarungen beschränkt. Gem § 6 Abs 1 Z 8 KSchG ist ein vertraglicher Aufrechnungsverzicht des Verbrauchers ungültig, soweit er für den Fall der

11 *Dullinger* in Rummel[3] § 1440 Rz 7 mwN insb zur überwiegenden Gegenmeinung; vgl auch *Griss* in KBB[4] § 1440 Rz 3 f; *Holly* in ABGB-ON[1.02] § 1440 Rz 8 ff.

Zahlungsunfähigkeit des Unternehmers gelten soll oder Forderungen betrifft, die im rechtlichen Zusammenhang mit der Verbindlichkeit des Verbrauchers stehen, gerichtlich festgestellt oder vom Unternehmer anerkannt worden sind.

Die Bestimmung wird außerhalb des Anwendungsbereichs des KSchG bei Ungleichgewichtslagen ähnlich der zwischen Unternehmern und Verbrauchern analog angewandt[12].

IV. Wirkung der Aufrechnung

4/39 Durch die Kompensation werden **beide Forderungen, soweit sie sich decken, getilgt** und dadurch zum Erlöschen gebracht. Die Aufrechnung wirkt gem § 1438 wie eine wechselseitige Zahlung.

Bestehen auf einer oder auch auf beiden Seiten *mehrere Forderungen*, die die einschlägigen Voraussetzungen erfüllen, ist nach der Tilgungsreihenfolge der §§ 1415, 1416 (Rz 4/12) vorzugehen.

4/40 Nach verbreiteter Auffassung tritt mit der Aufrechnung die **Tilgung rückwirkend** in dem Zeitpunkt ein, in dem sich die beiden Forderungen erstmals aufrechenbar gegenüberstanden (Aufrechnungslage). Mit der Rückwirkung wird vor allem die **Aufrechenbarkeit verjährter Forderungen** begründet, wenn die beiden Ansprüche einander irgendwann einmal aufrechenbar, insb unverjährt gegenübergestanden sind (hRsp).

Beispiel: Die Forderung des A gegen B ist Ende 2016 verjährt. Die Forderung des B gegen A ist Anfang 2016 entstanden, Mitte 2016 fällig geworden und weiterhin aufrecht. Klagt nun B den A auf Zahlung, kann A nach hRsp die Aufrechnung mit seiner verjährten Gegenforderung einwenden; denn die Kompensation soll auf den Zeitpunkt zurückwirken, in dem einander die Forderungen erstmals aufrechenbar gegenübergestanden sind, das ist in concreto Mitte 2016.

Mit der Rückwirkung der Kompensation kann aber in Wahrheit die Aufrechenbarkeit verjährter Forderungen nicht begründet werden. Denn nach hA müssen im Zeitpunkt der Erklärung der Aufrechnung noch all ihre Voraussetzungen vorliegen. Eine verjährte Forderung (= Naturalobligation) erfüllt aber nicht das Erfordernis der *Richtigkeit* iSd § 1439 (Rz 4/27). Auch sonst gibt es keine plausiblen Argumente, die die These der Aufrechenbarkeit verjährter Forderungen stützen könnten[13].

---

12 *Dullinger* in Rummel[3] § 1440 Rz 31; *Heidinger* in Schwimann/Kodek[4] § 1440 Rz 24; *Griss* in KBB[4] § 1440 Rz 9; jeweils mwN; kritisch *Lukas*, JBl 2011, 780 ff.

13 Dazu *Eypeltauer*, JBl 1991, 137; *P. Bydlinski*, RZ 1991, 2; vgl auch *Dullinger* in Rummel[3] § 1438 Rz 15; *Heidinger* in Schwimann/Kodek[4] § 1438 Rz 24; *Holly* in ABGB-ON[1.02] § 1438 Rz 20.

Eine wichtige, aber ebenfalls problematische Folge der Rückwirkung ist die **Beseitigung der Verzugsfolgen** ab dem Zeitpunkt, in dem die Forderungen einander erstmals aufrechenbar gegenüberstanden. Für die Zeit danach soll insb die Verpflichtung zur Zahlung von Verzugszinsen oder einer Vertragsstrafe (dazu I/10/27 ff) entfallen. Dies führt jedoch immer dann zu unberechtigten Vorteilen einer Seite, wenn die Verzugszinsen der gegenseitigen Forderungen nicht gleich hoch sind oder wenn nur einer der Betroffenen zur Zahlung einer Vertragsstrafe verpflichtet gewesen wäre. 4/41

Dazu kommt, dass weder die Aufrechnungszwecke (Rz 4/23) noch andere schutzwürdige Interessen der Beteiligten eine plausible Begründung für die Ex-tunc-Wirkung der Kompensation bieten. Aus diesen Erwägungen wird die Rückwirkungsthese von der jüngeren Lehre überwiegend abgelehnt[14].

V. Aufrechnungsvertrag

Die Kompensation kann nicht nur durch einseitige Erklärung, sondern auch durch entsprechende Vereinbarung erfolgen. Ein Aufrechnungsvertrag ist grundsätzlich auch für den Fall zulässig, dass die Voraussetzungen der §§ 1438 ff nicht erfüllt sind. So kann insb eine Aufrechnung von *ungleichartigen*, *unrichtigen* oder *noch nicht fälligen* Forderungen vereinbart werden. 4/42

Bezüglich der **Gegenseitigkeit** ist zu differenzieren: Eine Kompensation mit Forderungen, die *gegen Dritte* zustehen, ist mit Zustimmung des Aufrechnungsgegners möglich. Dieser hat damit die Schuld des Dritten getilgt (§ 1422). Die Kompensation mit einer Forderung, die *einem Dritten* gegen den Aufrechnungsgegner zusteht, ist jedoch grundsätzlich ausgeschlossen.

Die **Wirkungen** eines Aufrechnungsvertrages, insb der Zeitpunkt des Erlöschens der Forderungen, richten sich nach der Vereinbarung.

VI. Kontokorrent

Zu einer Verrechnung von gegenseitigen Forderungen kommt es auch im Kontokorrentverhältnis, das in den §§ 355–357 UGB geregelt ist. Gem § 355 UGB hat der Kontokorrentvertrag typischerweise zum Inhalt, dass die **„beiderseitigen Ansprüche und Leistungen" aus einer laufenden Geschäftsverbindung** „in regelmäßigen Zeitabschnitten durch **Verrechnung** und Feststellung des für den einen oder anderen Teil sich ergebenden Über- 4/43

14 So *P. Bydlinski*, RZ 1991, 3; *derselbe*, RdW 1993, 238 f; *Schopper*, VbR 2014, 43; ausführlich *Dullinger*, Handbuch der Aufrechnung (1995) 147 ff; zustimmend *Heidinger* in Schwimann/Kodek[4] § 1438 Rz 19 ff; *Holly* in ABGB-ON[1.02] § 1438 Rz 20; jeweils mwN.

schusses ausgeglichen werden“. Ein Kontokorrentverhältnis kann auch zwischen Verbrauchern begründet werden (= uneigentliches Kontokorrent). In diesem Fall sind mangels abweichender Vereinbarung die §§ 355–357 UGB analog anwendbar.

Der wirtschaftliche **Zweck** des Kontokorrents besteht vor allem in der *Erleichterung und Vereinfachung* des Zahlungs- und Abrechnungsverkehrs in einer Geschäftsverbindung. Statt jeden Geschäftsfall gesondert abzuwickeln, wird eine Vielzahl von Forderungen und Leistungen gegeneinander verrechnet.

4/44 Die **Abrechnung** erfolgt **periodisch**, also in regelmäßigen Zeitabständen, die gem § 355 Abs 2 UGB mangels abweichender Vereinbarung ein Jahr betragen. Während der Verrechnungsperiode werden die gegenseitigen Forderungen und Leistungen in Rechnung gestellt. Die Forderungen können nicht mehr selbständig geltend gemacht, abgetreten, ge- oder verpfändet werden. Am Ende der Periode erfolgt eine **Gesamtabrechnung.** Soweit sich die Summen der gegenseitigen Ansprüche decken, kommt es zur Tilgung durch Aufrechnung. Ein allfälliger Überschuss auf einer Seite wird als *Saldo* bezeichnet.

E. Vereinigung (Konfusion)

4/45 Von Vereinigung oder Konfusion spricht man, wenn **Gläubiger- und Schuldnerposition aus demselben Schuldverhältnis in einer Person zusammentreffen** (§ 1445); zB wenn der Mieter das Bestandobjekt erwirbt. Grundsätzlich führt die Vereinigung gem § 1445 zum **Erlöschen der Schuld bzw Forderung.**

4/46 Zur Konfusion kommt es vor allem dann, wenn ein **Gläubiger seinen Schuldner beerbt.** Hat allerdings der Gläubiger die Möglichkeit, das vom Schuldner übernommene Vermögen – insb durch Nachlassseparation gem § 812 – von seinem eigenen zu trennen, findet gem § 1445 S 1 keine Konfusion statt.

Verlangt also der Gläubiger, der seinen Schuldner beerbt, gem § 812 Nachlassseparation (vgl VI/8/13 ff), kann er selbst seine Forderung gegenüber dem Nachlass geltend machen. Dadurch wird verhindert, dass er gegenüber den sonstigen Gläubigern schlechter gestellt ist; denn ansonsten könnten die übrigen Gläubiger den Nachlass aufzehren, sodass für den Erben nichts mehr übrig bliebe. Der Erbe seines Schuldners kann bei bedingter Erbantrittserklärung (dazu VI/6/11) auch weiterhin auf einen Bürgen greifen, wenn der Nachlass die Forderung nicht oder nicht zur Gänze deckt.

Die Konfusion ist gem § 1445 S 1 auch dann ausgeschlossen, *„wenn Verhältnisse von ganz verschiedener Art eintreten“*. Dazu zählt § 1445 S 2 insb den Fall, dass der **Schuldner seinen Gläubiger beerbt.** Hier ist die entsprechende Forderung des Nachlasses zugunsten der Erbschaftsgläubiger, Miterben und Legatare zu berücksichtigen.

Bei **verbücherten Rechten** kommt es gem § 1446 durch Vereinigung von Gläubiger- und Schuldnerstellung nicht zur Aufhebung des entsprechenden Rechts. Dieses besteht vielmehr weiter, „bis die Löschung aus den öffentlichen Büchern“ (insb aus dem Grundbuch) erfolgt (vgl dazu IV/12/18 f und IV/15/46). **4/47**

F. Verzicht (Entsagung, Erlass)

§ 1444 gibt dem Gläubiger die Möglichkeit, auf sein Recht zum Vorteil seines Schuldners zu verzichten und dadurch dessen *Verbindlichkeit aufzuheben*. Diese Bestimmung bezieht sich zwar primär auf Forderungsrechte; sie gilt aber auch für andere Rechte, soweit sie verzichtbar sind (unverzichtbar sind zB viele Familienrechte). **4/48**

Der Verzicht ist ein **Verfügungsgeschäft** und bedarf daher eines wirksamen **Titels**. Als solcher kommt für den *entgeltlichen* Verzicht Austausch oder Streitbereinigung, für den *unentgeltlichen* Verzicht Schenkung in Betracht. Häufig fallen Titelgeschäft und Vollzug zeitlich zusammen. **4/49**

Nach überwiegender Ansicht ist auch für den **unentgeltlichen Verzicht** die Zustimmung des anderen Teils erforderlich[15]. Dies wird damit begründet, dass auch sonstige unentgeltliche Zuwendungen der Annahme durch den Empfänger bedürfen (Vertragsnatur der Schenkung gem § 938) oder zumindest ausgeschlagen werden können (Vertrag zugunsten Dritter, § 882 Abs 1). Die Zustimmung zum Verzicht kann natürlich auch konkludent und in gewissen Fallkonstellationen auch durch tatsächliches Entsprechen iSd § 864 (vgl I/4/9 und I/6/18 f) erfolgen. **4/50**

Der Verzicht bedarf nach hA **keiner besonderen Form**; dies gilt insb auch dann, wenn die Verbindlichkeit förmlich begründet wurde oder wenn der Verzicht unentgeltlich erfolgt. **4/51**

Gem § 937 ist ein **allgemeiner, unbestimmter Verzicht** auf alle Einwendungen aus einem Rechtsverhältnis **unwirksam**. Der Grund für diese Bestimmung liegt vor allem im Verdacht der Unerlaubtheit, Sittenwidrigkeit und des Verstoßes gegen zwingende Normen. **4/52**

Verzichte auf bestimmte Einwendungen wie Irrtumsanfechtung, Gewährleistung, Geltendmachung von Gegenforderungen oder Schadener-

15 Vgl *Dullinger* in Rummel[3] § 1444 Rz 3; *Heidinger* in Schwimann/Kodek[4] § 1444 Rz 3 ff; *Holly* in ABGB-ON[1.02] § 1444 Rz 14 f; jeweils mwN.

satzansprüchen verstoßen nicht gegen § 937. Sie können aber aus anderen Gründen, insb wegen Sittenwidrigkeit (teilweise) unwirksam sein (§ 879; vgl für Verbraucherverträge auch § 6 Abs 1 Z 6–9 und Z 14 KSchG).

G. Sonstige Endigungsgründe

I. Zeitablauf

4/53 Durch Zeitablauf enden befristete Rechte, insb **befristete Dauerschuldverhältnisse**; zB Bestand-, Kredit- oder Dienstverträge. Einen besonderen gesetzlichen Tatbestand für die Beendigung von Rechten stellt die *Verjährung* dar (dazu I/3/28 ff).

II. Kündigung

4/54 **Unbefristete Dauerschuldverhältnisse** enden durch **ordentliche Kündigung**. Das ist eine empfangsbedürftige Willenserklärung eines Vertragspartners gegenüber dem anderen, die den Beendigungswillen zum Ausdruck bringt. Dabei müssen zwar bestimmte *Termine und Fristen* eingehalten werden, die sich entweder aus dem Vertrag oder dem Gesetz ergeben; ein besonderer *Kündigungsgrund* braucht jedoch *nicht* vorzuliegen. Bei manchen Dauerschuldverhältnissen (insb bei Miet- und Arbeitsverträgen) ist die Möglichkeit der ordentlichen Kündigung zum Schutz des sozial schwächeren Vertragspartners (= Mieter oder Arbeitnehmer) gesetzlich beschränkt.

Eine **außerordentliche Kündigung** aus *wichtigem Grund* ist sowohl bei unbefristeten als auch bei befristeten Rechtsverhältnissen stets möglich (dazu Rz 3/158).

4/55 Bei **Verbraucherverträgen über wiederkehrende Leistungen** besteht gem § 15 KSchG eine – verglichen mit den allgemeinen Regeln – *erweiterte Kündigungsmöglichkeit*. Sie erfasst alle auf unbestimmte oder ein Jahr übersteigende Zeit geschlossene Verträge, „durch die sich der Unternehmer zur wiederholten Lieferung beweglicher körperlicher Sachen einschließlich Energie oder zu wiederholten Werkleistungen und der Verbraucher zu wiederholten Geldzahlungen verpflichten". Der Verbraucher kann solche Rechtsverhältnisse gem § 15 Abs 1 KSchG unter Einhaltung einer zweimonatigen Kündigungsfrist zum Ablauf des ersten Jahres, danach zum Ablauf eines jeden Halbjahres kündigen.

Unter § 15 KSchG fallen *nicht nur Dauer-, sondern auch Zielschuldverhältnisse*, bei denen die Parteien die Leistungen in Teilen zu erbringen haben (Sukzessivlieferungsverträge ieS; dazu Rz 3/27). Die Kündigung setzt in keinem Fall einen wichtigen Grund voraus. Bei Lieferung von Sachen, die in ihrer Gesamtheit eine unteilbare Leistung bilden und deren Umfang und Preis schon bei Vertragsschluss bestimmt sind, kann allerdings gem § 15 Abs 2 KSchG (durch entsprechende Vereinbarung) der erste Kündigungstermin bis zum Ablauf des zweiten Jahres hinausgeschoben und die Kündigungsfrist auf höchstens sechs Monate verlängert werden.

Erfordert die Erfüllung des Vertrages *erhebliche Aufwendungen des Unternehmers* und hat er dies dem Verbraucher spätestens bei Vertragsschluss bekanntgegeben, so können gem § 15 Abs 3 KSchG den Umständen angemessene – von den dargelegten Regeln abweichende – Kündigungstermine und -fristen vereinbart werden.

Von dieser Ausnahmebestimmung sind insb Ver- und Entsorgungsverträge (etwa Fernwärmeverträge) erfasst, wenn erst die Leitung zum Verbraucher oder zu einer überblickbaren Gruppe von Verbrauchern errichtet werden muss.

III. Besondere Rücktrittsrechte

Befristete Dauerschuldverhältnisse und insb *Zielschuldverhältnisse* können **4/56**
grundsätzlich ohne besonderen *Auflösungsgrund* nicht einseitig beendet werden. So kann ein Anfechtungs-, Rücktritts- oder Wandlungsrecht im Allgemeinen nur bei Vorliegen eines *Abschluss- oder Erfüllungsmangels* (Rz 3/1 ff) nach Maßgabe der jeweils einschlägigen gesetzlichen Vorschriften geltend gemacht werden.

Demgegenüber normieren vor allem jüngere Gesetzesbestimmungen (meist basierend auf entsprechenden europarechtlichen Vorgaben) zunehmend auch Rücktrittsrechte, die nicht von einem Wurzelmangel des Rechtsgeschäfts oder einer Abwicklungsstörung abhängen, sondern bloß an die Situation des Zustandekommens oder an den Inhalt des Geschäfts anknüpfen. Solche **situations- oder inhaltsbezogene Rücktrittsrechte** finden sich vor allem auch in *Verbraucherschutzbestimmungen.*

So sieht das *FAGG* in den §§ 11 ff ein **allgemeines Rücktrittsrecht** für **außerhalb von Geschäftsräumlichkeiten** oder im Wege des **Fernabsatzes** geschlossene Verträge vor. Der Rücktritt kann *ohne Begründung* und *formfrei* erfolgen. Die *Rücktrittsfrist* beträgt grundsätzlich *14 Tage* und beginnt bei Dienstleistungsverträgen mit dem Vertragsschluss, bei Geschäften über den Erwerb von Waren erst mit Übergabe der Ware an den Verbraucher. Verletzt der Unternehmer seine Pflicht zur Belehrung über das Rücktrittsrecht, so verlängert sich gem § 12 FAGG die Rücktrittsfrist um zwölf Monate (näher zum Ganzen I/10/3 ff).

Ähnliche Rücktrittsrechte sind für **Verbraucherkreditverträge** in § 12 VKrG und § 13 HIKrG normiert (dazu III/9/17).

IV. Tod einer Vertragspartei

4/57 Durch den Tod erlöschen gem § 1448 nur solche Rechtsverhältnisse, „welche auf die Person eingeschränkt sind, oder die bloß persönliche Handlungen des Verstorbenen betreffen".

Der Tod des **Schuldners** beendet *nur höchstpersönliche* Verbindlichkeiten, so zB die Pflichten des Dienstnehmers aus einem Dienstvertrag oder des Geschäftsbesorgers aus einem Auftragsverhältnis (§ 1022). Ansonsten tritt der Nachlass bzw der Erbe in die Leistungspflicht ein.

Auch der Tod des **Gläubigers** führt nur in besonderen Einzelfällen zum Erlöschen des Anspruchs; so erlischt etwa das Auftrags- bzw Vollmachtsverhältnis grundsätzlich durch den Tod des Geschäftsherrn (§ 1022, s aber § 1025 und dazu III/5/12); der Unterhaltsanspruch erlischt durch den Tod des Berechtigten. Abgesehen von diesen und einigen weiteren Ausnahmen sind aber Forderungen genauso wie Verbindlichkeiten im Allgemeinen vererblich (vgl zum Ganzen VI/1/12 ff).

§ 5. Änderungen im Schuldverhältnis

Die Bestimmungen des ABGB über die „Umänderung der Rechte und Verbindlichkeiten“ (§§ 1375–1410) behandeln sowohl inhaltliche als auch personelle Änderungen im Schuldverhältnis. **Inhaltliche** Änderungen erfolgen durch Novation, Schuldänderung, Vergleich oder Anerkenntnis. Zu Änderungen hinsichtlich der beteiligten **Personen** kommt es durch Forderungsabtretung, Anweisung, Schuld- oder Vertragsübernahme. **5/1**

A. Novation und Schuldänderung

Eine **Novation (= Neuerungsvertrag)** kommt dadurch zustande, dass die Parteien eine Änderung des Rechtsgrundes oder des Hauptgegenstandes der Forderung vereinbaren (§§ 1376, 1377). Zu einer **Änderung des Rechtsgrundes** kommt es zB dann, wenn ein Verwahrungsvertrag in einen Leihvertrag (§ 959)[1] oder ein Darlehen in eine Gesellschaftereinlage[2] umgewandelt wird. **Änderung des Hauptgegenstandes** bedeutet, dass die primäre Leistungspflicht geändert wird. Werden hingegen nur Nebenpflichten verändert, handelt es sich um keine Novation, sondern um eine bloße Schuldänderung (§ 1379; dazu Rz 5/7). **5/2**

Eine Änderung des Hauptgegenstandes liegt zB vor, wenn statt des ursprünglich geschuldeten Kühlschranks eine Waschmaschine, statt Kohle Heizöl oder statt Weißwein Rotwein geleistet werden soll.

Durch den Neuerungsvertrag *„hört die vorige Hauptverbindlichkeit auf, und die neue nimmt zugleich ihren Anfang“* (§ 1377 S 2). Daraus wird geschlossen, dass die neue Verbindlichkeit nur dann entsteht, wenn auch die alte Schuld wirksam war. **5/3**

Darüber hinaus sollen nach überwiegender Ansicht auch alle gegen die alte Schuld bestehenden **Einwendungen** gegenüber der neuen Verbindlichkeit aufrecht bleiben, wenn bei

1 OGH 7 Ob 507/89 ÖBA 1989/164, 741.
2 OGH 1 Ob 126/75 GesRZ 1975, 130.

der Novation nicht Gegenteiliges vereinbart wurde[3]. Dem kann jedoch in dieser Allgemeinheit nicht zugestimmt werden[4]. Vielmehr ist im Einzelfall nach den Grundsätzen der Vertragsauslegung zu prüfen, ob das Fortbestehen oder das Erlöschen der konkret in Frage stehenden Einwendung (zB Stundung, Verjährung, Preisminderung etc) dem (hypothetischen) Parteiwillen entspricht. Gewisse Einwendungen, wie etwa die der Mangelhaftigkeit des Leistungsgegenstandes, können durch Novation (Änderung des Hauptgegenstandes) auch saniert werden.

Dass eine bestehende Schuld durch eine *ungültige* Novation nicht berührt wird, ist selbstverständlich. Die Aufhebung des Neuerungsvertrages (zB durch Anfechtung oder Rücktritt) führt zum Wiederaufleben der alten Verbindlichkeit.

Soweit allerdings der Auflösungsgrund nicht nur den Neuerungsvertrag, sondern auch die ursprüngliche Schuld betrifft (zB laesio enormis), kommt es zur Aufhebung des gesamten Schuldverhältnisses.

5/4 Die Novation führt gem § 1378 zum **Erlöschen der Sicherungsrechte**, wenn sich nicht aus der Vereinbarung Gegenteiliges ergibt. Sind dritte Sicherungsgeber (Bürgen, Pfandbesteller) betroffen, ist die Weiterhaftung von deren Zustimmung abhängig.

5/5 Der sog **animus novandi** ist die Absicht der Parteien, die bestehende Verbindlichkeit aufzuheben und durch eine neue zu ersetzen. Dieser Wille muss sich eindeutig aus der Vereinbarung ergeben und ist im Zweifel nicht zu vermuten. Vielmehr ist bei insofern unklarer Parteienabsicht vom Fortbestehen des alten Vertrages neben dem neuen auszugehen, wenn beide Verbindlichkeiten nebeneinander „wohl bestehen" können (§ 1379 letzter Satz).

Wird zB zunächst ein Kühlschrank gekauft und nachträglich der Kauf einer Tiefkühltruhe vereinbart, so ist bei zweifelhafter Neuerungsabsicht von *zwei* Kaufverträgen auszugehen.

5/6 Die **Leistung an Zahlungs Statt** (§ 1414, dazu Rz 4/19 ff) ist nach einem Teil der Lehre ein Fall der Novation. Nach anderer Auffassung ist hingegen zwischen den beiden Instituten zu unterscheiden: Während die Novation eine *neue* Verbindlichkeit begründet, werde bei Leistung an Zahlungs Statt nur die *bestehende* Verpflichtung durch eine andere als die ursprünglich geschuldete Leistung erfüllt (näher dazu in Rz 4/20).

5/7 Werden nur Nebenpflichten aus dem Schuldverhältnis (oder die Hauptpflichten nur unwesentlich[5]) verändert, kommt es nicht zur Novation, sondern zur bloßen **Schuldänderung** (§ 1379). Hier bleibt das ursprüngliche Schuldverhältnis mit den entsprechenden Änderungen bestehen.

---

3 So *Welser/Zöchling-Jud* II[14] Rz 514; *Ertl* in Rummel[3] § 1377 Rz 2; *Neumayr* in KBB[4] §§ 1376–1377 Rz 2.

4 Für eine differenzierende Betrachtung auch *Heidinger* in Schwimann/Kodek[4] § 1377 Rz 2 f; *Thöni* in Klang[3] § 1377 Rz 8; *Kajaba* in ABGB-ON[1.02] § 1377 Rz 2.

5 Vgl etwa OGH 7 Ob 19/89 ecolex 1991, 17 (*Zankl).*

So etwa bei einer Änderung des Leistungsortes oder der Leistungszeit (zB durch Stundung oder Ratenvereinbarung); ebenso stellt die Begründung zusätzlicher Nebenleistungspflichten (zB Montage oder Wartung des Leistungsgegenstandes) eine bloße Schuldänderung dar.

Auch durch Schuldänderung kann allerdings die Position von dritten **Sicherungsgebern** (Bürgen, Pfandbesteller) ohne deren Zustimmung nicht verschlechtert werden (§ 1379 S 2).

B. Vergleich

§ 1380 bezeichnet den Vergleich als eine Art des Neuerungsvertrages, durch den **streitige oder zweifelhafte Rechte unter beiderseitigem Nachgeben neu festgelegt** werden. 5/8

Ein Recht ist streitig oder zweifelhaft, wenn die Parteien verschiedener Meinung über das Bestehen oder den Umfang dieses Rechts sind. Durch den Vergleich wird der Streit bzw Zweifel beendet. Es wird einvernehmlich festgelegt, ob oder in welchem Umfang das fragliche Recht besteht. Der Vergleich schafft also einen **neuen Rechtsgrund** und wirkt damit *konstitutiv*.

Beispiel: Zwischen den Parteien eines Ratengeschäfts herrscht Streit über den noch offenen Schuldbetrag. Während der Gläubiger behauptet, dass noch 8.000,– ausständig seien, meint der Schuldner, er habe nur mehr 5.000,– zu zahlen. Durch Vergleich einigen sie sich auf 6.500,–.

Für den Vergleich ist das **Nachgeben beider Teile** wesentlich. Demgegenüber wird beim *Anerkenntnis* ein streitiges oder zweifelhaftes Recht durch *einseitiges* Nachgeben neu festgelegt (dazu Rz 5/14 f). Durch *Verzicht* wird eine Verbindlichkeit zum Vorteil des Schuldners aufgehoben (vgl Rz 4/48 ff). 5/9

Der Vergleich bereinigt die bestehende Unsicherheit **endgültig**. Er bleibt daher auch dann aufrecht, wenn sich nachträglich die Streit- oder Zweifelsfrage eindeutig klären lässt (vgl § 1387). 5/10

Kann etwa im obigen Beispielsfall (Rz 5/8) der Schuldner nachträglich nachweisen, dass tatsächlich nur mehr 5.000,– von seiner Verbindlichkeit offen waren, bleibt dennoch der geschlossene Vergleich wirksam.

Weil der Vergleich die Unsicherheit endgültig bereinigen soll, kann er auch nicht wegen **Irrtums** *über den streitigen oder zweifelhaften Sachverhalt* angefochten werden. Bei einem Streit oder Zweifel über bestehende Rechte befindet sich ja idR zumindest eine Partei im Irrtum über die wahren Verhältnisse. Ein Anfechtungsrecht aus diesem Grund würde dem Vergleich seinen Sinn nehmen. 5/11

Ist hingegen einer Partei bei Abschluss des Vergleichs ein *Erklärungsirrtum* unterlaufen (dazu I/8/7 f), so ist sie unter den Voraussetzungen des § 871 zur Anfechtung berechtigt (vgl §§ 1385, 1388). Auch *List* oder *Dro-*

hung iSd § 870 machen den Vergleich anfechtbar (vgl I/8/32 ff), ebenso *Wucher* (§ 879 Abs 2 Z 4; I/7/39). Wegen *laesio enormis* (§§ 934 f) kann der Vergleich jedoch nicht aufgehoben werden (§ 1386).

Ein Irrtum über Umstände, die bei Abschluss des Vergleichs von beiden Teilen als feststehend vorausgesetzt wurden (*Vergleichsgrundlage*), berechtigt als ein besonderer Fall des Wegfalls oder des Fehlens der Geschäftsgrundlage zur Anfechtung, allenfalls auch zur Anpassung des Vergleichs (vgl I/8/40 ff).

Beispiel: Nach dem Tod des E kommt es zwischen den eingeantworteten Erben A, B und C zu Streitigkeiten über die Aufteilung des Nachlasses, der im Wesentlichen aus zwei Liegenschaften besteht. Man einigt sich schließlich darauf, dass A beide Grundstücke übernimmt und an B und C je 120.000,– auszahlen muss. Die Berechnung dieser Abfindungsbeträge erfolgt auf der Grundlage eines von einem Sachverständigen erstellten Schätzgutachtens. Nachträglich stellt sich heraus, dass der Gutachter bei einer dieser Liegenschaften von einem falschen Grenzverlauf ausgegangen ist und daher bei der Bewertung einen Teil des Grundstücks nicht berücksichtigt hat. Da das Schätzgutachten die Grundlage für den Erbteilungsvergleich darstellt, berechtigt die Unrichtigkeit dieses Gutachtens zur Anfechtung bzw Anpassung des Übereinkommens.

5/12 Ein Vergleich führt gem § 1390 mangels abweichender Vereinbarung nicht zum Erlöschen bestehender **Sicherheiten**. Doch kann auch durch Vergleich die Position dritter Sicherungsgeber (Bürgen, Pfandbesteller) ohne deren Zustimmung nicht verschlechtert werden. (Nur) Sie können also gegebenenfalls einwenden, dass die von ihnen gesicherte Schuld in Wahrheit niedriger ist, als im Vergleich festgelegt wurde.

5/13 Bei manchen Rechtsverhältnissen sind **Vergleiche** über bestimmte Streit- oder Zweifelsfragen aus Gründen des öffentlichen Interesses **unzulässig**. So kann zB gem § 1382 ein Streit über die Gültigkeit einer Ehe nicht durch Vergleich bereinigt werden; vgl auch §§ 1383 und 1384.

C. Anerkenntnis

5/14 Das im Gesetz nicht näher geregelte (konstitutive) Anerkenntnis ist ein Vertrag, der ebenso wie der Vergleich der **Streitbereinigung** dient. Während aber der Vergleich durch *beiderseitiges* Nachgeben zustandekommt (Rz 5/8), gibt beim Anerkenntnis *nur eine* Partei nach, indem sie das von ihr **bezweifelte oder bestrittene Recht in vollem Umfang zugesteht**. Dadurch entsteht dieses Recht unabhängig davon, ob es vorher bestanden hat oder nicht. Das Anerkenntnis schafft also – wie der Vergleich – einen **neuen Rechtsgrund** (*konstitutive Wirkung*).

Die konstitutive Wirkung des Anerkenntnisses ist allerdings abhängig von der *Streitbereinigung als Verpflichtungsgrund*. Ist den Parteien hingegen klar, dass das Recht nicht besteht, kann es durch bloßes Anerkenntnis nicht begründet werden; denn abstrakte Schuldversprechen sind nach österr Recht grundsätzlich ungültig (vgl I/5/15 f).

Da das Anerkenntnis sowohl in seiner Funktion als auch in seiner Wirkung dem Vergleich entspricht, werden dessen Regeln, insb zur Frage der Beachtlichkeit von Willensmängeln (Rz 5/11), analog angewandt.

Vom konstitutiven ist das **deklarative Anerkenntnis** zu unterscheiden, das eine bloße *Wissenserklärung* darstellt. Der Schuldner gesteht ohne vorangegangenen Streit oder Zweifel zu, dass das Recht des Gläubigers besteht. Das deklarative Anerkenntnis bildet daher keinen neuen Verpflichtungsgrund, sondern nur ein *Beweismittel*, das durch andere Beweise widerlegt werden kann. Ein deklaratives Anerkenntnis wird oft schlüssig, zB durch eine Bitte um Stundung oder durch Leistung einer (Teil-)Zahlung zum Ausdruck gebracht (§ 863). **5/15**

Das *konstitutive* Anerkenntnis kann, weil es eine Willenserklärung ist, nicht widerlegt, sondern allenfalls angefochten werden (vgl Rz 5/11).

Für eine Unterbrechung der Verjährung nach § 1497 (dazu I/3/40) ist nach hA ein deklaratives Anerkenntnis ausreichend.

D. Forderungsabtretung (Zession)

I. Allgemeine Grundlagen

Da das Forderungsrecht des Gläubigers gegenüber seinem Schuldner meist auf eine geldwerte Leistung gerichtet ist, stellt bei wirtschaftlicher Betrachtung schon die Forderung als solche einen Vermögenswert dar. Über diesen Vermögensgegenstand kann der Berechtigte grundsätzlich verfügen, insb kann er seine Forderung auf eine andere Person übertragen. Dafür steht ihm das Institut der Abtretung (Zession) zur Verfügung (§§ 1392–1399). **5/16**

Im Schuldverhältnis zwischen Gläubiger und Schuldner führt die Zession zu einer personellen Änderung auf Gläubigerseite (§ 1392). Die gegen den **Schuldner (= debitor cessus** oder **Zessus)** gerichtete Forderung steht nicht mehr dem bisherigen Gläubiger, dem sog **Altgläubiger (= Zedent)**, sondern dem **Neugläubiger (= Zessionar)** zu. Die rechtliche Stellung des Neugläubigers entspricht der des Altgläubigers (§ 1394). **5/17**

Die Übertragung der Forderung erfolgt meist durch *rechtsgeschäftliche* Vereinbarung zwischen Alt- und Neugläubiger (Rz 5/26 ff). In gewissen Fällen ist der Forderungsübergang *gesetzlich* angeordnet (dazu Rz 5/58 ff). Eine Mitwirkung, insb die Zustimmung des Schuldners ist in keinem Fall erforderlich. Da somit der Schuldner keinen Einfluss auf die Abtretung nehmen kann, darf er dadurch auch keine Nachteile erleiden. Der **Schuldnerschutz** ist ein zentrales Prinzip des Zessionsrechts (§§ 1395, 1396; dazu Rz 5/34 ff). **5/18**

II. Abtretbare Rechte

5/19 Abtretbar sind gem § 1393 „*alle veräußerlichen Rechte*". Diese nicht sehr aussagekräftige Formulierung wird von der hM dahingehend verstanden, dass **obligatorische Rechte**, soweit sie nicht höchstpersönlicher Natur sind (§ 1393 S 2; dazu Rz 5/20), grundsätzlich zediert werden können.

Die Abtretung ist auch dann zulässig, wenn die Forderung noch *bedingt* oder *befristet* ist. Selbst **künftige Forderungen**, die also erst in der Zukunft entstehen, können zediert werden, wenn sie ausreichend bestimmt sind. Dafür ist idR erforderlich, dass der Entstehungsgrund dieser Forderung bekannt ist. Das erwartete Forderungsrecht muss im Abtretungsvertrag in einer Weise individualisiert werden, dass bei seiner Entstehung einwandfrei festgestellt werden kann, dass es sich um das zedierte Recht handelt[6].

Beispiel: Der Erwerber einer Sache zediert dem Veräußerer zahlungshalber die Forderung, die ihm aus dem Weiterverkauf dieser Sache entstehen wird (zum verlängerten Eigentumsvorbehalt IV/8/22 ff).

Bei Forderungen, die auf eine teilbare Leistung gerichtet sind, ist auch eine *Teilabtretung* zulässig.

5/20 **Höchstpersönliche Rechte** können gem § 1393 S 2 nicht zediert werden. Dazu gehören nach hM zB Unterhaltsforderungen[7] sowie die meisten sonstigen Familienrechte; auch der Anspruch des Dienstgebers gegen den Dienstnehmer auf Erbringung der Dienstleistung ist im Zweifel unabtretbar.

Streitig bzw in den Details problematisch ist vor allem die Abtretbarkeit von Bestandrechten und Bürgschaftsforderungen; Zweifelsfragen bestehen auch bzgl der Zession von Forderungen aus Garantie- und Kreditverträgen[8].

Gestaltungsrechte (zB Anfechtungs-, Rücktritts- oder Gewährleistungsrechte) können idR für sich alleine nicht abgetreten werden, sondern nur gemeinsam mit dem betroffenen Hauptanspruch des Schuldverhältnisses. Bei besonderen Fallkonstellationen wird allerdings wegen Schutzwürdigkeit des entsprechenden Interesses die selbständige Übertragung gewisser Gestaltungsrechte zugelassen[9]. So können zB beim Finanzierungsleasing (dazu III/8/84) Gewährleistungsrechte wegen Mangelhaftigkeit des Leasingobjekts vom Leasinggeber an den Leasingnehmer abgetreten werden[10].

---

6 Vgl zu all dem im Detail *Aichberger-Beig*, Die Zession künftiger Forderungen (2008).

7 Zu diesbezüglichen Ausnahmen *Lukas* in ABGB-ON$^{1.01}$ § 1393 Rz 5; *Heidinger* in Schwimann/Kodek^{4} § 1393 Rz 6.

8 Zu all diesen Problemfällen *Lukas* in ABGB-ON$^{1.01}$ § 1393 Rz 8 ff; *Thöni* in Klang^{3} § 1393 Rz 27 ff; *Ertl* in Rummel^{3} § 1393 Rz 1 und 6; *Heidinger* in Schwimann/Kodek^{4} § 1393 Rz 8 ff; *Neumayr* in KBB^{4} § 1393 Rz 5 f; jeweils mwN.

9 Dazu insb *P. Bydlinski*, Die Übertragung von Gestaltungsrechten (1986); vgl auch *Lukas* in ABGB-ON$^{1.01}$ § 1393 Rz 15 ff; *Thöni* in Klang^{3} § 1393 Rz 47 ff; *Ertl* in Rummel^{3} § 1393 Rz 5; *Heidinger* in Schwimann/Kodek^{4} § 1393 Rz 15 ff; *Neumayr* in KBB^{4} § 1393 Rz 8; jeweils mwN.

10 Vgl *Fischer-Czermak*, Mobilienleasing (1995) 206 ff; *Thöni* in Klang^{3} § 1393 Rz 50; OGH 1 Ob 579/94 ÖBA 1995/511, 813 (*Iro*); 6 Ob 639/88 SZ 61/238.

Für die Übertragung **dinglicher Rechte** gelten eigene Regeln (§§ 423 ff, 451 ff, 481). Daher können Sachenrechte, insb das Eigentumsrecht, nicht zediert werden.

Gesetzliche Abtretungsverbote bestehen vor allem für Wiederkaufsrecht (§ 1070), Rückverkaufsrecht (§ 1071) und Vorkaufsrecht (§ 1074), ebenso für Mietzinsforderungen aus Bestandverträgen nach dem MRG (§ 42 Abs 2 MRG) und Forderungen, die gem §§ 290 ff EO unpfändbar sind (§ 293 Abs 2 EO). **5/21**

§ 12 KSchG verbietet die *Abtretung von Lohn- oder Gehaltsforderungen eines Verbrauchers an einen Unternehmer*, wenn dadurch noch nicht fällige Ansprüche des Unternehmers gesichert oder befriedigt werden sollen. Nach hA ist allerdings eine verbotswidrige Zession wirksam. Zahlt der Drittschuldner (= Dienstgeber des Verbrauchers) an den Unternehmer, so ist letzterer gem § 12 Abs 2 KSchG dem Verbraucher zum Ersatz verpflichtet; es sei denn, der Unternehmer kann beweisen, dass der Verbraucher durch diese Zahlung von einer bestehenden Schuld befreit worden ist.

III. Vertragliche Abtretungsverbote

Ein vertragliches Zessionsverbot entsteht durch Vereinbarung zwischen Schuldner und (Alt-)Gläubiger, dass die Forderung nicht abgetreten werden darf. **5/22**

Die Wirkung eines vertraglichen Abtretungsverbots war zur Rechtslage vor Inkrafttreten des § 1396a[11] in der Lehre streitig. Die Judikatur[12] erkannte dem Verbot absolute Wirkung in dem Sinn zu, dass dem Schuldner bei verbotswidriger Zession ein entsprechender Einwand gegen den Zessionar (nach § 1396; dazu Rz 5/25, 5/38) gewährt wurde. Demgegenüber wird durch § 1396a Abs 2 für die – in der Praxis wichtigste – Fallgruppe der Geldforderungen aus unternehmerischen Geschäften eine absolute Wirkung vertraglicher Zessionsverbote explizit ausgeschlossen.

§ 1396a enthält eine detaillierte Regelung über die Gültigkeitsvoraussetzungen und Rechtsfolgen vertraglicher Abtretungsverbote[13]. Der **Anwendungsbereich** der Norm ist gem Abs 1 beschränkt auf

- vertragliche Zessionsverbote über **Geldforderungen**
- aus **zweiseitigen Unternehmergeschäften**; § 1396a ist daher nicht anwendbar, wenn auch nur ein Vertragsteil kein Unternehmer ist.

---

11 Eingeführt durch das ZessRÄG BGBl I 2005/51; in Kraft seit 1.6.2005.

12 S insb OGH 5 Ob 609/81 (verst Senat) SZ 57/8.

13 Ausführlich zum Folgenden insb *Lukas*, ÖBA 2005, 705 ff; *Aydinonat*, Nichtabtretungsvereinbarung und der neue § 1396a ABGB (2007); s auch *Lukas* in ABGB-ON[1.01] § 1396a Rz 1 ff; *Thöni* in Klang[3] § 1396a Rz 1 ff; *Neumayr* in KBB[4] § 1396a Rz 1 ff; jeweils mwN.

5/23 Ein von § 1396a erfasstes Abtretungsverbot ist nach Abs 1 **nur verbindlich,** wenn es

- im *Einzelnen ausgehandelt* worden ist und
- den Gläubiger unter Berücksichtigung aller Umstände des Falles *nicht gröblich benachteiligt.*

Die erste Tatbestandsvoraussetzung entspricht der des § 6 Abs 2 KSchG. Die Parteien müssen also über das Verbot verhandelt haben. Eine gröbliche Benachteiligung ist insb dann anzunehmen, wenn zwischen den Parteien ein Machtgefälle zu Lasten des Gläubigers besteht und diesem durch das Verbot nahezu jede Finanzierungsmöglichkeit genommen wird[14].

Sind die Kriterien gem § 1396a Abs 1 erfüllt, ist das Zessionsverbot *zwischen den Parteien wirksam.* Eine verbotswidrige Abtretung begründet bei Vorliegen der entsprechenden Voraussetzungen Schadenersatzpflichten des (Alt-)Gläubigers gegenüber dem Schuldner wegen Vertragsverletzung.

5/24 Auch ein gültig vereinbartes Abtretungsverbot kann die **Wirksamkeit einer (verbotswidrigen) Zession nicht verhindern** (§ 1396a Abs 1 S 2). Dem Schuldner steht also gegen den Zessionar kein Einwand (nach § 1396) aus dem Abtretungsverbot zu. Auch sonstige Rechte des Schuldners gegen den Zedenten infolge der verbotswidrigen Abtretung (insb Schadenersatzansprüche; Rz 5/23) können gem § 1396a Abs 2 gegen die Forderung (des Zessionars) nicht eingewendet werden (zum „Schuldnerprivileg“ nach § 1396a Abs 1 S 2 s Rz 5/31).

Der Zessionar haftet dem Schuldner nicht allein deswegen, weil er das Abtretungsverbot gekannt hat (§ 1396a Abs 2 S 2). Eine Haftung kommt daher in diesem Verhältnis nur dann in Betracht, wenn der Zessionar den Zedenten zu einer verbotswidrigen Abtretung verleitet hat (vgl Rz 1/38).

5/25 Vertragliche Abtretungsverbote, die **nicht vom Anwendungsbereich des § 1396a erfasst** sind, entfalten iSd hRsp *absolute Wirkung*[15] (Rz 5/22). Hier steht also dem Schuldner bei verbotswidriger Zession ein entsprechender Einwand gegen den Zessionar zu (§ 1396; Rz 5/38).

Gem *§ 364c* hat zwar ein rechtsgeschäftliches Veräußerungs- und Belastungsverbot – abgesehen von den im Gesetz angeführten Ausnahmen – bloß obligatorische (= relative) Wirkung (IV/4/32); doch ist der Anwendungsbereich des § 364c auf körperliche Sachen und dingliche Rechte beschränkt. Die Bestimmung *gilt daher nicht für die Abtretung von Forderungen.* Dies wird in den Mat zum ZessRÄG[16] erneut klargestellt (so bereits Mat zur 3. TN 166).

---

14 ErläutRV 861 BlgNR 22. GP 6.
15 So ausdrücklich ErläutRV 861 BlgNR 22. GP 6.
16 ErläutRV 861 BlgNR 22. GP 2.

Die Gültigkeit der Vereinbarung über ein Zessionsverbot ist außerhalb des Anwendungsbereichs des § 1396a nicht nach Abs 1 dieser Bestimmung zu beurteilen, sondern nach den jeweils einschlägigen allgemeinen Regeln.

IV. Rechtsgeschäftliche Abtretung

1. Übertragung der Forderung durch Titel und Modus

Auch die Forderungsabtretung bedarf – wie prinzipiell jede Rechtsübertragung (Verfügung) – eines gültigen Titels[17]. Häufig fallen allerdings Titel und Modus, also Verpflichtung und Verfügung zeitlich zusammen. **5/26**

Als **Titel (= Verpflichtungsgeschäft)** kommen insb Kauf, Schenkung oder Sicherungsabrede in Betracht. Eine Forderung kann auch an Zahlungs Statt oder zahlungshalber abgetreten werden (vgl Rz 4/19 ff, insb 4/22).

Der **Verkauf von Forderungen** hat meist Finanzierungsfunktion.

Beispiel: Der (Alt-)Gläubiger verkauft und zediert seine Forderung vor Fälligkeit, weil er Geld braucht. Der Erwerber bezahlt idR nicht den vollen Nennwert der Forderung, sondern zieht „Zwischenzinsen" ab (zu Globalzession und Factoring s Rz 5/53 und 5/57).

Die **Sicherungszession** ist der Sicherungsübereignung körperlicher Sachen nachgebildet und hat den gleichen wirtschaftlichen Zweck: Dem Erwerber soll eine Sicherheit für einen dem Zedenten gewährten Kredit verschafft werden. Dem Sicherungszessionar wird zwar das Forderungsrecht vollständig übertragen; er darf aber nach dem Innenverhältnis davon nur dann Gebrauch machen, wenn der Zedent den gesicherten Anspruch nicht (vollständig) erfüllt (vgl IV/14/17 f). Neben der Sicherungszession besteht allerdings auch die Möglichkeit der in der Praxis eher seltenen *Verpfändung von Forderungen* (dazu IV/9/13 und IV/10/8 f).

Da das Gesetz für die Abtretung selbst keine besondere Form vorschreibt, reicht als **Modus** im Normalfall eine entsprechende *Einigung zwischen Alt- und Neugläubiger* (vgl § 1392). **5/27**

Bei **verbrieften Forderungen** ist allerdings häufig die Übergabe der Urkunde erforderlich (vgl § 1393 S 3). Das gilt für Inhaber- und Orderpapiere (zB Wechsel, bei dem freilich für volle wertpapierrechtliche Übertragung idR Indossament notwendig ist). Forderungen aus Rektapapieren können hingegen durch bloße Vereinbarung abgetreten werden. Rektapapiere sind zB nach hA das sog Namenssparbuch (vgl §§ 31 f BWG) sowie die in § 363 UGB genannten unternehmerischen Wertpapiere wie Lager- oder Ladeschein, wenn sie keine Orderklausel enthalten.

Bei der **Sicherungszession** sind die *Pfandrechtsvorschriften analog* anzuwenden. Ihre Wirksamkeit ist daher von einem *Publizitätsakt entspre-*

17 Allgemein dazu I/5/12 ff; vgl auch IV/6/36 ff.

chend § 452 abhängig. Dafür kommt die Verständigung des Zessus, bei verbrieften Forderungen die Übergabe der Urkunde und bei (in den Geschäftsbüchern des Zedenten) „verbücherten" Ansprüchen ein entsprechender Buchvermerk in Betracht (näher zu den Details IV/14/19 ff und IV/10/8 f).

Bei einer **Abtretung zahlungshalber** bestehen grundsätzlich keine Publizitätserfordernisse, doch lässt sich diese nicht immer leicht von der Sicherungszession abgrenzen. Jede Zession zahlungshalber hat nämlich zwangsläufig einen *Sicherungseffekt*, weil dem Zessionar der ursprüngliche Anspruch gegen den Zedenten vorerst erhalten bleibt (vgl Rz 4/22); zusätzlich steht ihm die abgetretene Forderung gegen den Zessus zu. Das pfandrechtliche Publizitätsprinzip greift aber nur dann ein, wenn nach der Absicht der Parteien *der Sicherungs- den Befriedigungszweck überwiegt*, wenn also zumindest vorrangig der gleiche wirtschaftliche Zweck verfolgt wird wie mit einer Sicherungszession. In diesem Fall ist auch für die (sicherungsweise) Abtretung zahlungshalber ein Publizitätsakt analog § 452 erforderlich (s oben)[18].

5/28 Eine gesetzliche **Formpflicht für das Titelgeschäft** ist natürlich auch dann zu beachten, wenn dieses Geschäft auf eine Forderungsabtretung gerichtet ist. Deshalb kann auch eine Forderung nur durch Notariatsakt oder „wirkliche Übergabe" gültig *verschenkt* werden (§ 943 iVm § 1 Abs 1 lit d NotAktsG). Da aber Forderungsrechte nicht körperlich übergeben werden können, begnügt man sich mit einer symbolischen Übertragung. Dafür kommt bei verbrieften Forderungen wiederum die Übergabe der Urkunde in Betracht. Ansonsten wird auch die Verständigung des Zessus für ausreichend angesehen, die aber hier in jedem Fall durch den Zedenten (= Geschenkgeber) erfolgen muss[19]; dies gebietet der Formzweck, nämlich der Schutz des Geschenkgebers vor übereilten Schenkungsversprechen (vgl dazu III/2/5 f).

5/29 Da die Forderung durch ihre Abtretung inhaltlich nicht verändert wird[20] (§ 1394), gehen grundsätzlich auch die ihrer Durchsetzung oder Sicherung dienenden **Nebenrechte** auf den Zessionar über; so zB der Anspruch auf Rechnungslegung oder auf eine Vertragsstrafe, vor allem aber die *Sicherungsrechte* aus Bürgschaft oder Pfand. Bei den Pfandrechten ist allerdings zweifelhaft, ob deren Übergang schon allein durch die Zession erfolgt oder

18 Vgl zB OGH 3 Ob 246/09m ÖBA 2010/1669, 831 (*Bollenberger*); *Lukas* in ABGB-ON[1.01] § 1392 Rz 14; *Thöni* in Klang[3] § 1392 Rz 57 ff.

19 S etwa OGH 1 Ob 147/00z JBl 2001, 313; 2 Ob 246/08b ecolex 2009/156.

20 Zur Frage einer allfälligen Änderung des Erfüllungsortes insb bei Geldforderungen *Lukas* in ABGB-ON[1.01] § 1394 Rz 5.

ob dafür ein eigener, den pfandrechtlichen Publizitätsvorschriften entsprechender Übertragungsakt erforderlich ist (vgl dazu IV/10/30 ff).

2. Verständigung des Schuldners

Im Normalfall ist die Wirksamkeit der Zession *nicht* von der Zustimmung, ja nicht einmal von der Verständigung des Schuldners abhängig. Dem Neugläubiger steht die abgetretene Forderung auch dann zu, wenn der Zessus keine Kenntnis vom Gläubigerwechsel erlangt (zu den Ausnahmen bei Sicherungszession und Forderungsschenkung Rz 5/27 und 5/28). **5/30**

Dennoch ist die Schuldnerverständigung nicht ohne Wirkung: Gem § 1395 S 2 kann der Zessus, solange er **keine Kenntnis** von der Abtretung erlangt hat, **mit schuldbefreiender Wirkung an den Altgläubiger leisten oder sich sonst mit ihm abfinden** (zB durch Stundung, Vergleich oä). Diese Regelung dient dem *Schutz des Schuldners* vor Nachteilen aus einer ihm unbekannten Zession. Sie verhindert, dass der Zessus, der bereits an den Zedenten gezahlt hat, auch vom Zessionar in Anspruch genommen werden kann.

Der Zessionar muss also, obwohl ihm die Forderung zusteht, die Leistung des Schuldners an den Zedenten gegen sich gelten lassen. Er kann sich in der Folge nur mehr an seinen Vertragspartner, den Zedenten halten (dazu Rz 5/41 ff).

Sobald der **Schuldner Kenntnis** vom Gläubigerwechsel erlangt hat, kann er gem § 1396 S 1 *nur mehr an den Zessionar wirksam leisten*. Von wem und auf welche Weise der Schuldner von der Abtretung informiert worden ist, ist grundsätzlich ohne Belang. Vor allem bei schriftlicher Verständigung ist allerdings nach hA die Empfangstheorie zu berücksichtigen; das bedeutet, dass es nicht auf die tatsächliche Kenntnisnahme der Erklärung ankommt, sondern auf deren Zugang[21]. **5/31**

Die mit der Kenntnis verbundenen Rechtsfolgen treten demnach bereits dann ein, wenn die Abtretungsverständigung derart in den Machtbereich des Schuldners gelangt ist, dass unter normalen Umständen mit der Kenntnisnahme zu rechnen ist (vgl dazu I/6/9).

Eine diesbezügliche *Ausnahme* normiert allerdings *§ 1396a Abs 1* für den Fall eines nach dieser Vorschrift gültig vereinbarten Abtretungsverbots (Rz 5/23): Eine verbotswidrige Zession ist zwar im Anwendungsbereich des § 1396a stets wirksam (Rz 5/24); zahlt aber der Schuldner trotz Verständigung von der Abtretung an den Zedenten, so hat diese Leistung schuldbefreiende Wirkung, wenn dem Schuldner dabei nur leichte Fahrlässigkeit zur Last fällt; so insb dann, wenn dem Schuldner die Abtretungsanzeige zwar

21 So zB *Ertl* in Rummel[3] § 1395 Rz 2; *Heidinger* in Schwimann/Kodek[4] § 1395 Rz 14; OGH 3 Ob 135/60 JBl 1960, 639; 6 Ob 128/01v ÖBA 2002/1030, 402; zweifelnd *Lukas* in ABGB-ON[1.01] § 1395 Rz 7; *Thöni* in Klang[3] § 1395 Rz 16; vgl auch *Neumayr* in KBB[4] §§ 1395–1396 Rz 2.

zugegangen, infolge leichter Fahrlässigkeit aber (noch) nicht zur Kenntnis gelangt ist.

Durch diese Regelung soll nach den Mat[22] dem Umstand Rechnung getragen werden, dass ein Schuldner, der ein Zessionsverbot nach § 1396a wirksam vereinbart hat, mit einer von seinem Vertragspartner vereinbarungswidrig vorgenommenen Abtretung nicht rechnen muss.

5/32 Hat der Schuldner berechtigte **Zweifel** an der – insb vom (angeblichen) Zessionar – behaupteten Abtretung oder liegen insofern widersprüchliche Erklärungen vor, kann er verlangen, dass der (angebliche) Zessionar sein Recht nachweist. Werden dadurch die bestehenden Zweifel nicht ausgeräumt, ist der Schuldner gem § 1425 zur gerichtlichen Hinterlegung seiner Leistung berechtigt (dazu Rz 4/15 ff). Besondere Nachforschungen über die Richtigkeit der behaupteten Zession braucht der Schuldner nicht anzustellen; dieser Grundsatz wird von der Rsp freilich teilweise durchbrochen[23].

3. Die Rechtsbeziehungen zwischen den Beteiligten

5/33 Durch die Einbeziehung des Zessionars in das Schuldverhältnis zwischen (Alt-)Gläubiger und Schuldner entsteht – bildhaft gesprochen – eine **Dreiecksbeziehung.** Wie bei der Anweisung (dazu Rz 5/62) ist auch bei der Zession die Unterscheidung zwischen Deckungs-, Valuta- und Einlösungsverhältnis gebräuchlich. Den Zedenten verbindet mit dem Zessus das – die Forderung begründende – sog **Deckungsverhältnis.** Das – der Übertragung der Forderung zugrundeliegende – Schuldverhältnis zwischen Zedent und Zessionar wird üblicherweise als **Valutaverhältnis** bezeichnet. Zessus und Zessionar stehen einander im sog **Einlösungsverhältnis** gegenüber.

Da die **Forderung** durch ihre Abtretung gem § 1394 **nicht verändert** wird, ist für die Beziehung zwischen Zessionar und Zessus (Einlösung) inhaltlich weitgehend das Deckungsverhältnis maßgebend.

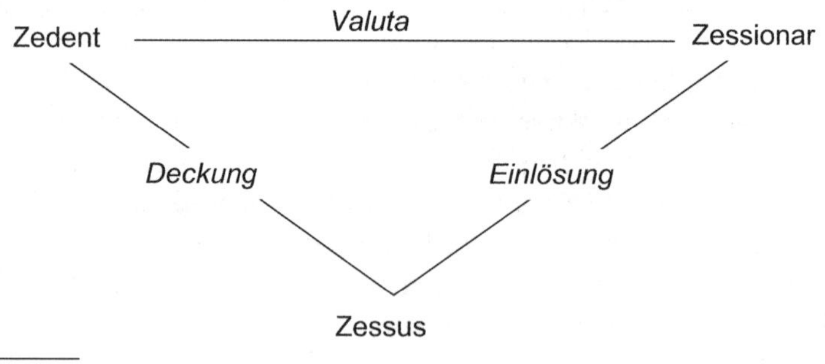

22 ErläutRV 861 BlgNR 22. GP 7.

23 Vgl zum Ganzen *Lukas* in ABGB-ON[1.01] § 1395 Rz 8; *Thöni* in Klang[3] § 1395 Rz 23 ff; *Ertl* in Rummel[3] § 1395 Rz 3; *Heidinger* in Schwimann/Kodek[4] § 1395 Rz 5; zur Möglichkeit der gerichtlichen Hinterlegung ausführlich *Reischauer*, JBl 2001, 542 ff, 553 ff.

a) Verhältnis zwischen Zessus und Zessionar (Einlösung)

Zentrales Prinzip des Einlösungsverhältnisses ist der **Schutz des Schuldners**. Da der Zessus der Abtretung nicht zustimmen muss, darf dadurch seine Rechtsposition auch nicht verschlechtert werden (*Verschlechterungsverbot*). Demgemäß bestimmt § 1396 S 1, dass dem Zessus **„seine Einwendungen gegen die Forderung"** erhalten bleiben. Diese Regelung ist zusätzlich mit dem auch in § 1394 zum Ausdruck kommenden Grundsatz zu erklären, dass niemand mehr oder besseres Recht übertragen kann, als er selbst hat (vgl § 442 S 3). Ein gutgläubiger Erwerb einer Forderung vom Nichtberechtigten ist prinzipiell ausgeschlossen (zu Ausnahmen und Details Rz 5/49). **5/34**

Der Schuldner kann also seine **Einwendungen gegen die Forderung aus dem Deckungsverhältnis** (zum Zedenten) dem Leistungsanspruch des Zessionars entgegenhalten; so zB die Einrede der Verjährung, der Stundung oder die Zug-um-Zug-Einrede, wenn der Zedent seine Gegenleistungspflicht bzw eine Verbesserungspflicht noch nicht (vollständig) erfüllt hat. Auch ein allfälliges *Gestaltungsrecht* aus dem Verhältnis zum Zedenten begründet eine Einrede gegenüber dem Zessionar (zB ein Anfechtungs-, Rücktritts-, Wandlungs- oder Preisminderungsrecht). **5/35**

Ein Teil der Lehre will allerdings dem Schuldner aufgrund eines solchen Gestaltungsrechts nur eine *aufschiebende* Einrede gegenüber dem Zessionar zubilligen. Die Gestaltungswirkung (Aufhebung oder inhaltliche Veränderung der Forderung) soll hingegen von der Geltendmachung gegenüber dem Zedenten selbst abhängen[24]. Diese Lösung ist jedoch vor allem unter dem Aspekt des *Schuldnerschutzes* abzulehnen. Der Zessus wäre dadurch uU zu einem weiteren Prozess gezwungen, was ihn im Vergleich zu seiner Position ohne Abtretung erheblich benachteiligen würde. Äußerst zweifelhaft wäre außerdem, wie dem Schuldner der gewährleistungsrechtliche Schutz gem § 933 Abs 3 (dazu Rz 3/116) nach Abtretung gewahrt werden soll. Nach richtiger Ansicht kann sich daher der Zessus gegen den Leistungsanspruch des Zessionars dadurch zu Wehr setzen, dass er *diesem* gegenüber sein Gestaltungsrecht aus dem Deckungsverhältnis ausübt[25].

Erlangt der Zessus erst nach Leistung an den Zessionar Kenntnis von seinen Einwendungen gegen die Forderung, so kann ihm – allenfalls nach erfolgreicher Geltendmachung eines Gestaltungsrechts – ein **Rückforderungsanspruch** zustehen, der grundsätzlich nach bereicherungsrechtlichen Regeln zu beurteilen ist (zB bei Nichtigkeit oder nach Anfechtung des Rechtsverhältnisses zum Zedenten). Diese Kondiktion ist nach überwiegender Ansicht gegen den Zessionar, nach einer Mindermeinung gegen den Zedenten zu richten (vgl dazu III/15/45).

---

24 So *P. Bydlinski*, ÖJZ 1981, 421, 453 und RdW 2002, 269 f; diesem zustimmend *Ertl* in Rummel³ § 1396 Rz 1; *Neumayr* in KBB⁴ §§ 1395–1396 Rz 4.

25 Vgl insb *Lukas*, Zession und Synallagma (2000) 155 ff; *denselben* in ABGB-ON$^{1.01}$ § 1396 Rz 4; ebenso im Ergebnis *Heidinger* in Schwimann/Kodek⁴ § 1396 Rz 6.

5/36 Das Recht des Zessus gem § 1396 S 1, gegenüber dem Zessionar „seine Einwendungen gegen die Forderung anzubringen", kann davon abhängen, ob der Einwendungstatbestand vor oder nach der **Verständigung von der Abtretung** begründet wurde. Insofern ist freilich zu differenzieren:

Jene **Einwendungen**, die auf einem **Wurzel- oder Abwicklungsmangel im Deckungsverhältnis** beruhen, können dem Zessionar auch dann entgegengehalten werden, wenn sie erst nach der Abtretungsanzeige entstanden sind (zB Zug-um-Zug-Einrede, Rücktritts- oder Wandlungseinrede, Anfechtungseinrede bei Zession künftiger Forderungen). Jede andere Lösung würde in diesen Fällen dazu führen, dass die Rechtsposition des Schuldners durch die Abtretung verschlechtert wird[26].

Beispiel: Der Verkäufer (= Zedent) zediert seine Kaufpreisforderung aus dem beiderseits noch nicht erfüllten Kaufvertrag. Davon wird der Käufer (= Zessus) noch vor Übergabe des Kaufgegenstandes verständigt. Nach Erhalt der gekauften Sache stellt der Käufer fest, dass diese einen unbehebbaren, nicht geringfügigen Mangel hat. Er kann daher dem Zahlungsanspruch des Zessionars die Wandlungseinrede entgegenhalten, obwohl dieser Einwand erst nach der Verständigung von der Abtretung entstanden ist.

Bei den **Einwendungstatbeständen nach § 1395 S 2** stellt hingegen der Zeitpunkt der Abtretungsanzeige die maßgebende Zäsur dar. Hat der Schuldner erst nach seiner Verständigung von der Zession an den Zedenten gezahlt oder sich sonst mit ihm abgefunden (zB durch Vergleich, Verzicht oder Stundung), kann er dies dem Zessionar nicht entgegenhalten.

5/37 Zu den Einwendungen gegen die Forderung gem § 1396 S 1 zählt auch die **Aufrechnungseinrede.** Der Schuldner kann dem Zessionar aber nicht nur Gegenforderungen, die im Deckungsverhältnis selbst begründet sind (sog konnexe Gegenforderungen) aufrechnungsweise entgegenhalten, sondern auch solche, die aus einem ganz anderen Verhältnis zum Zedenten entstanden sind (zu den allgemeinen Voraussetzungen der Aufrechnung vgl Rz 4/25 ff).

Nicht konnexe Gegenforderungen des Zessus gegen den Zedenten sind allerdings nur dann gegenüber dem Zessionar aufrechenbar, wenn sie bis zur Verständigung von der Zession entstanden sind[27], wobei es freilich genügt, wenn zu diesem Zeitpunkt die Gegenforderung dem Grunde nach bestanden hat. Die Aufrechnungsvoraussetzungen der Gleichartigkeit, Richtigkeit und Fälligkeit (Rz 4/25 ff) brauchen erst bei Erklärung der Aufrechnung vorzuliegen (s VIII/Fall 35).

Wird **„eine Forderung allmählich auf mehrere übertragen"**, so kann der Zessus gem § 1442 gegenüber dem letzten Zessionar nur mit solchen Gegenforderungen aufrechnen, die ihm gegen diesen selbst oder gegen den

---

26 Ausführlich *Lukas*, Zession 150 ff; *derselbe* in ABGB-ON$^{1.01}$ § 1396 Rz 2 ff; vgl auch *Thöni* in Klang^{3} § 1396 Rz 4 ff; *Heidinger* in Schwimann/Kodek^{4} § 1396 Rz 3; *Ertl* in Rummel^{3} § 1396 Rz 1.

27 Vgl insb *Lukas*, Zession 206 ff mwN.

ersten Gläubiger der abgetretenen Hauptforderung zustehen. Eine Aufrechnung mit allfälligen Forderungen gegen Zwischenzessionare ist hingegen ausgeschlossen.

Wird zB eine Forderung von A an B und von B an C abgetreten, so kann der Schuldner mit einem Anspruch, der ihm selbst gegen B zusteht, nicht aufrechnen.

Ein zwischen Schuldner und (Alt-)Gläubiger **vereinbartes Abtretungsverbot** hat im *Anwendungsbereich des § 1396a* keine Wirkung gegenüber dem Zessionar (Rz 5/24) und begründet daher – bei verbotswidriger Zession – keinen Einwand des Schuldners gem § 1396. **5/38**

Betrifft das Zessionsverbot hingegen Forderungen, die *von § 1396a nicht erfasst* sind, kommt ihm absolute Wirkung zu (Rz 5/25). Dies gilt für Ansprüche, die nicht auf eine Geldleistung gerichtet sind oder nicht aus einem zweiseitigen Unternehmergeschäft stammen (Rz 5/22). In diesen Fällen steht dem Schuldner bei verbotswidriger Abtretung ein entsprechender Einwand gegen den Zessionar zu (vgl dazu auch VIII/Fall 36).

Einwendungen aus dem **Verhältnis zwischen Zedent und Zessionar** (Valuta) kann der Schuldner nach hA nur soweit geltend machen, als sie die Gültigkeit der Abtretung betreffen. Der Schuldner kann also zB einwenden, dass die Zession wegen Nichtigkeit des Titelgeschäfts unwirksam ist. Auf ein vom Zedenten noch nicht ausgeübtes Gestaltungsrecht bzgl der Zession (zB ein Anfechtungs- oder Rücktrittsrecht) kann sich der Zessus jedoch nicht berufen. **5/39**

Einwendungen aus seiner **eigenen Beziehung zum Zessionar** kann der Schuldner unbeschränkt geltend machen; so kann er sich zB auf eine mit dem Zessionar vereinbarte Stundung berufen oder mit einer gegenüber dem Zessionar selbst bestehenden Gegenforderung aufrechnen.

Das Recht des Schuldners, seine „Einwendungen gegen die Forderung anzubringen“ (§ 1396 S 1), stellt für den Zessionar ein beträchtliches Risiko dar, das sich nur schwer begrenzen lässt. Will der Zessionar – vor oder nach der Abtretung – Bestand und Qualität der Forderung überprüfen, ist er regelmäßig auf die Auskunft der Beteiligten, insb des Schuldners angewiesen. Vor allem auf eine positive Erklärung des Zessus über die Richtigkeit der Forderung wird der Zessionar idR vertrauen. Insofern besteht also ein *Schutzbedürfnis des Zessionars*, dem § 1396 S 2 Rechnung trägt: Hat der Schuldner „die Forderung gegen den redlichen Übernehmer **für richtig erkannt**; so ist er verbunden, denselben als seinen Gläubiger zu befriedigen“. Voraussetzungen und Folgen dieser Bestimmung sind freilich zweifelhaft. **5/40**

Nach hA setzt § 1396 S 2 kein konstitutives, sondern nur ein **deklaratives Schuldanerkenntnis** (dazu Rz 5/15) des Zessus voraus. Da der Zweck der Bestimmung im *Schutz des Zessionars* besteht, ist *dessen Gutgläubigkeit* ein wesentliches Tatbestandsmerkmal. Er wird nur vor solchen Einwendungen geschützt, die ihm im Zeitpunkt der Abtretung unbekannt waren. Ob diesbezügliche Fahrlässigkeit schadet, ist streitig.

Dem *Schuldner* werden durch die Anerkennung der Forderung nach überwiegender Ansicht nur solche Einwendungen aus dem Deckungsverhältnis abgeschnitten, die ihm bei Abgabe dieser Erklärung bekannt waren. Ob Kennenmüssen genügt, ist auch hier streitig. Einwendungen aus dem Valutaverhältnis oder aus der unmittelbaren Beziehung zwischen Zessus und Zessionar werden durch das Anerkenntnis nach § 1396 S 2 von vornherein nicht berührt[28].

b) Verhältnis zwischen Zedent und Zessionar (Valuta)

5/41 Für die Beziehung zwischen Zedent und Zessionar ist primär der zwischen ihnen bestehende Vertrag maßgebend (Rz 5/26 und 5/28). **Gewährleistungs- und Schadenersatzpflichten** des Zedenten wegen allfälliger Mängel der abgetretenen Forderung kommen grundsätzlich nur bei **entgeltlicher Zession** (insb beim Forderungskauf) in Betracht (s § 1397 S 1 und dazu Rz 5/46; vgl auch Rz 5/47). Die allgemeinen Gewährleistungsregeln (§§ 922 ff) werden durch die Spezialvorschriften der §§ 1397 ff modifiziert, sind aber subsidiär anwendbar.

5/42 Gem § 1397 S 2 hat der Zedent für die Richtigkeit und Einbringlichkeit der abgetretenen Forderungen einzustehen.

- Die **Einbringlichkeit** betrifft die Durchsetzbarkeit der Forderung. Ein diesbezüglicher Mangel liegt dann vor, wenn der Schuldner zahlungsunfähig oder unbekannten Aufenthalts ist.
- **Richtigkeit** bedeutet die Freiheit von Rechtsmängeln. Eine Forderung ist unrichtig, wenn sie gar nicht oder nur in geringerer Höhe besteht oder wenn ihr Einwendungen entgegenstehen (s VIII/Fall 35).

5/43 Als **Gewährleistungsbehelfe** kommen auch beim Forderungsmangel – je nach Behebbarkeit – gem § 932 *Verbesserung*, *Wandlung* oder *Preisminderung* in Betracht (allgemein dazu Rz 3/86 ff). Behebbar sind insb Mängel der Richtigkeit, bei denen der Zedent den bestehenden Einwand beseitigen kann; so kann zB die Zug-um-Zug-Einrede durch Erbringung oder Verbesserung der Gegenleistung im Deckungsverhältnis entkräftet werden.

Bei Verschulden des Zedenten stehen dem Zessionar auch **Schadenersatzansprüche** zu, die nach § 933a iVm den allgemeinen Regeln zu beurtei-

---

28 Vgl zum Ganzen *Lukas* in ABGB-ON[1.01] § 1396 Rz 12 ff; *Thöni* in Klang[3] § 1396 Rz 30 ff; *Ertl* in Rummel[3] § 1396 Rz 2; *Heidinger* in Schwimann/Kodek[4] § 1396 Rz 12 ff.

len sind. Die Bestimmung des § 1397 S 2, wonach der Zedent nie für mehr „haftet", als er vom Zessionar für die Forderung erhalten hat, beschränkt nur die Gewährleistungsrechte, nicht jedoch die Schadenersatzansprüche.

Damit dem Zessionar Gewährleistungsrechte zustehen, muss der **Mangel** der Forderung grundsätzlich im **Zeitpunkt der Abtretung** bestanden haben (vgl § 1398 S 2 und § 1399). Wird eine noch nicht fällige oder künftig erst entstehende Forderung zediert, ist jedoch der **Fälligkeitszeitpunkt** maßgebend. **5/44**

Die **Frist für die Geltendmachung** des Gewährleistungsrechts beträgt gem § 933 Abs 1 *zwei Jahre* (Rz 3/117). Für den *Beginn des Fristlaufs* stellt die hA generell auf den Zeitpunkt der typischen Erkennbarkeit des Forderungsmangels ab, das ist idR der Fälligkeitszeitpunkt. **5/45**

Das Gewährleistungsrecht muss gem § 933 Abs 1 grundsätzlich innerhalb der zweijährigen Frist **gerichtlich** geltend gemacht werden. Durch eine fristgerechte außergerichtliche Anzeige des Mangels bleibt gem § 933 Abs 3 die Einrede auch nach Ablauf der Gewährleistungsfrist erhalten (vgl Rz 3/116).

Bei **unentgeltlicher**, insb schenkungsweiser **Zession** ist die Haftung des Zedenten für allfällige Mängel der Forderung gem § 1397 S 1 ausgeschlossen. Dieser Grundsatz wird jedoch von § 945 durchbrochen: Hat der Zedent einen Rechtsmangel der schenkungsweise abgetretenen Forderung vorsätzlich verschwiegen, so wird er dem Zessionar schadenersatzpflichtig (vgl III/2/7). **5/46**

Die **Sicherungszession** (Rz 5/26) ist im Normalfall nicht als unentgeltliche Abtretung iSd § 1397 S 1 zu qualifizieren; denn sie erfolgt – wie auch sonstige Sicherungsgeschäfte – idR nicht aus Freigebigkeit, sondern ist Teil der Gegenleistung für den vom Zessionar (= Sicherungsnehmer) gewährten Kredit. Demnach kommt eine Haftung des Sicherungsgebers (Zedent) für allfällige Forderungsmängel grundsätzlich in Betracht. Wegen der besonderen Interessenlage beim Sicherungsgeschäft erweisen sich jedoch die allgemeinen Gewährleistungsbehelfe – insb das Wandlungs- und Preisminderungsrecht – als weitgehend ungeeignet. Es empfiehlt sich daher die *analoge Anwendung des § 458*, der den vergleichbaren Fall der Mangelhaftigkeit eines Pfandes behandelt (vgl dazu IV/9/30 ff). Demnach kann der Sicherungszessionar bei Mangelhaftigkeit der Forderung im maßgebenden Zeitpunkt (s Rz 5/44) die **Bestellung einer anderen Sicherheit** verlangen[29]. Bei Behebbarkeit des Mangels (Rz 5/43) steht allerdings gem § 932 Abs 2 zunächst nur der Ver- **5/47**

29 Zustimmend *Thöni* in Klang[3] § 1397 Rz 12.

besserungsanspruch zu (Rz 3/86 ff). Voraussetzung eines Gewährleistungsrechts ist in jedem Fall, dass der Wert der Forderung aufgrund ihres Mangels zur Bedeckung der gesicherten Schuld nicht mehr ausreicht (§ 458).

5/48 Erweist sich eine **an Zahlungs Statt abgetretene Forderung** (§ 1414) als mangelhaft, so stehen dem Zessionar bei Vorliegen der entsprechenden Voraussetzungen (Rz 5/42 ff) die allgemeinen Gewährleistungsbehelfe zur Verfügung. Die Geltendmachung eines Wandlungsrechts führt zum Wiederaufleben des Anspruchs auf die ursprünglich geschuldete Leistung (Rz 4/21).

Bei der **Forderungsabtretung zahlungshalber** erlischt die Schuld des Zedenten gegenüber dem Zessionar nur soweit, als der Zessionar durch die Leistung des Zessus Befriedigung erlangt (vgl Rz 4/22 und 5/27). Hier kann also der Zessionar bei Uneinbringlichkeit oder Unrichtigkeit der zedierten Forderung auf seinen ursprünglichen Anspruch gegen den Zedenten zurückgreifen.

4. Mehrfache Veräußerung einer Forderung

5/49 Wird eine Forderung mehrfach veräußert, so erwirbt sie derjenige, dem sie *zuerst* wirksam abgetreten worden ist (vgl § 430). Ab diesem Zeitpunkt hat der Zedent kein Recht mehr an der Forderung und kann sie daher auch nicht mehr gültig abtreten (§ 1394, vgl auch § 442 S 3).

Ein **gutgläubiger Forderungserwerb vom Nichtberechtigten** ist grundsätzlich **ausgeschlossen.** § 367, der unter bestimmten Voraussetzungen einen gutgläubigen Eigentumserwerb vom Nichteigentümer zulässt, ist auf *körperliche* Sachen beschränkt (vgl IV/6/46 ff). Auf Forderungen ist die Bestimmung schon deshalb nicht anwendbar, weil ihre Tatbestandsvoraussetzungen typischerweise nicht erfüllt sind. Vor allem verbietet aber der zessionsrechtliche Schuldnerschutz die Zulassung eines gutgläubigen Forderungserwerbs vom Nichtberechtigten; denn dadurch könnte dem angeblichen Zessus ohne Grund eine nicht bestehende Verbindlichkeit auferlegt werden.

Nur in wenigen *Ausnahmefällen* führen besondere Verkehrsschutzbedürfnisse zu einer abweichenden Beurteilung: So kann ein gutgläubiger Dritter eine nur zum Schein abgetretene Forderung nach § 916 Abs 2 vom „Scheinzessionar" wirksam erwerben (vgl I/7/12). Weiters kann ein gutgläubiger Zessionar einer zwar getilgten, im Grundbuch aber noch eingetragenen Hypothekarforderung die Pfandhaftung in Anspruch nehmen (vgl IV/10/42). Außerdem kommt ein gutgläubiger Forderungserwerb nach wertpapierrechtlichen Bestimmungen (Art 16 WG, Art 21 SchG, § 365 UGB), für Inhaberpapiere nach § 371 (dazu IV/6/59 f) in Betracht.

5/50 Wird bei mehrfacher Veräußerung einer Forderung der Schuldner von einer unwirksamen Abtretung verständigt, so ist er – wie auch sonst bei einer unrichtigen Zessionsmitteilung durch den Zedenten – analog § 1395 S 2 zu schützen. Die **Zahlung an den vermeintlichen Zessionar wirkt schuldbefreiend**, wenn dem Zessus die Unrichtigkeit der Abtretungsanzeige nicht bekannt war; die Rsp bejaht allerdings gewisse Nachforschungsobliegenheiten[30] (vgl auch Rz 5/32).

Der wahre Forderungsinhaber hat allerdings gegen den Zahlungsempfänger einen bereicherungsrechtlichen Herausgabeanspruch nach § 1041; denn der Empfänger hat die fremde Forderung durch deren Einziehung unberechtigterweise zum eigenen Nutzen verwendet[31]. War dem Zahlungsempfänger bekannt, dass er die Forderung nicht wirksam erworben hat, oder hätte ihm dies bei gehöriger Aufmerksamkeit bekannt sein müssen, so ist er dem wahren Berechtigten auch zum Schadenersatz wegen Eingriffs in dessen Rechtszuständigkeit verpflichtet (vgl dazu auch Rz 1/37 und VIII/Fall 29).

5. Sonderformen rechtsgeschäftlicher Abtretung

a) Stille Zession

Bei der stillen Zession wird zwischen Zedent und Zessionar vereinbart, dass **5/51** der **Schuldner von der erfolgten Abtretung nicht verständigt** werden soll. Durch die Geheimhaltung der Zession soll verhindert werden, dass Zweifel an der wirtschaftlichen Leistungsfähigkeit des Zedenten aufkommen. Der Zedent soll also nach außen weiterhin als Forderungsinhaber auftreten. Dem Zessionar ist er nach der getroffenen Abrede (Auftragsverhältnis) zur Herausgabe der vom Schuldner erhaltenen Leistung verpflichtet.

Diese Rechtsfigur bereitet insb auch dann Probleme, wenn der *Zessus von* **5/52** *der Abtretung Kenntnis erlangt*; denn dann könnte er im Prinzip gem § 1396 S 1 nur mehr an den Zessionar schuldbefreiend leisten (Rz 5/31). Ob dennoch der Zedent weiterhin zur Geltendmachung der Forderung berechtigt ist und durch welche Konstruktion dies ermöglicht werden kann, ohne den Schuldner der Gefahr einer doppelten Inanspruchnahme auszusetzen, ist in Lehre und Rsp umstritten[32].

b) Globalzession

Bei der sog Globalzession wird eine **Mehrzahl von Forderungen abgetre-** **5/53** **ten**, die häufig gegen verschiedene Schuldner gerichtet sind (zB sämtliche

30 Zum Ganzen *Lukas* in ABGB-ON[1.01] § 1395 Rz 10 f; *Neumayr* in KBB[4] §§ 1395–1396 Rz 3; ausführlich *Karollus*, ÖJZ 1992, 677.

31 Zum Ausschluss dieses Anspruchs wegen (den Leistungsgegenstand betreffenden) gutgläubigen Erwerbs des Scheinzessionars vgl *Holzner*, JBl 1995, 402 ff; *Lukas*, Zession und Synallagma 96 FN 454.

32 Vgl *Lukas* in ABGB-ON[1.01] § 1392 Rz 40 ff; *Thöni* in Klang[3] § 1392 Rz 140 ff; *Ertl* in Rummel[3] § 1392 Rz 6 f; *Heidinger* in Schwimann/Kodek[4] § 1392 Rz 59 ff; jeweils mit Darstellung des Diskussionsstandes.

Forderungen aus Warenlieferungen oder Dienstleistungen eines bestimmten Geschäftsbetriebs). Meist sind auch künftige Forderungen von der Abtretung umfasst (dazu Rz 5/19).

Die Globalzession ist nur wirksam, wenn die abgetretenen Forderungen *ausreichend bestimmt* sind; es muss eindeutig feststellbar sein, welche Forderungen von der Zession erfasst sind. Erfolgt die Globalzession zu Sicherungszwecken, ist für die nötige Publizität zu sorgen (Rz 5/27 und IV/10/8 f).

5/54 Von der Globalzession ist die sog **Mantelzession** zu unterscheiden. Diese Bezeichnung ist freilich irreführend; denn nach dem Parteiwillen kommt es durch den Mantelvertrag als solchen noch zu keiner Forderungsübertragung. Vielmehr wird dadurch nur eine **schuldrechtliche Verpflichtung zur künftigen Abtretung von Forderungen** begründet. Im Mantelvertrag werden die diesbezüglichen Voraussetzungen und Bedingungen festgelegt. Zum Forderungsübergang kommt es aber nur dann, wenn die jeweilige Abtretung erfolgt (s auch IV/14/21).

c) Inkassozession

5/55 Bei der Abtretung von Forderungen zum Inkasso bzw zur Einziehung wird dem Zessionar zwar die Gläubigerposition übertragen; er ist aber dem Zedenten zur Abführung der eingehobenen Leistungen verpflichtet. Der Zessionar übernimmt nur die – oft aufwendige und mühsame – Eintreibung der Forderungen. **„Wirtschaftlich" bleiben die Forderungen aber im Vermögen des Zedenten.**

5/56 Dem Umstand, dass der Inkassozessionar nur als *(fremdnütziger) Treuhänder* (vgl dazu I/9/9 f) fungiert, wird in mehrfacher Hinsicht Rechnung getragen: Der Zessus kann auch jene Einwendungen aus dem Deckungsverhältnis geltend machen, die erst *nach* seiner Verständigung entstanden sind. Einwendungen aus seinem Verhältnis zum Zessionar stehen ihm hingegen nicht zu (zB Aufrechnungseinrede). Wollen Gläubiger des Inkassozessionars auf die Forderungen greifen, kann sich der Zedent dagegen zur Wehr setzen: Im Insolvenzverfahren des Zessionars wird ihm ein Aussonderungsrecht (§ 44 IO) und gegen die Pfändung im Wege der Zwangsvollstreckung gegen den Zessionar ein Widerspruchsrecht (§ 37 EO; Exszindierungsklage) gewährt (vgl auch I/9/10).

d) Factoring

5/57 Als Factoring wird die **Abtretung von Forderungen aus Warenlieferungen oder Dienstleistungen**, die im Rahmen eines Geschäftsbetriebes entstehen, bezeichnet (vgl die Definition in § 1 Abs 1 Z 16 BWG). Regelmäßig handelt es sich dabei um eine General- bzw *Globalzession* (Rz 5/53). Der Zessionar wird *Factor* genannt.

Je nach inhaltlicher Ausgestaltung unterscheidet man zwischen verschiedenen Formen des Factoring: Oft handelt es sich um eine bloße *Inkassozession*, um dem Unternehmer (= Zedent) die Mahnung und Eintreibung der Forderungen abzunehmen (Rz 5/55 f). Ein *Forderungskauf* durch den Factor hat idR Finanzierungsfunktion (s Rz 5/26). Von **„echtem" Factoring** spricht man dann, wenn der Factor das Risiko der Zahlungsunfähigkeit des Schuldners übernimmt (Delkredereübernahme), ansonsten von *„unechtem" Factoring*.

V. Gesetzliche und notwendige Zession

In bestimmten Fällen geht die Forderung von Gesetzes wegen auf einen neuen Gläubiger über, ohne dass es dafür einer Abtretung bedarf. Diesen Vorgang bezeichnet man als **gesetzliche Zession, Legalzession** oder **cessio legis**. **5/58**

Am bedeutendsten ist die Legalzession nach **§ 1358**: „Wer eine fremde Schuld bezahlt, für die er persönlich oder mit bestimmten Vermögensstücken haftet, tritt in die Rechte des Gläubigers und ist befugt, von dem Schuldner den Ersatz der bezahlten Schuld zu fordern". Hat also zB ein Bürge oder Pfandbesteller den Gläubiger (= Zedent) befriedigt[33], so erwirbt er dadurch (im entsprechenden Umfang) dessen Forderung gegen den Schuldner. Der Forderungsübergang erfolgt im Zeitpunkt der Leistung. Zur Legalzession nach § 1358 kommt es sowohl bei freiwilliger Leistung des Haftpflichtigen als auch bei zwangsweiser Inanspruchnahme durch den Gläubiger. Der *Anwendungsbereich* des § 1358 umfasst nach hA all jene Fälle, in denen jemand für eine *materiell fremde Schuld* einzustehen hat[34].

Außerhalb des ABGB sind Legalzessionen vor allem im *Versicherungsrecht* zu finden, so insb in § 332 ASVG und § 67 VersVG. Beide Bestimmungen betreffen Schadensfälle, für die einerseits ein Versicherer des Geschädigten einzustehen hat und andererseits ein Dritter (Schädiger) schadenersatzpflichtig ist. Nach dem Zweck der einschlägigen Versicherungsverhältnisse soll durch die Ersatzleistung des Versicherers an den Geschädigten der Schädiger nicht von seiner Haftung befreit werden. Daher ordnen beide Bestimmungen einen Übergang des Schadenersatzanspruchs vom Geschädigten (= Zedent) auf den Versicherer (= Zessionar) an. Die Legalzession nach § 332 ASVG erfolgt bereits im Zeitpunkt der Schädigung; zum Forderungsübergang gem § 67 VersVG kommt es hingegen erst durch die Leistung des Versicherers an den Geschädigten.

---

33 Vgl zur Bürgenhaftung Rz 6/21 ff, zur Haftung des Pfandbestellers IV/9/1 ff.

34 *Eigner/Th. Rabl* in ABGB-ON[1.03] § 1358 Rz 1 ff; *Gamerith* in Rummel[3] § 1358 Rz 1 ff; *Faber* in Schwimann/Kodek[4] § 1358 Rz 1 ff; jeweils mwN auch zum analogen Anwendungsbereich des § 1358.

5/59 Die sog **notwendige Zession (cessio necessaria)** nimmt eine Mittelstellung zwischen rechtsgeschäftlicher und gesetzlicher Abtretung ein. Zahlt ein Dritter eine fremde Schuld, *für die er nicht haftet* (s hingegen § 1358), so kann er gem § 1422 „vor oder bei der Zahlung vom Gläubiger die Abtretung seiner Rechte verlangen". Allein dieses „Verlangen" hat zur Folge, dass die Forderung des Gläubigers (= Zedent) auf den „Zahler" (= Zessionar) übergeht. Einer Zustimmung des Gläubigers bedarf es insofern nicht. Zu beachten ist allerdings, dass gem § 1423 der Gläubiger ohne Zustimmung des Schuldners zwar berechtigt, aber nicht verpflichtet ist, die Erfüllung durch den Dritten anzunehmen (Rz 4/10).

Den Forderungsübergang durch entsprechendes Verlangen des leistenden Dritten bezeichnet man als **Einlösung.** Das Einlösungsbegehren muss spätestens im Leistungszeitpunkt gestellt werden. Dabei handelt es sich um eine empfangsbedürftige Willenserklärung, die auch schlüssig erfolgen kann. Wird keine Einlösung verlangt, dann erlischt die getilgte Forderung.

5/60 Sowohl bei der gesetzlichen als auch bei der notwendigen Zession ist die **Gewährleistung für Forderungsmängel** (§ 1397; dazu Rz 5/41 ff) stark beschränkt: Der Zedent haftet dem Zessionar für Richtigkeit und Einbringlichkeit nur im Fall des Betrugs (§ 1423 S 1), insb wenn er das Bestehen der Forderung arglistig vorgetäuscht hat. Diese Haftungsbeschränkung gilt jedoch nicht, wenn (auch) der Gläubiger (Zedent) der Forderungseinlösung zugestimmt hat[35].

Dem Schuldner stehen seine **Einwendungen nach § 1395 S 2 und § 1396 S 1** (s Rz 5/34 ff) grundsätzlich auch bei gesetzlicher und notwendiger Abtretung zu. Für den Fall der Legalzession nach § 1358 ergeben sich jedoch aus § 1361 gewisse Sonderregeln (vgl dazu Rz 6/35).

E. Anweisung

I. Begriff und Funktion

5/61 Die Anweisung begründet ebenso wie die Zession eine **Dreiecksbeziehung.** Im praktisch wichtigsten Fall will auch der Anweisende – wie der Zedent – bewirken, dass sein Schuldner nicht an ihn, sondern an einen Dritten leistet (Anweisung auf Schuld; dazu Rz 5/65). Im Unterschied zur Zession wird jedoch nicht dem Dritten die Forderung übertragen, sondern der Schuldner wird angewiesen, an diesen zu leisten. Der Dritte wird bloß zur Empfangnahme der Leistung ermächtigt (Rz 5/63).

35 Vgl *Reischauer* in Rummel³ § 1423 Rz 9; *Faber* in Schwimann/Kodek⁴ §§ 1422, 1423 Rz 24; *Koziol* in KBB⁴ § 1423 Rz 3.

Beispiel: B hat gegen A eine Forderung von 1.000,– und gegenüber C eine Schuld in gleicher Höhe. B weist daher A an, die 1.000,– an C zu zahlen. Dem C erklärt B, dass er die 1.000,– von A bekommen wird.

Die Anweisung hat vor allem insofern einen großen praktischen Anwendungsbereich, als sie eine **dogmatische Grundfigur des Wertpapier- und Bankrechts** darstellt. Scheck und Wechsel sind spezialgesetzlich geregelte Fälle der Anweisung. Die Banküberweisung ist überhaupt weitgehend nach den allgemeinen Anweisungsregeln der §§ 1400 ff zu beurteilen (dazu Rz 5/74 ff).

Die am Anweisungsverhältnis beteiligten Personen werden **Anweisender** (Assignant), **Angewiesener** (Assignat) und **Anweisungsempfänger** (Assignatar) genannt (§ 1400 S 1). Die zwischen ihnen bestehenden Verhältnisse bezeichnet man üblicherweise (s für die Zession schon Rz 5/33) als Deckungs-, Valuta- und Einlösungsverhältnis: Den Anweisenden verbindet mit dem Angewiesenen das **Deckungsverhältnis** und mit dem Anweisungsempfänger das **Valutaverhältnis.** Angewiesener und Anweisungsempfänger stehen einander im **Einlösungsverhältnis** gegenüber. **5/62**

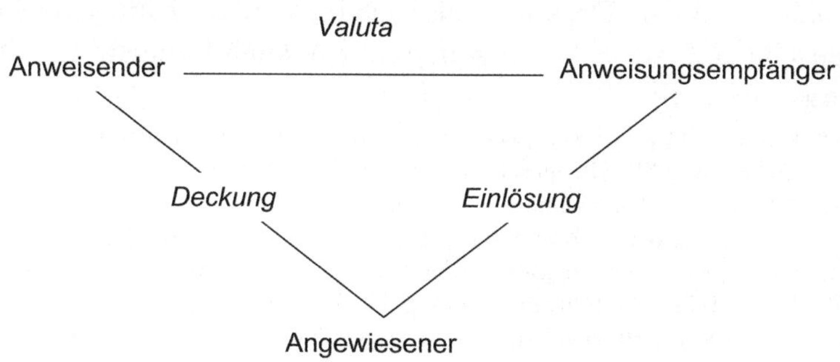

Die Anweisung selbst wird in § 1400 S 1 als **doppelte Ermächtigung** qualifiziert: Einerseits wird der *Angewiesene* ermächtigt, im eigenen Namen, aber auf Rechnung des Anweisenden an den Anweisungsempfänger zu leisten. Zum anderen wird der *Anweisungsempfänger* ermächtigt, die Leistung des Angewiesenen als solche des Anweisenden, also auf dessen Rechnung, aber im eigenen Namen, in Empfang zu nehmen. Die Anweisung setzt somit eine an den Angewiesenen und eine an den Anweisungsempfänger gerichtete Willenserklärung voraus[36] (vgl dazu auch Rz 5/76). **5/63**

Als (doppelte) Ermächtigung stellt die Anweisung (je) ein **einseitiges Rechtsgeschäft** dar, an das nur der Anweisende selbst gebunden ist. Eine Verpflichtung, insb des Angewiesenen, der Anweisung Folge zu leisten,

36 *Spielbüchler* (in Klang³ § 1400 Rz 2 f) will hingegen *eine* Erklärung ausreichen lassen; nur deren Wirkung sei eine doppelte.

kann sich allerdings aus dem zugrundeliegenden Verhältnis ergeben; so muss der Angewiesene, wenn er dem Anweisenden die entsprechende Leistung im Deckungsverhältnis schuldet, die Anweisung befolgen, also an den Anweisungsempfänger leisten (Anweisung auf Schuld; dazu Rz 5/65).

Durch die Anweisung wird **kein Anspruch des Anweisungsempfängers gegenüber dem Angewiesenen** begründet. Nur wenn der Angewiesene die Anweisung gegenüber dem Anweisungsempfänger annimmt, entsteht ein entsprechendes Forderungsrecht im Einlösungsverhältnis (Rz 5/70 f).

5/64 Leistet der Angewiesene an den Anweisungsempfänger und nimmt dieser die Leistung an, so handeln beide gem § 1400 S 1 **auf Rechnung des Anweisenden.** Damit wird zum Ausdruck gebracht, dass sowohl die Leistung des Angewiesenen als auch die Empfangnahme durch den Anweisungsempfänger aufgrund des jeweiligen Verhältnisses zum Anweisenden erfolgt und daher auch entsprechend bewertet wird. Die Leistung im Einlösungsverhältnis wird demnach so behandelt, als wäre sie vom Angewiesenen an den Anweisenden und von diesem an den Anweisungsempfänger erbracht worden. Sie führt daher sowohl im Deckungs- als auch im Valutaverhältnis (im entsprechenden Umfang) zur Schuldtilgung und hat somit **doppelte Erfüllungswirkung.**

Die mit dieser Doppelwirkung verbundene Abkürzung des „Leistungsweges“ macht man sich insb beim sog **Streckengeschäft** zunutze (dazu IV/6/78 ff).

Beispiel: B verkauft dem C eine Ware, die er seinerseits erst bei A einkaufen muss. Um die Abwicklung dieser beiden Kaufverträge zu verkürzen, weist B den A an, die Ware unmittelbar an C zu leisten, und ermächtigt den C zur Empfangnahme dieser Leistung.

Läuft alles nach Plan, so führt die Leistung im Einlösungsverhältnis zum Eigentumserwerb des C (IV/6/81). Stellt sich jedoch nachträglich heraus, dass eines der Kausalverhältnisse (Deckung oder Valuta) unwirksam bzw mit einem Wurzelmangel behaftet ist, so entstehen vor allem schwierige sachenrechtliche Probleme (dazu IV/6/82 ff; zur bereicherungsrechtlichen Beurteilung s III/15/42).

II. Die Rechtsbeziehungen zwischen den Beteiligten

1. Verhältnis zwischen Anweisendem und Angewiesenem (Deckung)

5/65 Bezieht sich die Anweisung auf eine Leistung, die der Angewiesene dem Anweisenden im Deckungsverhältnis bereits schuldet (zB aufgrund eines Kaufvertrages), so spricht man von **Anweisung auf Schuld.** In diesem Fall ist der Angewiesene gem § 1401 Abs 1 S 1 gegenüber dem Anweisenden verpflichtet, der Anweisung Folge zu leisten. Dennoch wird auch durch die Anweisung auf Schuld kein unmittelbarer Anspruch des Anweisungsempfängers gegen den Angewiesenen begründet (Rz 5/63). Durch die (ordnungsgemäße) Leistung an den Anweisungsempfänger wird der Angewiesene von seiner Schuld gegenüber dem Anweisenden befreit.

Besteht **keine entsprechende Schuld** des Angewiesenen gegenüber dem Anweisenden, so braucht er auch die Anweisung nicht zu befolgen; er ist zur Leistung an den Anweisungsempfänger bloß ermächtigt, aber nicht verpflichtet. Befolgt der Angewiesene die Anweisung, wird erst dadurch das Deckungsverhältnis zum Anweisenden begründet. Insofern kommen zB Kauf, Kreditgewährung oder auch Schenkung in Betracht. Bei zweifelhaftem Parteiwillen gilt für dieses Schuldverhältnis nach § 1403 Abs 1 S 2 Auftragsrecht, und der Anweisende (= Auftraggeber) ist dem Angewiesenen (= Beauftragten) gem § 1014 zum Aufwandersatz verpflichtet (III/5/9 ff). 5/66

Zur Gültigkeit einer Schenkung (des Angewiesenen an den Anweisenden) ist mangels eines Notariatsaktes die *„wirkliche Übergabe"* der geschenkten Sache erforderlich (§ 943 iVm § 1 Abs 1 lit d NotAktsG; III/2/5 f). Diese erfolgt durch die Leistung des Angewiesenen an den Anweisungsempfänger; erst dadurch wird also die Schenkung an den Anweisenden wirksam.

Im Zweifel ist allerdings nicht davon auszugehen, dass der Angewiesene bei Befolgung der Anweisung mit Schenkungswillen gegenüber dem Anweisenden handelt (vgl § 915).

Als **„Anweisung auf Kredit"** werden (nur) jene Fälle bezeichnet, in denen im Deckungsverhältnis *keine einschlägige Schuld* des Angewiesenen besteht. Hat sich hingegen der Angewiesene bereits zur Kreditgewährung verpflichtet, liegt Anweisung auf Schuld (und nicht „auf Kredit") vor, die der Angewiesene befolgen muss (so zB, wenn bei einem Girokonto ein entsprechender Überziehungsrahmen vereinbart ist). Die Bezeichnung „Anweisung auf Kredit" ist daher irreführend; besser wäre von einer (noch) *ungedeckten Anweisung* zu sprechen[37].

2. Verhältnis zwischen Anweisendem und Anweisungsempfänger (Valuta)

Im Valutaverhältnis besteht meist eine Schuld des Anweisenden gegenüber dem Anweisungsempfänger. In diesem Fall spricht man von **Anweisung zur Zahlung**. Zur Schuldtilgung führt aber gem § 1401 Abs 3 im Zweifel nicht schon die Anweisung als solche, sondern erst die entsprechende Leistung des Angewiesenen. Diese Leistung hat nur dann bzw soweit Erfüllungswirkung für den Anweisenden, als sie der bestehenden Verbindlichkeit entspricht. Ansonsten kann der Anweisungsempfänger weiterhin seine Forderung bzw allfällige Leistungsstörungsrechte gegen den Anweisenden geltend machen. 5/67

37 *Spielbüchler* in Klang[3] § 1401 Rz 2 FN 8.

Ist im Valutaverhältnis eine *Schenkung* des Anweisenden an den Anweisungsempfänger beabsichtigt, muss die *Formpflicht* gem § 943 iVm § 1 Abs 1 lit d NotAktsG beachtet werden. Wurde kein Notariatsakt errichtet, ist für die Gültigkeit der Schenkung grundsätzlich „die wirkliche Übergabe“ der Sache vom Geschenkgeber an den Beschenkten erforderlich (III/2/5 f). Auf welche Weise dem dadurch bezweckten Übereilungsschutz des Geschenkgebers (= Anweisender) im Fall der Anweisung Rechnung getragen werden kann, ist ebenso zweifelhaft wie beim Vertrag zugunsten Dritter (dazu Rz 6/13 mit Lösungsvorschlägen).

5/68 Erfolgt die *Anweisung zur Zahlung*, also zur Erfüllung einer im Valutaverhältnis bestehenden Schuld, muss der Anweisungsempfänger die entsprechende Leistung des Angewiesenen annehmen (§ 1423); ansonsten treffen ihn wegen **Gläubigerverzugs** die widrigen Folgen des § 1419 (dazu Rz 3/38 ff).

Hat sich der Anweisungsempfänger gegenüber seinem Schuldner (= Anweisender) mit der Anweisung einverstanden erklärt, so ist er gem § 1401 Abs 1 S 2 verpflichtet, den **Angewiesenen zur Zahlung aufzufordern**; er hat aber mangels Annahme der Anweisung durch den Angewiesenen keinen unmittelbaren Anspruch gegen diesen (Rz 5/63). Verweigert der Angewiesene die Leistung oder die Annahme der Anweisung (dazu Rz 5/70 f), so muss der Anweisungsempfänger gem § 1401 Abs 2 den Anweisenden unverzüglich davon verständigen. Bei Verletzung dieser Pflichten hat der Anweisungsempfänger nach hA dem Anweisenden den dadurch entstandenen Schaden zu ersetzen.

Will der Empfänger von der Anweisung keinen Gebrauch machen, so muss er dies gem § 1401 Abs 2 dem Anweisenden unverzüglich anzeigen. Der Anwendungsbereich und die Rechtsfolgen der Verletzung dieser Vorschrift sind zweifelhaft[38].

3. Verhältnis zwischen Angewiesenem und Anweisungsempfänger (Einlösung)

5/69 Zwischen Angewiesenem und Anweisungsempfänger besteht von vornherein kein besonderes Schuldverhältnis. Das durch die Anweisung entstehende Einlösungsverhältnis dient nur *der Verkürzung der Leistungsabwicklung in Deckungs- und Valutaverhältnis*. Die Leistung im Einlösungsverhältnis gilt als vom Angewiesenen an den Anweisenden und von diesem an den Anweisungsempfänger erbracht (Rz 5/64). Dies hat insb Bedeutung für die Frage der bereicherungsrechtlichen Rückabwicklung in Fällen, in denen Deckungs- oder/und Valutaverhältnis unwirksam sind oder durch Ausübung eines Gestaltungsrechts beseitigt werden (dazu III/15/42 f).

5/70 Der Anweisungsempfänger erlangt nur dann einen unmittelbaren Anspruch gegen den Angewiesenen, wenn dieser die Anweisung ihm gegenüber ange-

38 Vgl *Lukas* in ABGB-ON$^{1.01}$ § 1401 Rz 13 ff.

nommen hat (§ 1400 S 2, § 1402). **Die Annahme (= Akzept) ist das einseitige Versprechen des Angewiesenen gegenüber dem Anweisungsempfänger, diesem die Leistung zu erbringen**[39]. Zur Abgabe dieser Willenserklärung ist der Angewiesene nicht verpflichtet.

Der durch die akzeptierte Anweisung entstehende Leistungsanspruch des Anweisungsempfängers verjährt gem § 1403 Abs 2 in drei Jahren ab Zugang der Annahmeerklärung.

Durch die **Annahme der Anweisung** entsteht im Einlösungsverhältnis eine **5/71**
– im österreichischen Privatrecht äußerst seltene – **„abstrakte Schuld“** (allgemein dazu I/5/14 ff). Das bedeutet insb, dass die Verbindlichkeit des Angewiesenen gegenüber dem Anweisungsempfänger *von Deckungs- und Valutaverhältnis unabhängig* ist. Einwendungen aus diesen beiden Verhältnissen kann der Angewiesene nach Annahme der Anweisung dem Leistungsanspruch des Anweisungsempfängers grundsätzlich nicht entgegenhalten.

Das gilt zB für den Einwand, dass der Anweisende die aus dem Deckungsverhältnis geschuldete Gegenleistung noch nicht erbracht hat oder dass diese mangelhaft ist. Ebensowenig kann er sich darauf berufen, dass der Vertrag zwischen Anweisendem und Anweisungsempfänger (Valuta) unwirksam ist.

Dem Angewiesenen stehen nach Annahme der Anweisung gegenüber dem Anweisungsempfänger gem § 1402 nur solche **Einwendungen** zu,

- die die *Gültigkeit der Annahme* betreffen (zB Anfechtung der Annahmeerklärung wegen eines Willensmangels),
- die sich aus dem *Inhalt der Anweisung* ergeben (zB mangelnde Fälligkeit, Eintritt einer auflösenden Bedingung) oder
- die in der *Beziehung zwischen Angewiesenem und Anweisungsempfänger* begründet sind (zB Stundung, Vergleich, Aufrechnung mit einer Gegenforderung).

Nimmt allerdings die Anweisung auf eines der Grundgeschäfte Bezug (sog *titulierte oder kausale Anweisung*), so wird dieses „Inhalt der Anweisung“. Dem Angewiesenen stehen daher trotz Annahme der Anweisung die Einwendungen aus dem entsprechenden Geschäft zu; dies freilich nur dann, wenn die Titulierung auch dem Anweisungsempfänger erklärt wird. Lautet zB die – auch dem Empfänger übermittelte – Anweisung: „Zahlen Sie an C den laut Rechnung vom 14. 6. geschuldeten Kaufpreis für gelieferte Waren in Höhe von 7.500,–“, so kann sich der Angewiesene gegenüber dem Anweisungsempfänger auf eine allfällige Ungültigkeit des besagten Kaufvertrages berufen.

Ist *sowohl das Deckungs- als auch das Valutaverhältnis ungültig*, so wird dem Angewiesenen, obwohl er akzeptiert hat, ebenfalls ein Recht zur Verweigerung der Leistung gewährt[40]. Die Ungültigkeit der Anweisung selbst macht auch deren Annahme unwirksam.

39 Ausführlich zum Folgenden insb *Spielbüchler* in Klang³ § 1402 Rz 1 ff.
40 Vgl *Spielbüchler* in Klang³ § 1402 Rz 5; *Lukas* in ABGB-ON¹·⁰¹ § 1402 Rz 8.

III. Widerruf der Anweisung

5/72 Eine Anweisung kann gem § 1403 Abs 1 S 1 grundsätzlich widerrufen werden. Der Widerruf erfolgt durch **einseitige Willenserklärung** des Anweisenden gegenüber dem Angewiesenen und dem Anweisungsempfänger. Leistet der (zunächst) Angewiesene trotz des Widerrufs, so entfaltet die Leistung keine Rechtswirkung für und gegen den Anweisenden; idR steht dann eine bereicherungsrechtliche Rückforderung gegen den Empfänger zu (vgl III/15/43).

5/73 Die Anweisung kann jedoch gem § 1403 Abs 1 S 1 nicht mehr widerrufen werden, wenn sie der Angewiesene gegenüber dem Anweisungsempfänger **angenommen** hat (Rz 5/70 f); Gleiches gilt, wenn die **Leistung** im Einlösungsverhältnis bereits erfolgt ist.

Ein nach dem Valutaverhältnis unzulässiger Widerruf der Anweisung macht den Anweisenden gegenüber dem Anweisungsempfänger idR schadenersatzpflichtig.

IV. Sonderformen der Anweisung

1. Banküberweisung (Giroüberweisung)

5/74 Bei der Banküberweisung weist der Bankkunde seine Bank an, für den Leistungsempfänger eine entsprechende Gutschrift auf dessen Bankkonto zu begründen[41]. Sind Absender- und Empfängerbank nicht identisch, erteilt die angewiesene Absenderbank – allenfalls unter Einschaltung eines weiteren Kreditinstituts – der Empfängerbank einen entsprechenden Auftrag (sog mehrgliedrige Banküberweisung). Diese schreibt dann dem Leistungsempfänger den Überweisungsbetrag auf dessen Konto gut.

Eine Besonderheit der Banküberweisung besteht also darin, dass die angewiesene Bank keine Zahlung an den Anweisungsempfänger leistet, sondern nur eine **Gutschrift** auf dessen Bankkonto begründet und ihm damit eine *Forderung* gegenüber seiner Bank verschafft (= *Buchgeld*; vgl auch Rz 2/24).

5/75 Hat der anweisende Bankkunde auf seinem Girokonto ein entsprechendes Guthaben oder einen ausreichenden Kreditrahmen (Deckung), so liegt **Anweisung auf Schuld** vor, die die angewiesene Bank befolgen muss (Rz 5/65). Der entsprechende Betrag wird dann vom Konto des Anweisenden abgebucht.

41 Vgl zum Folgenden insb *Koziol/Koch* in Apathy/Iro/Koziol, Bankvertragsrecht[2] III (2008) Rz 1/6 ff; *Freudenthaler*, Die Giroüberweisung beim Online Banking (2009) 4 ff; *Lukas* in ABGB-ON[1.01] § 1400 Rz 21 ff.

Sondergesetzliche Bestimmungen über die Rechte und Pflichten zwischen den Beteiligten enthalten die *§§ 26 ff ZahlungsdiensteG* (ZaDiG). Gem § 42 ZaDiG beträgt die *Ausführungsfrist* für eine Überweisung grundsätzlich *einen Bankarbeitstag* (vom Zugang des Überweisungsauftrags bei der Absenderbank bis zum Einlangen des Zahlungsbetrages bei der Empfängerbank)[42].

Da die Anweisung gem § 1400 S 1 eine **doppelte Ermächtigung** zum Inhalt hat (Rz 5/63), ist grundsätzlich auch eine entsprechende Erklärung des Anweisenden gegenüber dem *Anweisungsempfänger* erforderlich. Ist in diesem Verhältnis (Valuta) Zahlung im Wege der Banküberweisung vereinbart (dazu Rz 2/25), so liegt darin auch die Ermächtigung des Empfängers zur Entgegennahme der Leistung auf Rechnung des Anweisenden. Ansonsten geht man davon aus, dass die angewiesene Bank die Ermächtigung des Empfängers als Erklärungsbotin übermittelt bzw dass insofern die Bank des Empfängers als dessen Empfangsbotin fungiert (allgemein zur Funktion von Erklärungs- und Empfangsboten I/9/11 ff; zu den Besonderheiten der Erfüllung einer Geldschuld durch Banküberweisung im Verhältnis zwischen Gläubiger und Schuldner gem § 907a und § 6a KSchG Rz 2/25, 2/57 ff). **5/76**

2. Lastschriftverfahren

Beim Lastschriftverfahren ermächtigt der Schuldner (= Anweisender) einerseits seinen Gläubiger (= Anweisungsempfänger), fällige Forderungen von seinem Bankkonto einzuziehen. Andererseits weist der Schuldner seine Bank (= Angewiesene) an, die vom Gläubiger ausgefertigten Lastschriften durchzuführen. Bei ausreichender Deckung auf dem Schuldnerkonto (Guthaben oder Kreditrahmen) ist die Bank zur Befolgung der Anweisung verpflichtet (*Anweisung auf Schuld*). Die Spezialbestimmungen der §§ 26 ff ZaDiG (Rz 5/75) gelten auch für das Lastschriftverfahren. **5/77**

Abbuchungs- und *Einzugsermächtigungsverfahren* sind die in der Praxis gebräuchlichen Arten des Lastschriftverfahrens[43].

Eine gewisse Abweichung von der üblichen Anweisung liegt beim Lastschriftverfahren darin, dass die Initiative zur Zahlung nicht vom anweisenden Schuldner ausgeht, sondern vom **Gläubiger** (Anweisungsempfänger); er **bestimmt sowohl den Zeitpunkt als auch die Höhe der Zahlung**. Dadurch wird freilich dem Gläubiger eine *Missbrauchsmöglichkeit* eröffnet, die für den Schuldner ein entsprechendes Risiko darstellt; denn der Schuld- **5/78**

42 Zu den Details *Ferner/Muri* in Weilinger, ZaDiG (Stand 2014) § 42 Rz 1 ff.

43 Ausführlich zum Ganzen *Koziol/Koch* in Apathy/Iro/Koziol, Bankvertragsrecht² III Rz 1/123 ff.

ner muss gegenüber der Bank auch eine nach dem Valutaverhältnis zu seinem Gläubiger unberechtigte Kontoabbuchung grundsätzlich gegen sich gelten lassen.

§ 45 ZaDiG räumt allerdings dem Schuldner unter bestimmten Umständen einen sog **Erstattungsanspruch** ein: Binnen einer Frist von *acht Wochen* ab dem Tag der Kontobelastung kann der Schuldner ohne Angabe von Gründen von seiner Bank verlangen, dass die Abbuchung von seinem Konto rückgängig gemacht wird. Dieser Erstattungsanspruch nach § 45 ZaDiG ist jedoch einerseits von bestimmten Voraussetzungen abhängig und andererseits – auch in Verträgen mit Verbrauchern – in mehrfacher Hinsicht dispositiv[44].

3. Zahlungskartengeschäft

5/78a Im Rahmen eines Zahlungskartengeschäfts stellt der Kartenaussteller (meist eine Bank) dem Karteninhaber gegen Entgelt eine *Kredit- oder sonstige Zahlungskarte* zur Verfügung. Mit Hilfe dieser Karte kann deren Inhaber bei einem Vertragsunternehmen des Kartenausstellers Waren oder sonstige Leistungen ohne gleichzeitige Erfüllung seiner Zahlungspflicht erhalten. Die korrespondierende Vereinbarung zwischen Kartenaussteller und Vertragsunternehmen ist als *Vertrag zugunsten der Karteninhaber* ausgestaltet (allgemein zum Vertrag zugunsten Dritter Rz 6/11 ff).

Durch Eingabe seiner PIN am entsprechenden Terminal oder mit seiner Unterschrift (Kreditkarte) weist der Karteninhaber den Kartenaussteller an, den offenen Zahlungsbetrag an das Vertragsunternehmen zu leisten. Bereits der Vertrag zwischen Kartenaussteller und Vertragsunternehmen (= Einlösungsverhältnis) enthält die Verpflichtung des Kartenausstellers zur Bezahlung der Verbindlichkeiten der Karteninhaber. Diese Erklärung stellt eine **vorweggenommene Annahme** der künftigen Anweisungen der Karteninhaber gem § 1402 dar (Rz 5/70 f). Dadurch entsteht schon mit der Anweisung eines Karteninhabers eine **abstrakte Leistungspflicht** des Kartenausstellers gegenüber dem Vertragsunternehmen[45]. Der Anspruch des Kartenausstellers gegen den Karteninhaber auf Erstattung des Zahlungsbetrages (§ 1014) wird meist durch Kontoabbuchung befriedigt.

Das Zahlungskartengeschäft fällt in den Anwendungsbereich des ZaDiG (§ 1 Abs 2 Z 2 lit b und Z 3). Hinsichtlich der Rechte und Pflichten zwischen den Beteiligten gelten daher auch die Spezialvorschriften der §§ 26 ff ZaDiG; für *Missbrauchsfälle* vgl insb §§ 36 f und 44 ZaDiG.

---

44 Zu den Details *Weilinger/Knauder/Gratzl* in Weilinger, ZaDiG § 45 Rz 1 ff.

45 Vgl zum Ganzen *Lukas* in ABGB-ON[1.01] § 1400 Rz 26 f; *Neumayr* in KBB[4] § 1400 Rz 6; ausführlich *Koch* in Apathy/Iro/Koziol, Bankvertragsrecht[2] III Rz 2/21 ff.

4. Akkreditiv

Beim Akkreditiv soll die angewiesene Bank dem Empfänger nur dann Zahlung leisten, wenn **bestimmte Bedingungen** (Akkreditivbedingungen) erfüllt sind. Große praktische Bedeutung, insb im Außenhandel, hat das *Dokumentenakkreditiv*[46], bei dem die Leistung der Bank ua von der Vorlage bestimmter Dokumente abhängt. Durch diese Dokumente soll die Erbringung der Gegenleistung des Empfängers an den Anweisenden (Valutaverhältnis) nachgewiesen werden (zB durch Verlade- oder Transporturkunden; vgl VIII/Fall 37). 5/78b

Der **Kassalieferschein** unterscheidet sich vom Akkreditiv dadurch, dass der Angewiesene nicht Geld, sondern Waren zu leisten hat. Der Empfänger erhält die Leistung nur unter der Bedingung, dass er die Bezahlung des Entgelts nachweist[47].

F. Schuldübernahme

Die §§ 1404–1410 behandeln unter dem Titel der Schuldübernahme **personelle Änderungen auf der Schuldnerseite** eines Rechtsverhältnisses. Das Gesetz kennt im Einzelnen die befreiende Schuldübernahme (Schuldeintritt, § 1405, § 1406 Abs 1), die kumulative Schuldübernahme (Schuldbeitritt, § 1406 Abs 2), die bloße Erfüllungsübernahme (§ 1404) und die Hypothekenübernahme (§ 1408). 5/79

I. Befreiende Schuldübernahme (Schuldeintritt)

Durch die befreiende (privative) Schuldübernahme tritt der **neue Schuldner an die Stelle des alten**; dieser scheidet aus dem Schuldverhältnis aus. Ein solcher Schuldnerwechsel birgt allerdings Gefahren für den Gläubiger: Der neue Schuldner kann unzuverlässiger oder weniger zahlungsfähig sein als der alte. Für einen Schuldeintritt ist daher in jedem Fall die **Zustimmung des Gläubigers** notwendig. Das Gesetz sieht insofern zwei Möglichkeiten vor: 5/80

- Gem § 1405 S 1 kann der Schuldeintritt durch *Vertrag zwischen Alt- und Neuschuldner mit Zustimmung des Gläubigers* erfolgen.
- Nach § 1406 Abs 1 kann der Neuschuldner auch ohne Vereinbarung mit dem Altschuldner „durch *Vertrag mit dem Gläubiger die Schuld übernehmen*" (Vertrag zugunsten Dritter; vgl dazu Rz 6/11 ff).

---

46 Dazu insb *Apathy/Katzenberger* in Apathy/Iro/Koziol, Bankvertragsrecht² V (2009) Rz 1/1 ff; *Apathy*, ÖBA 2009, 199.

47 Zum Dokumenteninkasso *Apathy/Katzenberger*, aaO Rz 2/1 ff.

Ist der Gläubiger **Verbraucher** iSd KSchG, wird er durch § 6 Abs 2 Z 2 KSchG zusätzlich geschützt (dazu Rz 5/96).

5/81 „Die Verbindlichkeiten des Übernehmers sind mit den Verbindlichkeiten des bisherigen Schuldners in Rücksicht auf die übernommene Schuld ebendieselben" (§ 1407 Abs 1 S 1). Wie bei der Zession (§ 1394) wird also das *Schuldverhältnis* auch durch einen Schuldnerwechsel *inhaltlich nicht verändert*. Daher stehen dem Neuschuldner grundsätzlich die **Einwendungen aus dem Verhältnis zwischen Altschuldner und Gläubiger** zu (§ 1407 Abs 1 S 2).

Hat zB der Gläubiger seine Gegenleistungspflicht gegenüber dem Altschuldner noch nicht (vollständig) erfüllt, so steht dem Neuschuldner die Zug-um-Zug-Einrede zu. Ist der Vertrag zwischen Altschuldner und Gläubiger nicht gültig zustandegekommen, so kann der Neuschuldner dem Leistungsbegehren des Gläubigers den diesbezüglichen Einwand entgegenhalten.

Auf ein *Gestaltungsrecht* des Altschuldners (zB Anfechtungs-, Wandlungs- oder Preisminderungsrecht), das dieser noch nicht geltend gemacht hat, kann sich der Neuschuldner jedoch nur dann berufen, wenn ihm dieses Recht vom Altschuldner abgetreten worden ist (vgl Rz 5/20). Mit einer *Gegenforderung*, die dem Altschuldner gegen den Gläubiger zusteht, kann der Neuschuldner nicht aufrechnen; es fehlt an der dafür notwendigen Gegenseitigkeit (dazu Rz 4/25). Dieser Mangel kann nur durch Abtretung der entsprechenden Forderung vom Alt- an den Neuschuldner beseitigt werden[48].

Einwendungen aus seinem eigenen Verhältnis zum Gläubiger kann der Neuschuldner in jedem Fall geltend machen; so kann er insb eine Gegenforderung, die ihm selbst gegen den Gläubiger zusteht, dessen Leistungsanspruch aufrechnungsweise entgegenhalten.

5/82 Besteht für die übernommene Schuld eine Sicherheit, so haften **dritte Sicherungsgeber** (Bürgen und Pfandbesteller) gem § 1407 Abs 2 nur dann weiter, wenn sie dem Schuldnerwechsel zugestimmt haben. Dadurch wird vor allem auch vermieden, dass Sicherungsgeber durch den Eintritt eines wirtschaftlich schwächeren Schuldners ohne ihren Willen einem erhöhten Haftungsrisiko ausgesetzt werden.

II. Kumulative Schuldübernahme (Schuldbeitritt)

1. Schuldbeitritt durch Vereinbarung

5/83 Bei der kumulativen Schuldübernahme tritt der **neue Schuldner neben den alten**. Der Gläubiger bekommt also einen *zusätzlichen* Schuldner. Alt- und

---

48 Dazu *Dullinger* in Rummel³ § 1441 Rz 5 mit Nachw auch zu abweichenden Meinungen.

Neuschuldner haften dem Gläubiger *solidarisch*; das bedeutet, dass der Gläubiger die Wahl hat, wen von den beiden Schuldnern er in welchem Ausmaß in Anspruch nehmen will (vgl Rz 6/5 f).

Durch den Schuldbeitritt entsteht somit für den Gläubiger keinerlei Gefahr, sondern idR eine Besserstellung. Daher kann der Schuldbeitritt – anders als der Eintritt (Rz 5/80) – allein durch Vertrag zwischen Alt- und Neuschuldner, also **ohne Mitwirkung des Gläubigers** erfolgen. Freilich kann der Gläubiger das dadurch erworbene Recht gem § 882 Abs 1 zurückweisen (vgl Rz 6/15).

Wird zwischen *Neuschuldner und Gläubiger* eine Schuldübernahme vereinbart, lässt sich oft nicht eindeutig klären, ob nach dem Parteiwillen der Neuschuldner nur neben den Altschuldner oder an dessen Stelle treten soll. In solchen Zweifelsfällen ist gem § 1406 Abs 2 von einem bloßen *Schuldbeitritt* auszugehen.

Für den Schuldbeitritt sieht das Gesetz keine besondere **Form** vor. Das ist in **5/84**
jenen Fällen bedenklich, in denen der Schuldbeitritt – wie die Bürgschaft (dazu Rz 6/21 ff) – zur *Sicherstellung* einer (materiell) fremden Verbindlichkeit erfolgt (§ 1347). Von Lehre und Rsp wird deshalb für derartige Solidarverpflichtungen eine analoge Anwendung des § 1346 Abs 2 vertreten. Nach dieser Bestimmung ist die Gültigkeit des Bürgschaftsvertrages zum Schutz des Bürgen vor übereilten Versprechen von der Einhaltung der Schriftform abhängig (dazu Rz 6/22).

Für **Verbraucher**, die einer Kreditverbindlichkeit eines Dritten (zB ihres Ehegatten) gegenüber einem Unternehmer beitreten, sind in den §§ 25a–25d KSchG besondere Schutzvorschriften normiert; vgl dazu Rz 6/23 und 6/27 sowie III/9/26 ff.

Der Schuldbeitritt lässt – genauso wie der Eintritt – das Schuldverhältnis **5/85**
inhaltlich unverändert (§ 1407). Daher stehen auch dem Neuschuldner die **Einwendungen** aus dem Verhältnis zwischen Altschuldner und Gläubiger grundsätzlich zu. Insofern gilt Gleiches wie bei der privativen Schuldübernahme (Rz 5/81).

Die **Rechtsbeziehung zwischen Alt- und Neuschuldner** ist nach dem zwi- **5/86**
schen ihnen bestehenden Schuldverhältnis zu beurteilen.

Ist der Schuldbeitritt zum Zweck der *Sicherstellung* einer Verbindlichkeit des Altschuldners erfolgt und erbringt der Neuschuldner die entsprechende Leistung, so erwirbt er damit gem § 1358 die Forderung des Gläubigers gegen den Altschuldner (Legalzession; dazu Rz 5/58, vgl auch Rz 6/34 f).

2. Gesetzlicher Schuldbeitritt

5/87 Für gewisse Fälle ist ein Schuldbeitritt von Gesetzes wegen angeordnet. Der Gläubiger erhält ex lege, also ohne rechtsgeschäftlichen Begründungsakt, einen zusätzlichen Schuldner.

Eine entsprechende Regelung enthält § **1409** für den Fall der **Übertragung eines Vermögens oder eines Unternehmens:**

„Übernimmt jemand ein Vermögen oder ein Unternehmen, so ist er unbeschadet der fortdauernden Haftung des Veräußerers den Gläubigern aus den zum Vermögen oder Unternehmen gehörigen Schulden, die er bei der Übergabe kannte oder kennen musste, unmittelbar verpflichtet"(§ 1409 S 1).

Diese Norm soll nach der Vorstellung des Gesetzgebers[49] die *Gläubiger*, die dem Schuldner im Vertrauen auf dessen Vermögen Kredit gewährt haben, *vor dem Verlust des Haftungsfonds schützen* (vgl Rz 1/29 ff). Daher soll der Erwerber eines Unternehmens bzw des (gesamten) Vermögens einer Person – neben dem Veräußerer – grundsätzlich für die damit zusammenhängenden Schulden haften (zum Unternehmenserwerb vgl auch §§ 38 ff UGB und dazu Rz 5/91).

5/88 Mit **„Vermögen"** iSd § 1409 ist im Prinzip die Summe *aller* geldwerten Güter einer Person gemeint; doch spielt es für die Anwendbarkeit der Bestimmung keine Rolle, wenn einzelne Sachen von geringem Wert oder ein unerheblicher Bruchteil des Vermögens beim Veräußerer bleiben. Die Übertragung einer *einzelnen Sache*, insb eines Hauses oder Grundstücks, ist vom Tatbestand des § 1409 grundsätzlich nicht erfasst; die Vorschrift wird jedoch analog angewandt, wenn diese Sache im Wesentlichen das gesamte Vermögen des Veräußerers darstellt und der Erwerber dies wusste oder bei gehöriger Aufmerksamkeit hätte wissen müssen.

Bei der Veräußerung eines **Unternehmens**, zB eines landwirtschaftlichen Gutes oder eines kaufmännischen Betriebes, kommt § 1409 ebenfalls nur dann zur Anwendung, wenn das gesamte Unternehmen oder zumindest der wesentliche Teil desselben übertragen wird[50] (dazu auch Rz 5/91).

5/89 Der Übernehmer des Vermögens oder Unternehmens haftet gem § 1409 Abs 1 S 1 nur für jene Schulden des Veräußerers, die er bei der Übergabe **kannte oder kennen musste**. Außerdem ist die Haftung betragsmäßig mit dem **Wert des übernommenen Aktivvermögens** beschränkt[51] (§ 1409 Abs 1 S 2).

---

49 Mat zur 3. TN 422 ff.

50 Vgl zum Ganzen insb *Riedler*, JBl 1992, 563, 625; weiters *Lukas* in ABGB-ON[1.01] § 1409 Rz 10 ff; *Heidinger* in Schwimann/Kodek[4] § 1409 Rz 17 ff.

51 Zu diesbezüglichen Streit- und Zweifelsfragen insb *Heidinger* in Schwimann/Kodek[4] § 1409 Rz 14; ausführlich *Fellner/Melber*, ÖBA 2015, 718 f.

Ist der Übernehmer ein naher Angehöriger des Veräußerers, so trifft ihn gem § 1409 Abs 2 die Beweislast dafür, dass ihm die Schulden bei der Übergabe weder bekannt waren noch bekannt sein mussten.

Die Vorschrift des § 1409 ist nach dessen Abs 3 **zwingendes Recht**. Gegenteilige Vereinbarungen zwischen Veräußerer und Erwerber sind daher dem Gläubiger gegenüber unwirksam, inter partes jedoch verbindlich. Besteht keine derartige Vereinbarung über den *internen Ausgleich*, kann der Übernehmer, wenn er vom Gläubiger in Anspruch genommen wird, *nach § 1358 beim Veräußerer Regress nehmen*; denn er haftet grundsätzlich für eine materiell fremde Schuld (Rz 5/58). **5/90**

Nach dem Zweck des § 1409 (Rz 5/87) soll die Haftung des Erwerbers dann entfallen, wenn die Gegenleistung an den Veräußerer dessen Gläubigern die gleiche Sicherheit bietet wie die veräußerten Güter. Dies wird etwa beim Tausch einer Liegenschaft, die den wesentlichen Teil des Vermögens des Veräußerers bildet, gegen eine gleichwertige Liegenschaft angenommen[52]. Außerdem soll der Erwerber von der Haftung nach § 1409 befreit werden, soweit der Veräußerer die erhaltene Gegenleistung zur Befriedigung seiner Gläubiger verwendet hat[53].

Gem § 1409a ist die Haftung des Übernehmers ausgeschlossen, wenn er das Vermögen oder Unternehmen im Zuge eines **Insolvenzverfahrens** oder einer **Zwangsvollstreckung** erworben hat.

§ 38 UGB sieht bei *Erwerb und Fortführung eines Unternehmens* einen Übergang nicht nur der unternehmensbezogenen Verbindlichkeiten, sondern der gesamten Rechtsverhältnisse auf den Erwerber vor (Vertragsübernahme; Rz 5/95). Den betroffenen Dritten (Vertragspartner) steht allerdings ein Widerspruchsrecht zu (§ 38 Abs 2 und 3 UGB). Auch zwischen Erwerber und Veräußerer ist eine abweichende Vereinbarung zulässig. Ein Ausschluss der Haftung des Erwerbers für Verbindlichkeiten des Veräußerers ist jedoch nur bei Eintragung im Firmenbuch, verkehrsüblicher Bekanntmachung oder Mitteilung an den Dritten wirksam (§ 38 Abs 4 UGB). Außerdem ist ein solcher Haftungsausschluss nur bis zur Grenze der zwingenden Vorschrift des § 1409 möglich (§ 38 Abs 6 UGB)[54]. **5/91**

Die Haftung des Erwerbers eines Unternehmens für Abgabenschulden und Sozialversicherungsbeiträge des Veräußerers regeln § 14 BAO und § 67 ASVG.

52 So OGH 7 Ob 534/88 SZ 61/49; 6 Ob 605/90 ÖBA 1991/275, 383.

53 OGH 5 Ob 553/93 ÖBA 1995/493, 475; 8 Ob 51/01k JBl 2002, 256; 3 Ob 53/09d ÖBA 2010/1627, 385 (*Riedler*); vgl zum Ganzen auch *Riedler*, JBl 1992, 571 f; *Lukas* in ABGB-ON[1.01] § 1409 Rz 3, 11.

54 Näher zum Ganzen *Karollus* in Jabornegg/Artmann, UGB[2] und *Fuchs/Schuhmacher* in Straube, UGB[4], jeweils Erläuterungen zu §§ 38 ff.

III. Erfüllungsübernahme

5/92 Bei der Erfüllungsübernahme verpflichtet sich gem § 1404 der **Übernehmer gegenüber dem Schuldner zur Befriedigung des Gläubigers.** Dem **Gläubiger** wird dadurch **kein Anspruch gegen den Erfüllungsübernehmer** eingeräumt; er kann aber dessen Leistung, wenn sie der Verbindlichkeit des Schuldners entspricht, nicht zurückweisen, ohne in Gläubigerverzug zu geraten (§ 1423; dazu Rz 4/10).

Nur der Schuldner kann vom Erfüllungsübernehmer die Leistung an den Gläubiger fordern. Kommt der Erfüllungsübernehmer seiner Pflicht nicht nach und wird deshalb der Schuldner vom Gläubiger in Anspruch genommen, so wird der Erfüllungsübernehmer dem Schuldner ersatzpflichtig.

5/93 Ist zwischen Schuldner und Übernehmer ein *Schuldeintritt vereinbart* (Rz 5/80), so haftet der Übernehmer, wenn die dafür erforderliche *Einwilligung des Gläubigers (noch) nicht erfolgt* ist, gem § 1405 S 2 wie bei der Erfüllungsübernahme. Diese Regel gilt aber bloß im Zweifel. Häufig wird sich jedoch aus dem Zweck der getroffenen Vereinbarung ergeben, dass bei Scheitern des primär beabsichtigten Schuldeintritts ein Schuldbeitritt (Rz 5/83) eher dem Parteiwillen entspricht als die bloße Erfüllungsübernahme[55].

IV. Hypothekenübernahme

5/94 Erwirbt jemand eine Liegenschaft, die mit einer Hypothek belastet ist, so wird er jedenfalls *Realschuldner* (dazu Rz 1/34). Er muss, wenn der Schuldner die sichergestellte Forderung nicht erfüllt, die Zwangsvollstreckung in diese Liegenschaft dulden (vgl IV/11/20 f).

Die Übernahme einer solchen reinen Sachhaftung ist allerdings selten. Sofern die Hypothek nicht überhaupt vom Veräußerer vor der Übereignung zu tilgen ist (vgl Rz 3/136), verpflichtet sich idR der Erwerber gegenüber dem Veräußerer zur *Schuldübernahme* (s § 1408 S 1). Beabsichtigen die Parteien einen **Schuldeintritt**, so ist dafür grundsätzlich die Zustimmung des Gläubigers erforderlich (Rz 5/80). Der Veräußerer kann allerdings gem § 1408 *„den Gläubiger zur Annahme des neuen Schuldners […] schriftlich mit der Wirkung auffordern, dass die Einwilligung als erteilt gilt, wenn sie nicht binnen sechs Monaten versagt wird"*. Auf diese Wirkung des „bloßen Schweigens" muss in der Aufforderung ausdrücklich hingewiesen werden.

55 Dazu insb *P. Bydlinski*, ÖBA 1988, 1237 ff.

G. Vertragsübernahme

Das ABGB normiert nur die Abtretung von Forderungen (Rz 5/16 ff) und die Übernahme von Schulden (Rz 5/79 ff) aus einem Rechtsverhältnis. Die **Übertragung der gesamten Rechtsposition einer Partei des Schuldverhältnisses** ist jedoch nicht ausdrücklich geregelt. Nach hA ist allerdings auch eine derartige Vertragsübernahme *zulässig, wenn alle Beteiligten zustimmen*. Dadurch tritt der Übernehmer in sämtliche Rechte und Pflichten der bisherigen Vertragspartei ein. **5/95**

Für **Verbraucherverträge** enthält § 6 Abs 2 Z 2 KSchG eine spezielle Schutzvorschrift: Sie betrifft Vertragsbestimmungen, die dem Unternehmer das Recht einräumen, „seine Pflichten oder den gesamten Vertrag mit schuldbefreiender Wirkung einem Dritten zu überbinden, der im Vertrag nicht namentlich genannt ist". Solche Vertragsklauseln (insb in AGB) sind nur wirksam, wenn sie im Einzelnen ausgehandelt worden sind, wofür den Unternehmer die Beweislast trifft. **5/96**

In manchen **Sondergesetzen** ist eine Vertragsübernahme ausdrücklich normiert: So ist gem § 2 Abs 1 S 4 MRG der Rechtsnachfolger des Vermieters (insb nach Veräußerung des Objekts) an den bestehenden Mietvertrag grundsätzlich gebunden (zu § 1120 ABGB vgl III/8/78 ff). § 12 MRG räumt dem Mieter einer Wohnung unter bestimmten Voraussetzungen das Recht ein, seine Vertragsposition an gewisse nahe Angehörige zu übertragen. Die Zustimmung des Vermieters ist dafür nicht erforderlich (vgl III/8/37 ff). Gem § 12a MRG geht die Mieterposition überhaupt ex lege (also automatisch) auf den Erwerber des in den gemieteten Räumen betriebenen Unternehmens über (dazu III/8/42). Nach § 3 AVRAG tritt der Erwerber eines Unternehmens als Arbeitgeber in die bestehenden Arbeitsverhältnisse ein. Zum Übergang der Rechtsverhältnisse beim Unternehmenserwerb nach § 38 UGB s Rz 5/91. **5/97**

§ 6. Mehrheit von Berechtigten oder Verpflichteten

A. Mehrheit von Gläubigern oder Schuldnern

I. Allgemeine Grundlagen

6/1 Im Schuldverhältnis können sowohl auf Gläubiger- als auch auf Schuldnerseite mehrere Personen beteiligt sein. Von einer Gläubiger- oder Schuldnermehrheit spricht man aber nicht schon dann, wenn ein Gläubiger mehrere Schuldner oder ein Schuldner mehrere Gläubiger hat; maßgebend ist vielmehr, dass die fragliche **Leistung insgesamt nur einmal zu erbringen** ist, entweder von mehreren Schuldnern oder an mehrere Gläubiger. Insofern besteht also eine (vertragliche oder gesetzliche) *Verknüpfung* zwischen den mehreren Schulden oder Forderungen. So kann zB nach einem Schuldbeitritt der Gläubiger die Leistung zwar von beiden Schuldnern, aber insgesamt nur einmal fordern (vgl Rz 5/83).

Die Verpflichtung der einzelnen Schuldner oder die Berechtigung der einzelnen Gläubiger kann auf *unterschiedlichen Rechtsgründen* beruhen. Die Gläubiger- oder Schuldnermehrheit kann *von Anfang an oder erst nachträglich* entstehen; und sie kann entweder durch *Vertrag* oder auch durch *Gesetz* begründet werden.

Beispiele: Mehrere Musiker verpflichten sich gegenüber einem Veranstalter zur Aufführung eines Konzerts. Ein Unternehmer verpflichtet sich gegenüber mehreren Miteigentümern eines Hauses zur Fassadenrenovierung. Mehrere Schädiger sind dem Geschädigten für den gemeinsam verschuldeten Schaden ersatzpflichtig (vgl III/13/58 ff). Der Bestohlene hat – jedenfalls bei gewissen Fallkonstellationen – Ersatzansprüche sowohl gegen den Dieb als auch gegen dessen Abnehmer (wegen ungerechtfertigter Bereicherung).

II. Geteiltes Schuldverhältnis

6/2 Ist die von mehreren Schuldnern zu erbringende oder von mehreren Gläubigern zu fordernde **Leistung teilbar** (vgl Rz 2/11), so ist gem § 889, wenn keine abweichende gesetzliche Regelung oder Vereinbarung besteht, ein geteiltes Schuldverhältnis anzunehmen. Jeder Schuldner hat nur seinen Anteil zu leisten, und jeder Gläubiger hat nur Anspruch auf seinen Anteil. Es entstehen also mehrere *Teilschulden* oder *Teilforderungen*. Die Größe der einzelnen Anteile bestimmt sich nach der diesbezüglichen vertraglichen oder gesetzlichen Regelung, uU auch nach dem Innenverhältnis zwischen den mehreren Schuldnern oder Gläubigern; im Zweifel sind die Anteile gleich groß. Die einzelnen Teilschulden oder -forderungen sind unabhängig voneinander; sie können selbständig erlöschen, übertragen oder verändert werden.

In der Praxis kommen Teilschuldverhältnisse vor allem bei *vertraglich* begründeten Geldforderungen bzw -schulden vor[1], aber auch hier sind anders lautende Vereinbarungen eher die Regel. Entsteht die Schuldnermehrheit durch Gesetz, so handelt es sich – entgegen der Zweifelsregel des § 889 – auch bei (objektiver) Teilbarkeit der zu erbringenden Leistung meist um eine *Gesamtschuld* (Rz 6/4 ff). **6/3**

III. Gesamtschuldverhältnis

Gesamtschuldverhältnisse entstehen gem § 890 dann, wenn eine *unteilbare Leistung* zu erbringen ist (Rz 2/11). Auch bei teilbaren Leistungen kann sich die Gesamtschuld oder -forderung aus der *Vereinbarung* oder aus dem *Gesetz* ergeben. So wird durch Schuldbeitritt (Rz 5/83 ff) nach dem typischen Parteiwillen idR eine Gesamtschuld begründet. Bei *gemeinschaftlicher Verpflichtung mehrerer Unternehmer* ist gem § 348 UGB auch bei teilbaren Leistungen im Zweifel von Gesamtschuld auszugehen. Bei *gesetzlichem Entstehungsgrund* ist ebenfalls – wie erwähnt – in den meisten Fällen ein Gesamtschuldverhältnis anzunehmen (vgl etwa §§ 820, 1302 ABGB; § 8 EKHG; § 10 PHG). **6/4**

1. Gesamtschuld

Bei der Gesamtschuld haftet gem § 891 **jeder Schuldner „für das Ganze"** (vgl auch § 890 S 1); man spricht üblicherweise von **solidarischer Haftung**. Der Gläubiger hat die Wahl, welchen Schuldner er in welchem Ausmaß in Anspruch nehmen will. Die Erfüllung durch einen der Schuldner befreit gem § 893 S 1 auch die übrigen. Gleiches gilt für Erfüllungssurrogate wie Aufrechnung (Rz 4/23 ff), (zulässige) gerichtliche Hinterlegung (Rz 4/15 ff) und Leistung an Zahlungs statt (Rz 4/19 ff). **6/5**

Aufrechnen kann ein Solidarschuldner nur mit *eigenen* Gegenforderungen, nicht jedoch – mangels Gegenseitigkeit (Rz 4/25) – mit solchen der Mitschuldner.

---

1 Zur Teilgläubigerschaft vgl insb *Riedler*, Gesamt- und Teilgläubigerschaft im österreichischen Recht (1998) 233 ff.

Auch bei der Gesamtschuld besteht allerdings eine *gewisse Unabhängigkeit der einzelnen Verpflichtungen.* So wirken Vereinbarungen zwischen Gläubiger und einem der Schuldner (zB Stundung, Vergleich oder Verzicht) gem § 894 nicht zulasten und mangels abweichenden Parteiwillens auch nicht zugunsten der übrigen Mitschuldner[2]. Gleiches gilt für Verjährung, Mahnung, Verzug uä.

Für **Verbraucher**, die sich zur solidarischen Haftung für eine Kreditverbindlichkeit gegenüber einem Unternehmer verpflichten, enthalten die §§ 25a–25d KSchG besondere Schutzvorschriften; vgl dazu Rz 6/23 und 6/27 sowie III/9/26 ff.

6/6 Hat einer der Schuldner die gesamte Leistung oder jedenfalls mehr als seinen Anteil erbracht, so steht ihm gem § 896 ein **Rückgriffsrecht** gegen die übrigen zu. Besteht zwischen den Mitschuldnern kein besonderes vertragliches oder gesetzliches Verhältnis, so hat **jeder den gleichen Teil** zu tragen (§ 896 S 1). Der Rückgriffsberechtigte kann von jedem Mitschuldner nur dessen Anteil fordern; *im Innenverhältnis* besteht also *keine gesamtschuldnerische* Haftung. Vereinbarungen zwischen dem Gläubiger und einem der Schuldner iSd § 894 (Rz 6/5) sind gem § 896 letzter Satz beim Innenregress nicht zu berücksichtigen.

Bei *gesamtschuldnerischer Schadenersatzhaftung* (dazu III/13/58 ff) richtet sich das Ausmaß der Schadenstragung im Innenverhältnis nach der Schwere der haftungsrechtlichen Zurechnungsgründe[3], insb nach dem Grad des Verschuldens (vgl auch § 11 Abs 1 EKHG).

2. Gesamtforderung

6/7 Steht mehreren Gläubigern eine Gesamtforderung zu[4], so kann **jeder** von ihnen vom Schuldner die **gesamte Leistung** verlangen. Der Schuldner muss gem § 892 an denjenigen leisten, der ihn *zuerst in Anspruch nimmt.* Solange keiner der Gläubiger die Forderung geltend macht, hat der Schuldner die Wahl, an wen er leisten will. Durch die (vollständige) Erfüllung an einen Mitgläubiger erlischt auch der Anspruch der übrigen (§ 893). Vereinbarungen des Schuldners mit einem der Gläubiger (zB Stundung, Verzicht oder Vergleich) wirken nur bei entsprechendem Parteiwillen zugunsten, keinesfalls aber zulasten der übrigen (Rz 6/5).

Die Frage der **Ausgleichspflicht** zwischen den Mitgläubigern richtet sich nach der internen Regelung. Besteht kein besonderes Innenverhältnis, so gibt es gem § 895 keine Ausgleichspflicht.

---

2 Vgl *Perner* in Klang[3] §§ 893, 894 Rz 3; *P. Bydlinski* in KBB[4] § 894 Rz 1; *Riedler* in Schwimann/Kodek[4] § 894 Rz 1; *P. Bydlinski / Pendl*, JBl 2013, 545.

3 Dazu insb *Koziol*, Haftpflichtrecht[3] I Rz 14/23 ff.

4 Vgl *Riedler*, Gesamt- und Teilgläubigerschaft 33 ff; *Perner* in Klang[3] § 892 Rz 1 ff, §§ 893, 894 Rz 25 ff.

IV. Gesamthandschuldverhältnisse

Eine **Gesamthandschuld** entsteht vor allem dadurch, dass sich mehrere Schuldner zu einer Leistung verpflichten, die sie **nur gemeinsam erbringen können.** 6/8

Beispiele: Veranstaltung eines Konzerts durch mehrere Musiker (OGH 4 Ob 52/80 SZ 53/101); Übereignung des verkauften Grundstücks durch sämtliche Miteigentümer (OGH 6 Ob 107/73 SZ 46/101).

Bei der **Gesamthandforderung**[5] sind **alle Gläubiger gemeinsam** forderungs- und empfangsberechtigt. Ein solches Schuldverhältnis entsteht zum einen durch entsprechende *Vereinbarung*; außerdem gem § 890 dann, wenn mehreren Gläubigern eine *unteilbare Leistung* zu erbringen ist; nach überwiegender Ansicht auch immer dann, wenn die Schuld gegenüber einer *Miteigentümergemeinschaft* besteht[6] (§ 848; dazu IV/5/1 ff). 6/9

Beispiele: Vermietung einer Wohnung an mehrere Bestandnehmer; Rückstellung des Bestandobjekts an eine Miteigentümergemeinschaft; Anspruch von Eigentümer und Mieter einer beschädigten Sache auf Naturalersatz gem § 1323 (dazu III/13/49 ff).

Verlangt nur einer der Gesamthandgläubiger die Leistung, so braucht der Schuldner gem § 890 S 2 *nur gegen „Sicherstellung"* zu erfüllen. Die Sicherstellung erfolgt durch die Zustimmung der übrigen Gläubiger. Ohne diese Zustimmung kann ein Mitgläubiger nur Leistung an alle oder gerichtliche Hinterlegung zugunsten aller begehren. 6/10

B. Vertrag zugunsten Dritter

I. Begriff und Funktion

Durch einen Vertrag zugunsten Dritter[7] verpflichtet sich gem § 881 Abs 1 der **Versprechende** (= Schuldner) gegenüber dem **Versprechensempfänger** zur **Leistung an einen Dritten** (= Begünstigten). 6/11

Im Unterschied zur *Anweisung* (Rz 5/63) wird also der Versprechende zur Leistung an den Dritten nicht bloß ermächtigt, sondern durch die entsprechende Vereinbarung verpflichtet.

Je nach Ausgestaltung der Drittbegünstigung unterscheidet man zwischen echtem und unechtem Vertrag zugunsten Dritter: Beim **unechten Vertrag zugunsten Dritter** ist der Versprechende *nur dem Versprechensempfänger* zur Leistung an den Dritten verpflichtet („Vertrag auf Leistung an Dritte"). In diesem Fall kann daher nur der Versprechensempfänger die

5 Ausführlich dazu *Perner*, Gemeinschaftliche Forderungen (2004).

6 Dazu insb *Riedler*, Gesamt- und Teilgläubigerschaft 247 ff; *Perner* in Klang[3] § 890 Rz 31 ff; jeweils mwN.

7 Ausführlich dazu *Parapatits*, Der Vertrag zugunsten Dritter (2011).

Erfüllung an den Begünstigten fordern (§ 881 Abs 1). Durch einen **echten Vertrag zugunsten des Dritten** wird hingegen dem Dritten ein *unmittelbarer Anspruch gegen den Versprechenden* eingeräumt. Ob im konkreten Fall ein echter oder unechter Vertrag zugunsten Dritter vorliegt, ist durch Auslegung der entsprechenden Vereinbarung zu ermitteln (Rz 6/14).

6/12 Durch die Einbeziehung des (begünstigten) Dritten in das Schuldverhältnis zwischen Versprechendem und Versprechensempfänger entsteht eine **Dreiecksbeziehung**. Die einzelnen Verhältnisse zwischen den Beteiligten werden – wie bei Anweisung (Rz 5/62) und Zession (Rz 5/33) – üblicherweise als Deckungs-, Valuta- und Einlösungsverhältnis bezeichnet. Den Versprechensempfänger verbindet mit dem Versprechenden das **Deckungsverhältnis** und mit dem begünstigten Dritten das **Valutaverhältnis**. Versprechender und Begünstigter stehen einander im **Einlösungsverhältnis** gegenüber.

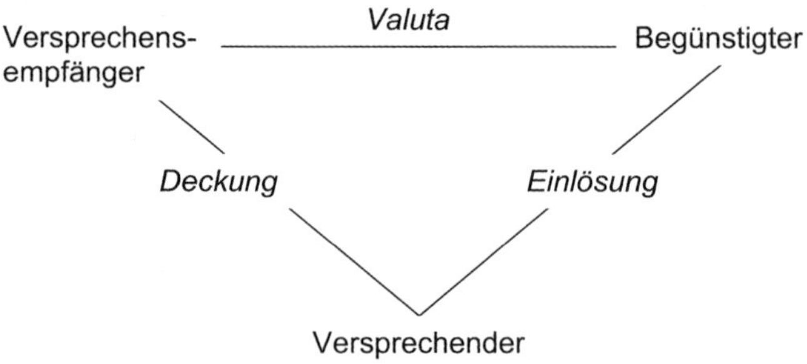

6/13 Das **Deckungsverhältnis** bildet den Rechtsgrund für die Leistungspflicht des Versprechenden und ist nach den insofern einschlägigen Regeln zu beurteilen; so ist zB Kaufrecht anzuwenden, wenn der Versprechensempfänger den (für den Begünstigten bestimmten) Leistungsgegenstand vom Versprechenden gekauft hat.

Das **Valutaverhältnis** begründet den Anspruch des Begünstigten gegenüber dem Versprechensempfänger. Auch der *echte* Vertrag zugunsten Dritter regelt nur, auf welchem Weg der Dritte die Leistung erhalten soll, nicht aber den Rechtsgrund des Erwerbs. Dafür und für die Befugnis, die Leistung zu behalten, kommt es auf das Verhältnis des Begünstigten zum Versprechensempfänger an.

Durch den Vertrag zugunsten Dritter kann grundsätzlich auch eine *Formpflicht* im Valutaverhältnis nicht umgangen werden. Probleme bereitet hier insb der Fall, dass der Versprechensempfänger dem Begünstigten die Leistung *schenkungsweise* zuwenden will. Wurde die Notariatsaktsform (§ 1 Abs 1 lit d NotAktsG) nicht eingehalten, ist für die Gültigkeit der Schenkung gem § 943 die „wirkliche Übergabe" der Sache vom Geschenkgeber an den Beschenkten erforderlich (vgl III/2/5 f). Auf welche Weise dem dadurch bezweckten Übereilungsschutz des Geschenkgebers (= Versprechensempfänger) beim Vertrag zugunsten Dritter Rechnung getragen werden kann, ist zweifelhaft. Durch die Übergabe des Leistungsgegenstandes vom Versprechenden an den Begünstigten wird mE dem Schutzzweck des § 943 nicht entsprochen. Es bedarf vielmehr einer Handlung des Versprechensempfängers, die ihn warnt; zB die Übergabe der für den begünstigten Dritten bestimmten Sache an den Versprechenden.

Zu den verwandten Problemen beim Auftrag auf den Todesfall vgl VI/4/7. Zur bereicherungsrechtlichen Rückabwicklung bei Unwirksamkeit (bzw nachträglicher Auflösung) von Valuta- oder/und Deckungsverhältnis s III/15/44.

Das **Einlösungsverhältnis** zwischen Begünstigtem und Versprechendem dient beim *unechten* Vertrag zugunsten Dritter – wie bei der (nicht angenommenen) Anweisung (s Rz 5/69) – nur zur Verkürzung der Leistungsabwicklung in Deckungs- und Valutaverhältnis. Durch den *echten* Vertrag zugunsten Dritter wird hingegen im Einlösungsverhältnis der Anspruch des Begünstigten gegen den Versprechenden begründet. Der Vertrag zwischen Versprechendem und Versprechensempfänger bildet somit den Rechtsgrund für das Forderungsrecht des Begünstigten, das daher in seinem Entstehen, seinem Inhalt und seinem Bestand von diesem Vertrag im Deckungsverhältnis abhängig ist (vgl Rz 6/16).

II. Der echte Vertrag zugunsten Dritter

1. Begründung des Forderungsrechts des Begünstigten

Ob durch den Vertrag zugunsten eines Dritten ein unmittelbarer Anspruch **6/14** dieses Dritten gegen den Versprechenden begründet wird, ist gem § 881 Abs 2 *„aus der Vereinbarung und der Natur und dem Zwecke des Vertrages zu beurteilen. Im Zweifel erwirbt der Dritte dieses Recht, wenn die Leistung hauptsächlich ihm zum Vorteile gereichen soll"*.

Nach diesen Auslegungsregeln ist insb die Frage zu beurteilen, ob durch die entsprechende Vereinbarung der Versprechende einer bestehenden Schuld des Versprechensempfängers gegenüber dem Dritten (Valuta) beigetreten ist (Rz 5/83 ff; *echter* Vertrag zugunsten des Dritten) oder ob bloße Erfüllungsübernahme vorliegt (Rz 5/92 f; *unechter* Vertrag zugunsten des Dritten). Soll zB dem Dritten eine *Sicherheit* für eine Forderung gegenüber dem Versprechensempfänger eingeräumt werden, so ist die diesbezügliche Vereinbarung zwischen Versprechendem und Versprechensempfänger als *echter* Vertrag zugunsten des Dritten (Schuldbeitritt) zu qualifizieren; denn nur durch einen unmittelbaren Anspruch des Begünstigten gegen den Versprechenden kann der angestrebte Sicherungszweck erreicht werden (s VIII/Fall 38).

Der begünstigte Dritte erwirbt das Forderungsrecht gegen den Versprechen- **6/15** den unmittelbar aufgrund des Vertrages zwischen Versprechendem und Versprechensempfänger. **Unwiderruflich** wird der Anspruch des Begünstigten im Zweifel erst mit dessen **Benachrichtigung**; denn solange er keine Kenntnis von dem ihm eingeräumten Recht erlangt hat, ist der Begünstigte nicht schutzbedürftig. Bis dahin kann dieses Recht daher durch Vereinbarung zwischen Versprechendem und Versprechensempfänger widerrufen werden.

Gem § 882 Abs 1 kann der Begünstigte das **Forderungsrecht zurückweisen**; denn niemand muss sich gegen seinen Willen etwas zuwenden lassen. Mit der Zurückweisung gilt das Recht als nicht erworben.

2. Verhältnis zwischen Versprechendem und Begünstigtem

6/16 Der Rechtsgrund für die Leistungspflicht des Versprechenden gegenüber dem Begünstigten ist der Vertrag (zugunsten des Dritten) mit dem Versprechensempfänger. Daher kann der Versprechende gem § 882 Abs 2 seine **Einwendungen aus diesem Vertrag** auch dem Leistungsanspruch des Begünstigten entgegenhalten; so zB die Einrede der mangelnden Fälligkeit oder die Zug-um-Zug-Einrede, wenn der Versprechensempfänger seine Gegenleistungspflicht noch nicht (vollständig) erfüllt hat.

Allfällige *Gestaltungsrechte* des Versprechenden aus seinem Verhältnis zum Versprechensempfänger (zB Anfechtungs-, Wandlungs- oder Preisminderungsrecht) begründen nach verbreiteter Auffassung gegenüber dem Leistungsanspruch des Begünstigten nur eine aufschiebende Einrede. Die unmittelbare Geltendmachung von Gestaltungsrechten im Einlösungsverhältnis wird hingegen abgelehnt[8]. Diese Ansicht widerspricht jedoch dem ausdrücklichen Willen des Gesetzgebers[9]. Daher sollte man den Vertrag zugunsten Dritter insofern gleich behandeln wie die Zession (dazu Rz 5/35) und dem Versprechenden (wie dem Zessus) die Ausübung seiner Gestaltungsrechte aus dem Deckungsverhältnis gegenüber dem Begünstigten zubilligen[10].

Zu den Einwendungen gem § 882 Abs 2 zählt auch die *Aufrechnung* mit Gegenforderungen, die dem Versprechenden gegenüber dem Versprechensempfänger aus dem Vertrag zugunsten des Dritten zustehen. Mit Forderungen aus anderen Rechtsbeziehungen zum Versprechensempfänger kann der Versprechende jedoch gegenüber dem Begünstigten nicht aufrechnen.

Einwendungen aus seinem eigenen Verhältnis zum Begünstigten kann der Versprechende in jedem Fall geltend machen.

III. Verträge mit Schutzwirkung zugunsten Dritter

6/17 Beim Vertrag mit Schutzwirkung zugunsten Dritter besteht zwar die Hauptleistungspflicht gegenüber dem Vertragspartner; die **nebenvertraglichen Schutz- und Sorgfaltspflichten** (dazu Rz 1/13) werden aber auf gewisse dritte Personen erstreckt[11].

---

8 So etwa *P. Bydlinski* in KBB[4] § 882 Rz 2.

9 Mat zur 3. TN 282.

10 Vgl insb *Lukas*, Zession und Synallagma 33 f, 169; ebenso *Kalss* in ABGB-ON[1.03] §§ 881, 882 Rz 22; *Dullinger* in Rummel/Lukas[4] § 882 Rz 3.

11 Ausführlich zum Folgenden insb *Schmaranzer*, Der Vertrag mit Schutzwirkung zugunsten Dritter (2006).

Beispiele: Der Vermieter haftet nicht nur dem Mieter, sondern auch dessen Mitbewohnern für Schäden, die durch den mangelhaften Zustand der Mietwohnung entstehen. Der in der Wohnung seines Vertragspartners arbeitende Handwerker muss sich nicht nur gegenüber Person und Eigentum seines Gläubigers sorgfältig verhalten, sondern er hat die gleichen Schutz- und Sorgfaltspflichten auch gegenüber dessen Familienangehörigen, die sich in der Wohnung aufhalten.

Wie oben dargelegt wurde (Rz 1/13 und 1/18 ff), handelt es sich bei den meisten vertraglichen und vorvertraglichen Schutz- und Sorgfaltspflichten in Wahrheit um deliktische Pflichten, die nicht erst durch den Vertrag begründet werden. Durch die Einbeziehung in das Vertragsverhältnis soll vor allem erreicht werden, dass bei schuldhafter Verletzung solcher Pflichten dem Vertragspartner nicht bloß deliktische, sondern vertragliche Schadenersatzansprüche zustehen. Dem gleichen Zweck dient die Konstruktion des Vertrages mit Schutzwirkung zugunsten Dritter. Den begünstigten Dritten sollen ebenfalls die **Vorzüge der vertraglichen Haftung, vor allem der Gehilfenzurechnung nach § 1313a** (dazu III/13/44 ff), zugute kommen.

Für die Frage, welcher **Personenkreis** von der Schutzwirkung des Vertrages umfasst ist, wurden folgende Kriterien entwickelt: 6/18

- Es muss sich zum einen um Personen handeln, die der **Interessensphäre** des einen Vertragspartners angehören; das sind solche Personen, an deren Schutz der eine Vertragsteil ein eigenes Interesse hat oder denen er rechtlich zur Fürsorge verpflichtet ist. Dazu gehören idR Familienangehörige, Lebensgefährten und wohl auch (unselbständige) Dienstnehmer.
- Zum zweiten müssen die Rechtsgüter dieser Dritten durch die Erfüllungshandlung des anderen Vertragspartners **in erhöhtem Maß gefährdet** sein.
- Außerdem muss **für den anderen Teil bei Vertragsschluss erkennbar** sein, dass Dritte aus der Interessensphäre seines Partners bei der Erfüllung im Gefahrenbereich sein können.

Dritte, die diese Voraussetzungen erfüllen, sind ohne weiteres von den entsprechenden Schutzwirkungen des Vertrages erfasst; es bedarf also keiner diesbezüglichen Vereinbarung zwischen den Vertragspartnern. Eine gegenteilige Abmachung, wodurch die Schutzpflichten zugunsten Dritter ausgeschlossen werden sollen, ist nach überwiegender Ansicht idR unwirksam.

Allerdings sollen nach dem sog **Subsidiaritätsprinzip** die einschlägigen Schutzwirkungen dem Dritten nur dann zugute kommen, wenn er gegen keinen der Vertragspartner einen deckungsgleichen Schadenersatzanspruch aus eigenem (von ihm selbst geschlossenen) Vertrag hat[12].

---

12 Vgl *Karner* in KBB[4] § 1295 Rz 19; *Harrer/Wagner* in Schwimann/Kodek[4] § 1295 Rz 108a; jeweils mwN; zu Recht kritisch *Riedler* in Schwimann/Kodek[4] §§ 881, 882 Rz 19;

6/19 Es entspricht außerdem überwiegender Auffassung, dass der vertragliche Schutz grundsätzlich auf die **absolut geschützten Rechtsgüter** (vgl dazu III/13/16) des Dritten beschränkt ist; umfasst sind also insb die körperliche Integrität und das Eigentum des Dritten, nicht aber dessen bloßes Vermögen (dazu III/13/18). Dadurch will man vor allem der Gefahr allzu weit gehender Ersatzpflichten begegnen. Dieser Auffassung wird mit Recht entgegengehalten, dass eine derartige Beschränkung der geschützten Rechtsgüter der Vertragshaftung fremd ist[13] (zum Ganzen auch III/13/30 und III/14/50).

IV. Verträge zulasten Dritter

6/20 Verträge zulasten Dritter sind **mit dem Prinzip der Privatautonomie** (dazu I/5/20 ff) **unvereinbar** und daher grundsätzlich nicht möglich. Wirksam verpflichten kann man nur sich selbst, einen Dritten nur im Wege der Stellvertretung (dazu I/9/1 ff).

Nach § 880a ist jedoch die Zusage der Leistung eines Dritten nicht schlechthin ungültig, sondern als sog **Verwendungszusage** zu deuten. Geschuldet ist demnach das sorgsame Bemühen, um die Leistung des Dritten zu bewirken.

Hat jedoch der Versprechende darüber hinaus den Erfolg seiner Verwendung gegenüber dem Dritten **garantiert**, so hat er dafür unbedingt einzustehen. Bleibt die Leistung des Dritten aus, wird er gem § 880a seinem Vertragspartner ersatzpflichtig, ohne dass dafür ein schuldhaftes Verhalten erforderlich wäre. Diese Bestimmung ist die einzige Regel des ABGB über den Garantievertrag (näher zur echten und unechten Garantie Rz 3/142 f und 6/41 ff).

C. Bürgschaft

I. Funktion und Voraussetzungen

6/21 Die Bürgschaft gehört zu den „rechtlichen Arten der **Sicherstellung** einer Verbindlichkeit und der Befestigung eines Rechtes, durch welche dem Berechtigten ein neues Recht eingeräumt wird" (§ 1343). *Der Bürge verpflichtet sich, den Gläubiger zu befriedigen, wenn der (Haupt-)Schuldner seine Verbindlichkeit nicht erfüllt* (§ 1346 Abs 1). Die Bürgschaft wird durch **Vertrag zwischen Gläubiger und Bürgen** begründet.

Schmaranzer, Vertrag mit Schutzwirkung zugunsten Dritter 98 ff; *Burtscher*, JBl 2015, 631 ff.

13 Vgl insb *Welser*, FS Wagner (1987) 378 f; *Reischauer* in Rummel[3] § 1295 Rz 33 ff; *Schmaranzer*, Vertrag mit Schutzwirkung zugunsten Dritter 113 ff.

Zur Gültigkeit des Bürgschaftsvertrages ist erforderlich, dass „die **Verpflichtungserklärung des Bürgen schriftlich** abgegeben wird“ (§ 1346 Abs 2). Der Bürge muss also den Vertrag grundsätzlich eigenhändig unterschreiben (vgl § 886). Durch diese Formvorschrift soll der Bürge vor übereilten und unüberlegten Versprechungen geschützt werden; er soll sich das Risiko eines solchen Geschäfts bewusst machen (*Warnfunktion*; zur Heilung des Formmangels durch Erfüllung nach § 1432 III/15/7). Die Vertragserklärung des Gläubigers bedarf hingegen nicht der Schriftform. **6/22**

Eine Bürgschaftsverpflichtung durch einfache E-Mail erfüllt – mangels eigenhändiger Unterschrift – das Formerfordernis nach § 1346 Abs 2 nicht. Eine durch „*Telefax*“ (Fernkopie) übermittelte Bürgschaftserklärung ist dann formgültig, wenn die Originalurkunde eigenhändig unterschrieben ist[14]. Gleiches gilt bei elektronischer Übermittlung einer gescannten Erklärung.

Für **Verbraucher**, die einen Bürgschaftsvertrag mit einem Unternehmer abschließen, enthalten die §§ 25a–25d KSchG **besondere Schutzvorschriften** (vgl dazu auch III/9/26 ff). So muss insb gem § 25c KSchG der Gläubiger den Bürgen[15] vor Abschluss des Vertrages *auf die wirtschaftliche Lage des Hauptschuldners hinweisen*, „wenn er erkennt oder erkennen muss, dass der Schuldner seine Verbindlichkeit voraussichtlich nicht oder nicht vollständig erfüllen wird“. Unterlässt der Gläubiger diese Information, so macht er sich strafbar (§ 32 KSchG). Der Bürge haftet nur dann, wenn er die Verpflichtung auch bei ordnungsgemäßer Information übernommen hätte. Die Beweislast dafür trägt der Gläubiger. **6/23**

Außerhalb des Anwendungsbereiches des KSchG wird eine Warnpflicht des Gläubigers gegenüber dem Bürgen vor allem dann angenommen, wenn er weiß, dass der Hauptschuldner zahlungsunfähig ist oder vor dem wirtschaftlichen Zusammenbruch steht[16].

II. Akzessorietät der Bürgschaftsschuld

Das wichtigste Prinzip der Bürgschaft ist die Akzessorietät. Die Haftung des Bürgen ist sowohl in ihrem Entstehen als auch in ihrem Fortbestand **von der Hauptschuld abhängig**. Ist die Hauptschuld nicht wirksam begründet worden (zB wegen Dissenses oder Sittenwidrigkeit), so ist auch die **6/24**

14 HL, der inzwischen auch die Rsp folgt; OGH 9 Ob 41/12p JBl 2013, 663; 1 Ob 161/13b ÖBA 2014/1999, 127.

15 Die Bestimmung gilt auch dann, wenn der Verbraucher einer Verbindlichkeit als Mitschuldner (Rz 5/83 ff und 6/5 f) oder als Garant (Rz 6/41 ff) beitritt. Zur Frage der analogen Anwendung auf Pfandbesteller IV/9/20.

16 Vgl *Gamerith* in Rummel³ Vor § 1360 Rz 2 f; *P. Bydlinski* in KBB⁴ § 1346 Rz 19; *Faber* in Schwimann/Kodek⁴ § 1364 Rz 5; ausführlich *Dullinger* in Dullinger/Kaindl, Jahrbuch Bank- und Kapitalmarktrecht 2008 (2009) 97; jeweils mwN.

Bürgschaft ungültig (§ 1351). Ebenso führt die Aufhebung oder die Tilgung der Hauptschuld zum Erlöschen der Bürgschaft (§ 1363 S 1).

§ 1352 normiert allerdings eine *Ausnahme* vom Akzessorietätsgrundsatz: Ist die Hauptschuld wegen fehlender oder beschränkter Geschäftsfähigkeit des Schuldners unwirksam, so ist die Verpflichtung des Bürgen dennoch gültig; dies auch dann, wenn ihm die mangelnde Geschäftsfähigkeit des Hauptschuldners bei Abschluss des Bürgschaftsvertrages unbekannt war.

6/25 Aufgrund der Akzessorietät seiner Haftung kann der Bürge auch die **Einwendungen**, die dem **Hauptschuldner gegen den Gläubiger** zustehen, geltend machen (zB Verzicht, Stundung, Einrede des nicht erfüllten Vertrages etc; vgl auch Rz 6/35).

Ob sich der Bürge auch auf allfällige *Gestaltungsrechte* des Hauptschuldners berufen kann, die dieser noch nicht ausgeübt hat (zB Anfechtungs-, Wandlungs- oder Preisminderungsrecht), ist streitig. Die überwiegende Lehre billigt dem Bürgen eine aufschiebende Einrede und damit ein Leistungsverweigerungsrecht bis zur Klärung der Frage im Grundverhältnis zu. Die Gestaltungswirkung wird von der Geltendmachung durch den Hauptschuldner abhängig gemacht[17].

Gegenforderungen, mit denen der Hauptschuldner gegenüber dem Gläubiger aufrechnen könnte, begründen nur dann ein Leistungsverweigerungsrecht des Bürgen, wenn sie aus dem der (gesicherten) Hauptforderung zugrundeliegenden Rechtsverhältnis stammen. Bzgl sonstiger Gegenforderungen des Hauptschuldners kann der Bürge den Gläubiger nur im Fall der Ausfallsbürgschaft auf die Aufrechnung gegenüber dem Hauptschuldner verweisen[18] (s Rz 6/31).

6/26 Aus dem Akzessorietätsprinzip folgt auch, dass sich der Bürge nicht für mehr verpflichten kann, als der Hauptschuldner leisten muss, wohl aber für weniger (§ 1353 S 1). Die Bürgschaftsverpflichtung kann also durch entsprechende Vereinbarung mit dem Gläubiger auf einen bestimmten Teil der Hauptschuld beschränkt werden (*Teilbürgschaft* oder *Höchstbetragsbürgschaft*).

6/27 § 25d KSchG sieht ein **richterliches Mäßigungsrecht** ua für Bürgschaftsverpflichtungen von **Verbrauchern** gegenüber Unternehmern vor: Danach kann der Richter die Verpflichtung des Bürgen „insoweit mäßigen oder auch ganz erlassen, als sie in einem unter Berücksichtigung aller Umstände unbilligen Missverhältnis zur Leistungsfähigkeit“ des Bürgen steht. Voraus-

17 Vgl die Darstellung des Meinungsstandes bei *Gamerith* in Rummel[3] § 1351 Rz 6; *Faber* in Schwimann/Kodek[4] § 1351 Rz 11 f; *P. Bydlinski* in KBB[4] § 1351 Rz 3; *G. Neumayer/Th. Rabl* in ABGB-ON[1.03] § 1351 Rz 5 ff; ausführlich *Th. Rabl*, Die Bürgschaft (2000) 93 ff.

18 Vgl insb *Dullinger* in Rummel[3] § 1441 Rz 20; *Th. Rabl*, Bürgschaft 102 ff; zustimmend *Faber* in Schwimann/Kodek[4] § 1351 Rz 12; jeweils mwN, insb auch zu abweichenden Meinungen.

setzung ist allerdings, dass dem Gläubiger dieses unbillige Missverhältnis bei Vertragsschluss erkennbar war. Für die Frage der Mäßigung ist insb eine allfällige Drucksituation des Bürgen, etwa wegen einer (familiären) Nahebeziehung zum Hauptschuldner, aber auch dessen Unerfahrenheit oder Leichtsinn zu berücksichtigen (zu den weiteren Details vgl III/9/30).

Schon vor Inkrafttreten dieser Bestimmung hat die Rsp Bürgschaftsverträge (vor allem unter Familienangehörigen), die unter derartigen Umständen geschlossen wurden, für sittenwidrig und damit ungültig gem § 879 Abs 1 erklärt[19]. § 25d KSchG schließt eine solche Beurteilung auch weiterhin nicht aus.

III. Subsidiarität der Bürgenhaftung

Da die Bürgschaftsverpflichtung bloß der Sicherstellung der Hauptschuld dient, ist der Bürge grundsätzlich nur dann zur Leistung verpflichtet, wenn der Hauptschuldner seine Verbindlichkeit nicht erfüllt (Rz 6/21). Ob bzw in welcher Form der Gläubiger zur primären Inanspruchnahme des Hauptschuldners verpflichtet ist, hängt allerdings von der Art der eingegangenen Bürgschaft ab. **6/28**

1. „Gemeine" Bürgschaft

Von einer „gemeinen" (dh gewöhnlichen) Bürgschaft ist immer dann auszugehen, wenn insofern keine besondere Vereinbarung getroffen wurde. In diesem Fall kann der Gläubiger den Bürgen gem § 1355 erst dann in Anspruch nehmen, wenn der **Hauptschuldner trotz Mahnung nicht geleistet** hat. Die Mahnung des Hauptschuldners kann gerichtlich oder außergerichtlich erfolgen. Ist allerdings über das Vermögen des Hauptschuldners „das Insolvenzverfahren eröffnet" worden oder ist dieser „unbekannten Aufenthalts", so ist dessen Mahnung nicht erforderlich (vgl § 1356). **6/29**

Den **Gläubiger** treffen allerdings **Sorgfalts- und Aufklärungspflichten** gegenüber dem Bürgen: So ist er gem § 1364 S 2 für die *„Saumseligkeit"* bei der Eintreibung der Schuld verantwortlich. Macht der Gläubiger seine Forderung bei Fälligkeit nicht unverzüglich geltend, kann dem Bürgen insofern ein Schaden entstehen, als dadurch sein Rückersatzanspruch gegen den Hauptschuldner (Rz 6/34 ff) nicht mehr einbringlich ist. Für einen solchen Schaden wird der Gläubiger ersatzpflichtig. § 1364 S 2 wird als Grundlage einer *umfassenden Sorgfaltspflicht* des Gläubigers gegenüber dem Bürgen verstanden. Der Gläubiger hat alle Vorkehrungen zu treffen, um den Rück- **6/30**

---

19 Vgl OGH 1 Ob 544/95 JBl 1995, 651 (*Mader*); 2 Ob 156/97y JBl 1998, 36; ausführlich *Th. Rabl*, Bürgschaft 58 ff.

griffsanspruch des Bürgen (Rz 6/34, 6/37) zu sichern. Eine *Aufklärungspflicht* des Gläubigers gegenüber dem Bürgen wird bei allen wichtigen Veränderungen im Schuldverhältnis angenommen[20] (so insb bei drohender Zahlungsunfähigkeit des Hauptschuldners; s auch §§ 25b, 25c KSchG und dazu III/9/26 ff).

§ 1353 S 2 verpflichtet den Gläubiger einer verzinslichen Schuld zur *unverzüglichen Geltendmachung fälliger Zinsen*; widrigenfalls hat der Bürge dafür nicht zu haften. Dadurch soll das Anwachsen der verbürgten Schuld verhindert werden.

Wird vor oder bei Abschluss des Bürgschaftsvertrages zur Sicherung derselben Forderung auch ein Pfand bestellt, so ist der *Gläubiger* gem § 1360 *nicht befugt*, sich zum Nachteil des Bürgen *„des Pfandes zu begeben"*. Gibt also der Gläubiger nachträglich ein solches Pfandrecht auf (vgl § 467 und dazu IV/12/3 ff), so wird der Bürge insoweit frei, als dadurch sein Rückgriffsanspruch uneinbringlich geworden ist (Rz 6/34). Das gilt aber – wie gesagt – nach dem Gesetzeswortlaut nur dann, wenn das Pfand *vor oder spätestens bei Übernahme der Bürgschaft* bestellt worden ist[21] (vgl aber Rz 6/31).

2. Ausfalls- oder Schadlosbürgschaft

6/31 Der Ausfalls- oder Schadlosbürge verpflichtet sich gem § 1356 nur für den Fall, dass der Gläubiger die Erfüllung durch den Hauptschuldner auch im Wege der Zwangsvollstreckung nicht (vollständig) erreichen kann. Der Bürge kann daher nur in Anspruch genommen werden, wenn bzw soweit eine **Exekution gegen den Hauptschuldner erfolglos** geblieben ist, wenn über das Vermögen des Hauptschuldners ein *Insolvenzverfahren* eröffnet worden oder dieser *unbekannten Aufenthalts* ist.

Daraus ergibt sich, dass der Gläubiger **alle sonstigen Befriedigungsmöglichkeiten** ausschöpfen muss, bevor er auf den Ausfallsbürgen greifen kann; so ist er insb auch verpflichtet, seine Forderung primär durch Aufrechnung mit einer ihm gegen den Hauptschuldner zustehenden Gegenforderung oder durch Geltendmachung sonstiger Sicherungsrechte (vgl Rz 6/38 f) so weit wie möglich zu befriedigen (dazu VIII/Fall 39).

Im Übrigen gelten die in Rz 6/30 behandelten **Sorgfalts- und Aufklärungspflichten des Gläubigers** auch gegenüber dem Ausfallsbürgen. Die *Aufgabe eines Pfandrechts* (oder einer anderen Sicherheit) durch den Gläu-

---

20 Vgl zum Ganzen *Gamerith* in Rummel³ § 1356 Rz 4, § 1364 Rz 3, 7; *Faber* in Schwimann/Kodek⁴ § 1364 Rz 4 ff; *P. Bydlinski* in KBB⁴ § 1364 Rz 4; ausführlich *Dullinger* in Dullinger/Kaindl, Jahrbuch Bank- und Kapitalmarktrecht 2008, 112 ff; jeweils mwN.

21 Kritisch dazu allerdings *Gamerith* in Rummel³ § 1360 Rz 3.

biger befreit den Ausfallsbürgen auch dann, wenn dieses Pfand erst *nach* Übernahme der Bürgschaft bestellt worden ist[22]; denn die Ausfallsbürgschaft kann – wie dargelegt – nach ihrem Zweck erst nach Ausschöpfung aller sonstigen Sicherungsrechte in Anspruch genommen werden. Daher ist die (freiwillige) Aufgabe einer solchen Sicherheit in jedem Fall eine Nachlässigkeit des Gläubigers iSd § 1356, die zur Befreiung des Ausfallsbürgen führt.

3. Bürge und Zahler

Wer sich als Bürge und Zahler verpflichtet, **haftet** gem § 1357 **mit dem** 6/32
Hauptschuldner solidarisch. Der Gläubiger hat die Wahl, wen von den beiden er in welchem Ausmaß in Anspruch nehmen will. Der *Grundsatz der Subsidiarität* ist damit *durchbrochen*. Das Akzessorietätsprinzip (Rz 6/24 ff) gilt aber auch für den Bürgen und Zahler.

4. Entschädigungsbürgschaft

Der Entschädigungs- oder Rückbürge verpflichtet sich **gegenüber dem** 6/33
Bürgen zum Ersatz des Schadens, den dieser durch die Bürgschaft erleidet (§ 1348). Gem § 1362 haftet der Entschädigungsbürge aber nicht für solche Schäden, die sich der Bürge „durch sein eigenes Verschulden zugezogen hat", zB durch zu langes Zuwarten mit der Geltendmachung seiner Rückersatzansprüche gegen den Hauptschuldner (dazu Rz 6/34 ff).

Von der Entschädigungsbürgschaft ist die sog *Nach- oder Überbürgschaft* zu unterscheiden: Der Nachbürge verpflichtet sich gegenüber dem *Gläubiger* für den Fall zur Leistung, dass der (Vor-)Bürge seine Verbindlichkeit nicht erfüllt. Der Nachbürge verbürgt sich also für den Bürgen.

IV. Rückgriffsanspruch des Bürgen

Hat der Bürge an den Gläubiger geleistet, so stellt sich die Frage nach seinen 6/34
Ersatzansprüchen gegen den Hauptschuldner. Meist besteht in dieser Beziehung ein vertragliches Schuldverhältnis (zB Auftrag; dazu III/5/1 ff), auf Grund dessen der Schuldner dem Bürgen zum Aufwandersatz verpflichtet ist. Aber auch ohne eine solche Sonderbeziehung steht dem Bürgen ein Rückgriffsanspruch gegen den Hauptschuldner zu; denn er **tritt gem § 1358 „in die Rechte des Gläubigers und ist befugt, von dem Schuldner den Ersatz der bezahlten Schuld zu fordern"**. Die Erfüllung durch den Bürgen führt also nicht zum Erlöschen der entsprechenden Forderung, sondern zu

22 Vgl insb *Gamerith*, aaO.

deren Übergang auf den Bürgen (*Legalzession*; dazu Rz 5/58). Mit der Forderung gehen auch allfällige (sonstige) Sicherungsrechte auf den Bürgen über (§ 1358 letzter Satz; vgl Rz 5/29 und 6/38 f).

6/35 Gem § 1361 trifft allerdings den Bürgen die Obliegenheit, vor seiner Leistung an den Gläubiger das **Einverständnis mit dem Hauptschuldner** herzustellen. Das ist so zu verstehen, dass der Bürge mit dem Hauptschuldner Kontakt aufnehmen soll, um zu erfahren, ob dem Anspruch des Gläubigers allfällige *Einwendungen* entgegenstehen (vgl Rz 6/25). Verletzt der Bürge diese Obliegenheit, so kann der Hauptschuldner seine Einwendungen aus dem Grundverhältnis dem Regressanspruch des Bürgen entgegenhalten. Gibt hingegen der Hauptschuldner dem Bürgen seine Einwendungen trotz entsprechender Aufforderung nicht bekannt, dann kann er sie auch gegen dessen Ersatzanspruch nicht mehr vorbringen.

6/36 Eine Minderung seines Rückgriffsanspruchs erleidet der Bürge, wenn der Hauptschuldner im Zuge eines **Insolvenzverfahrens** von einem Teil seiner Verbindlichkeiten befreit wird (vgl § 156 Abs 1 und § 214 Abs 1 IO). In diesen Fällen haftet der Bürge weiterhin in voller Höhe. Er muss daher den Gläubigern ihren Ausfall zahlen, hat aber für diesen Betrag keinen Regressanspruch (§ 156 Abs 2 und § 214 Abs 2 IO). Bei einem gewöhnlichen Insolvenzverfahren über das Vermögen des Hauptschuldners ohne Restschuldbefreiung behält zwar der Bürge seinen vollen Rückgriffsanspruch, doch ist dieser idR nicht einbringlich.

6/37 Unter bestimmten Voraussetzungen kann der Bürge vom Hauptschuldner **Sicherstellung** (nach den Vorschriften der §§ 1373 f; dazu Rz 2/34) verlangen: So kann er gem § 1364 S 1 die Sicherung seines Rückgriffsanspruchs fordern, wenn er die Bürgschaft mit Einwilligung des Hauptschuldners übernommen hat und dieser nach Fälligkeit nicht leistet. Besteht gegen den Schuldner die begründete Besorgnis der Zahlungsunfähigkeit oder der Entfernung aus dem Inland, so kann der Bürge gem § 1365 die Sicherstellung der verbürgten Schuld auch dann verlangen, wenn er die Bürgschaft ohne Einwilligung des Schuldners übernommen hat.

V. Mehrheit von Sicherungsrechten

6/38 **Mehrere Bürgen haften** dem Gläubiger gem § 1359 S 1 grundsätzlich **solidarisch**; das gilt allerdings nicht für den Ausfallsbürgen (vgl Rz 6/31). Im **Innenverhältnis** zwischen den Mitbürgen besteht gem § 1359 S 2 im Zweifel **Anteilshaftung** (vgl auch § 896 und dazu Rz 6/6).

Hat einer der Mitbürgen den Gläubiger befriedigt, so steht ihm einerseits der Regressanspruch gem § 1358 gegen den Hauptschuldner zu (Rz 6/34 ff). Er kann aber auch – statt auf den Hauptschuldner zu greifen – seine Mitbürgen in Anspruch nehmen. Dabei muss er allerdings den auf ihn entfallenden

Anteil selbst tragen. Wurde einer der Bürgen vom Gläubiger aus der Haftung entlassen, so kann er dies seinen Mitbürgen nicht entgegenhalten (§ 1363 letzter Satz).

Nach hA gilt die **Anteilshaftung** ganz **generell für das Innenverhältnis zwischen mehreren Sicherungsgebern**. Die verschiedenen Arten von Sicherungsrechten (Bürgschaft, Pfand, Haftung als Mitschuldner) sind in der Frage des Innenregresses gleich zu behandeln. So ist insb auch ein Pfandbesteller dem vom Gläubiger in Anspruch genommenen Bürgen nur zum Anteilsregress verpflichtet. **6/39**

VI. Erlöschen der Bürgschaft

Die Bürgschaft erlischt nach dem *Akzessorietätsprinzip* mit der Verbindlichkeit des Hauptschuldners (§ 1363 S 1; vgl Rz 6/24); ebenso wenn der *Bürge den Gläubiger befriedigt*. Wird der Bürge vom Gläubiger *aus der Haftung entlassen*, so kann er zwar von diesem nicht mehr in Anspruch genommen werden, wohl aber von seinen Mitbürgen (§ 1363 S 3; vgl Rz 6/38). Eine *befristete Bürgschaft* endet mit dem Ablauf der Zeit, für die sich der Bürge verpflichtet hat (§ 1363 S 2). **6/40**

Bei Übernahme einer Bürgschaft auf unbestimmte Zeit wird dem Bürgen grundsätzlich ein ordentliches Kündigungsrecht gewährt (vgl Rz 4/54). Außerdem kann die Bürgschaft aus wichtigem Grund gekündigt werden (dazu Rz 3/158)[23].

Schließlich endet die Bürgschaftsverpflichtung gem § 1367 *drei Jahre nach dem Tod des Bürgen*, wenn der Gläubiger binnen dieser Frist die Erben des Bürgen nicht gemahnt hat. War die Schuld zur Zeit des Todes noch nicht fällig, beginnt die Dreijahresfrist nach hM erst ab Fälligkeit zu laufen. Diese Art des Erlöschens ist allerdings ausgeschlossen, wenn die Bürgschaft durch Hypothek oder Faustpfand gesichert ist.

D. Garantievertrag

Durch einen Garantievertrag übernimmt der Garant gegenüber dem Begünstigten die **Haftung für einen noch ungewissen Erfolg oder für einen allenfalls entstehenden Schaden**. Im Gesetz ist nur die Zusage der Leistung eines Dritten angesprochen (§ 880a; zur Abgrenzung zwischen Garantie und bloßer Verwendungszusage Rz 6/20). Der praktische Anwendungsbereich der Garantie ist jedoch wesentlich größer[24]. **6/41**

---

23 Vgl *P. Bydlinski* in KBB[4] § 1363 Rz 6; *Faber* in Schwimann/Kodek[4] § 1353 Rz 9; *Gamerith* in Rummel[3] § 1353 Rz 3a; *G. Neumayer/Th. Rabl* in ABGB-ON[1.03] § 1363 Rz 15 ff; jeweils mwN.

24 Vgl zum Folgenden insb *Koziol*, Der Garantievertrag (1981).

Beispiele: Der Hersteller eines Produkts garantiert dem Endabnehmer, mit dem er sonst in keiner Vertragsbeziehung steht, die Mangelfreiheit dieses Produkts für einen bestimmten Zeitraum (*Herstellergarantie*). Eine Bank verspricht dem Werkbesteller eine bestimmte Geldsumme für den Fall, dass der Unternehmer das geschuldete Werk nicht (ordnungsgemäß) herstellt (*Bankgarantie*). Ein Verein übernimmt die Haftung für das etwaige Defizit einer Festveranstaltung. Ein Fremdenverkehrsverband garantiert einem Schilehrer ein bestimmtes Einkommen während der Saison.

Nach § 880a, der auf andere Fälle der Garantie analog angewendet wird, haftet der Garant für *volle Genugtuung*, wenn der garantierte Erfolg nicht eintritt; er hat also dem Begünstigten den gesamten Schaden einschließlich des entgangenen Gewinns zu ersetzen (vgl dazu III/13/6). Die Parteien können jedoch im Garantievertrag von vornherein die Zahlung bestimmter Beträge vorsehen. Das ist bei der Bankgarantie (Rz 6/42) die Regel.

Der echte Garantievertrag ist zunächst von der sog *unechten Garantie* zu unterscheiden, bei der zB zwischen den Parteien eines Kaufvertrages die gesetzlichen Gewährleistungsbestimmungen zugunsten des Käufers abgeändert werden (vgl Rz 3/142).

6/42 Wird eine **Garantie für die Leistung eines Dritten** übernommen, besteht eine gewisse Verwandtschaft zur *Bürgschaft*. Im Unterschied zur Bürgschaft ist jedoch die Garantie **nicht akzessorisch** und damit von der Verpflichtung des Dritten gegenüber dem Begünstigten unabhängig (zur Akzessorietät der Bürgschaft Rz 6/24 ff). Dem Garanten stehen die Einwendungen aus dem Verhältnis des Dritten zum Begünstigten nicht zu. Diese Unabhängigkeit der Garantieverpflichtung von der Verbindlichkeit im Grundverhältnis wird häufig dadurch zum Ausdruck gebracht, dass sich der Garant zur Leistung „auf bloßes Anfordern und ohne Erhebung von Einwendungen" verpflichtet.

Ein praktisch wichtiger Fall einer solchen Garantie *zur Sicherung der Leistung eines Dritten* ist die **Bankgarantie.** Der Dritte, für dessen Leistung die Bank die Haftung gegenüber dem Begünstigten übernimmt, ist meist Bankkunde. Zwischen diesem und der Bank besteht üblicherweise ein Auftragsverhältnis (dazu III/5/1 ff), das die Bank zur Übernahme der Garantie verpflichtet und für deren Regress maßgebend ist.

6/43 Zur **Geltendmachung der Garantie** durch den Begünstigten genügt idR die Behauptung, dass der *Garantiefall* eingetreten sei, dass also der Dritte die Leistung nicht (obligationsgemäß) erbracht habe. Nur in Fällen, in denen die *unberechtigte Inanspruchnahme der Garantie evident*, dh ohne weiteres beweisbar ist, wird dem Garanten ein **Leistungsverweigerungsrecht wegen Rechtsmissbrauchs** gewährt.

Durch entsprechende Vereinbarung kann allerdings die Garantie vom Eintritt weiterer Voraussetzungen (insb im Verhältnis zwischen Begünstigtem und Drittem) abhängig gemacht („tituliert") werden, sodass Übergangsformen zur Bürgschaft entstehen.

Hat der Garant an den Begünstigten geleistet, steht ihm jedenfalls dann ein **Ersatzanspruch gegen den Dritten** zu, wenn er von diesem zur Übernahme der Garantie beauftragt worden ist (Aufwandersatzanspruch gem § 1014; dazu III/5/10). War der Dritte dem Begünstigten zur Leistung verpflichtet, dann geht das Forderungsrecht des Begünstigten im Wege der *Legalzession nach § 1358* (Rz 6/34) auf den Garanten über. **6/44**

Bei unberechtigter Inanspruchnahme der Garantie durch den Begünstigten steht dem Dritten gegen diesen ein bereicherungsrechtlicher Rückforderungsanspruch zu.

Nach hA ist das in § 1346 Abs 2 für die Bürgschaft normierte **Schriftformgebot** (Rz 6/22) auch auf Garantieverträge, die der Sicherung der Leistung eines Dritten dienen, anzuwenden. **6/45**

Für **Verbraucher**, die **gegenüber einem Unternehmer** eine Garantie übernehmen, enthalten die §§ 25a–25d KSchG besondere Schutzvorschriften (diese gelten auch für andere Formen der Interzession; vgl dazu Rz 6/23, 6/27 und III/9/26 ff).

Unternehmer, die **gegenüber einem Verbraucher** eine Garantie für den Fall der Mangelhaftigkeit einer Sache übernehmen, sind gem § 9b KSchG zur Aufklärung über Bedeutung, Inhalt, Umfang und Geltungsdauer der Garantie verpflichtet. Die Bestimmung gilt sowohl für echte als auch für unechte Garantieverträge (zu den Details Rz 3/144).

Paragraphenregister

Die Angaben beziehen sich auf die Randzahlen. Hauptfundstellen sind halbfett hervorgehoben.

ABGB

7	3/53
14	1/2
97	2/4
165	2/35
214	2/35
270	4/18
275	2/35
302	3/140
307	1/3 f
343	2/34
364c	5/25
366	1/3; 2/50; 3/18
367	2/50; 3/81; 5/49
371	5/49
423 ff	5/20
427	3/120
428	3/82, 120
429	2/56
430	1/36, 38; 5/48
442	5/34, 49
451 ff	5/20
452	5/27
458	5/47
462	4/10
467	6/30
471	2/49 ff
481	5/20
520	2/34
546	1/32
685	2/37
802	1/32
812	1/32; 4/46
820	6/4
824	4/9
834	2/34
837	2/35
848	6/9
859	**1/1**, 4 f, 7, **15 ff**, 29, 36
860 ff	1/17
861	1/24; 2/3
863	3/13; 5/15
864	2/56; 4/50
865	4/7 f
866	1/19
869	2/1
870 ff	3/2, 146; 5/11
874	1/19
878	1/19, 27; 2/30; **3/48**
879	1/10; 3/1, 133; 4/52
879 Abs 1	3/137; 6/27
879 Abs 2 Z 4	3/147; 5/11
879 Abs 3	3/137
880	3/49, 51
880a	3/143; **6/20**, **41 ff**
881 f	6/11 ff
881 Abs 1	6/11 ff
881 Abs 2	6/14 ff
882 Abs 1	4/50; 5/83; **6/15**
882 Abs 2	6/16
886	6/22
889	6/2 f
890	6/4 f, 9 f
891	6/5
892	6/7
893	6/5, 7

894	6/5 f
895	6/7
896	**6/6**, 38
902	2/40
903	2/40; 3/11
904	**2/37 f**, 60; 3/11, 43
905 Abs 1	2/27, **53 ff**
905 Abs 2	2/55, 59
905 Abs 3	2/56
905a	2/16
906	2/18 ff
906 Abs 2	**2/21**; 3/43
907	2/22
907a	**2/25**, 39, 53, 55, **57 ff**; 3/12
907b	**2/23**, **28**
909 ff	2/23
914	1/12, 13
915	2/42; 5/66
916 Abs 2	5/49
918 ff	2/10; **3/5 ff**, 68 f, 113 ff, 145, 157
918	2/21, 48; **3**/3, **7 ff**, 45, 106, 113 ff, 122, 145, 156; 4/2
918 Abs 1	2/12; **3/7 ff**, 145, 157
918 Abs 2	**3/26 ff**, 107, 113 ff
919	3/31 ff
920	2/12; **3**/5, 40, 49, **54 ff**, 106, 113 ff, 145, 156; 4/19
921	3/18, 21 f, 40, 55 ff
922 ff	**3/66 ff**, 138; 5/41
922 Abs 1	3/72 ff
922 Abs 2	3/76 f
924	3/82 f
925 ff	3/84, 120 f
928	3/132 ff
929	3/133, 137
930	3/140 f
931	3/129 f
932	2/10; **3**/5, **86 ff**, 99, 112 ff, 126, 146, 153; 5/43
932 Abs 1	**3/86**, 113
932 Abs 2	**3**/87, **91 ff**, 96, 98, 113 ff, 126 f, 146, 152; 5/47
932 Abs 3	3/92
932 Abs 4	**3**/27 f, 60 f, 63, 88, **97 ff**, 113 ff, 122, 153 f, 156
933	**3**/96, 114, **116 ff**, 123 ff, 136, 145 f
933 Abs 1	**3/116 ff**, 120, 124; 5/45
933 Abs 2	3/117 f, 120
933 Abs 3	**3/116** f; 5/45
933a	**3**/94, 96, 101, **148 ff**; 5/43
933a Abs 1	3/148 f
933a Abs 2	**3**/125, 149, **151 ff**
933a Abs 3	3/150
933b	3/125 ff
934 f	2/23; 3/147; 5/11
936	4/5
937	4/52
938	4/50
943	5/28, 61, 67; 6/13
945	5/46
970a	1/33
1000	2/32 f
1012	1/12; 2/35
1014	2/32; 5/66, 78a; 6/44
1022	4/57
1025	4/57
1036	2/49
1039	2/35
1041	1/37; 5/50
1042	3/96; 4/10
1048	3/49, 51
1052	1/10; **2/43 ff**, 52
1053	2/1
1054	2/1
1056	2/2
1061	1/12; 3/40
1062	1/10; **2/43 ff**; 3/36 f
1063	2/47
1063a	2/56
1063b	2/19
1070	5/21
1071	5/21
1074	5/21
1096	1/1; 3/70, 157
1097	3/70, 96
1109	4/31 ff
1117	3/158
1120	5/97
1152	2/1
1153	4/11
1155	3/65, 96
1157	1/13
1162	3/158
1167	3/70

1168	3/65, 96
1168 Abs 2	3/43
1168a	1/12
1169	1/13
1170b	2/47
1190	2/32
1198	2/35
1210	3/158
1271	1/35
1295 ff	3/150
1297	3/150
1298	3/8, 150
1304	1/14, 27; 3/40
1313a	1/13, 20 f, 26; 3/8, 21, 54; 4/11; 6/17
1315	1/13
1323	1/38; 6/9
1331	3/22, 56
1333	2/32 f; 3/10, 23
1334	2/39, 60; 3/11
1335	2/32
1336	3/19, 56
1343	6/21
1346 Abs 1	6/21
1346 Abs 2	5/84; **6/22**, 45
1347	5/84
1348	6/33
1351	6/24
1352	6/24
1353	6/26, 30
1355	6/29 f
1356	**6**/29, **31**
1357	6/32
1358	4/10; **5/58 ff**, 86, 90; 6/34 ff, 38, 44
1359	6/38 f
1360	6/30
1361	5/60; **6/35**
1362	6/33
1363	6/24 f, 38, 40
1364	6/30, 37
1365	6/37
1367	6/40
1373 f	**2/34**, 47; 6/37
1375 ff	5/1 ff
1376 ff	4/20; **5/2 ff**
1377	5/2 f
1378	5/4
1379	**5**/2, 5, **7**
1380 ff	5/8 ff
1382 ff	5/13
1385	5/11
1386	5/11
1387	5/10
1388	5/11
1390	5/12
1392	5/17, 27
1393	**5/19 f**, 27
1394	**5**/17, 29, **33 ff**, 49
1395	1/37; 4/9; **5**/18, **30**, 36, 50, 60
1396	**5**/18, 22, 31, **34 ff**, 52, 60
1396a	5/22 ff, 31, 38
1397 ff	3/70; **5/41**
1397	4/22; **5/41 ff**, 60
1398 f	5/44
1400	5/61 ff, 70 f, 76
1401	5/67 f
1402	5/70 f, 78a
1403	5/66, 70 f, 72 f
1404	**5**/79 ff, **92 f**
1405	**5/79 f**, 93
1406 Abs 1	5/79 ff
1406 Abs 2	**4**/74, **78 ff**
1407	**5/81 f**, 85
1408	**5**/79, **94**
1409	5/87 ff
1409a	5/90
1412	2/6; 3/3; **4/1 ff**
1413	2/41; 3/3, 34, 68; **4/1 f**
1414	**4/19 ff**; 5/6, 48
1415	2/12; 3/25; 4/3
1415 f	**4/12**, 39
1417	**2/37**, 60; 3/11
1418	2/37
1419	**3**/5, **38 ff**; 5/68
1420	2/53
1421	4/4, 6
1422	4/10, 42; **5/59**
1423	4/10; **5/59 f**, 68, 92
1424	4/7 ff
1425	3/43; **4/15 ff**; 5/32
1426 f	4/13
1428	4/14
1432	1/35; 6/22
1433	4/6

1434	4/2
1435	1/35; 3/18, 55, 106, 110, 116
1436	2/20
1438 ff	4/23 ff
1438	4/25, 39
1439	**4/27 ff**, 40
1440	2/51; 4/26, 31 ff
1441	4/25, 31, 35
1442	5/37
1444	4/48 ff
1445	4/45 f
1446	4/47
1447	2/15, 17; **3/5**, 49, **51 ff**; 4/19
1448	4/57
1487	3/146
1489	3/149
1497	3/122 f; 5/15
1501	1/35
1502	1/35; 3/124

AktG

60	4/37

ASVG

67	5/91
332	5/58

AVRAG

3	5/97

BAO

14	5/91

BWG

1 Abs 1 Z 16	5/57
31 f	5/27

DHG

7 Abs 1	4/37

EGZPO

Art 42	2/35

EKHG

8	6/4
11 Abs 1	6/6
15 f	1/33

EO

12	2/21
37	5/56
250 f	1/31
290 ff	5/21
291a	1/31
293 Abs 2 f	4/36; 5/21
316	4/19

EuFrÜb

Art 3 Abs 1	2/40

FAGG

4 ff	1/23
4 Abs 1 Z 1	3/74
11 ff	4/56

GmbHG

63 Abs 3	4/37

HIKrG

8	1/23
10	1/23
13	4/56
20	2/41; 4/2

IO

14 Abs 1	4/26
20	4/37
44	5/56
156	6/36
214	6/36

JN

88	2/54
104a	4/17

KSchG

1	1/6
2	1/6; 2/38
3	4/56
5a Abs 1 Z 1	3/74
6 Abs 1 Z 5	2/30
6 Abs 1 Z 6 ff	2/52; 4/52
6 Abs 1 Z 8	4/38

6 Abs 1 Z 10 3/74
6 Abs 1 Z 13 2/33
6 Abs 1 Z 14 4/52
6 Abs 1 Z 15 3/23
6 Abs 2 3/138
6 Abs 2 Z 2 5/80, 96
6 Abs 2 Z 3 2/23
6a Abs 1 **2/25**; 5/76
6a Abs 2 **2/59** f
7a 2/38
7b 2/38, 56
8 **3/70, 93 f**
9 3/70
9 Abs 1 3/138
9 Abs 2 3/84, 118
9a **3/70, 79**
9b **3/70, 144**; 6/45
12 5/21
15 3/27; **4/55**
23 3/120
25a ff 5/84; 6/5, 23, 45
25b 6/30
25c 6/23
25d 6/27
32 6/23

MRG
2 Abs 1 5/97
12 5/97
12a 5/97
15 Abs 3 2/25
16 Abs 9 2/30
16a 2/30
20 ff 2/35
42 Abs 2 5/21

NotAktsG
1 Abs 1 lit b 1/35
1 Abs 1 lit d 5/28, 66; 6/13

OrgHG
6 Abs 1 4/37

PHG
2 1/33
10 6/4

SchG
Art 21 5/49
Art 45 f 2/32

UGB
38 5/91
124 4/37
348 6/4
349 3/22
353 2/32
354 2/1
355 ff 4/43 f
363 5/27
365 5/49
369 2/49
373 3/43; 4/15
377 1/14; **3/139**
378 3/69
381 3/139
456 2/33; 3/10
457 2/39
458 3/10
459 2/33, 37; 3/10

UNK
Art 45 3/3
Art 61 3/3

VersVG
67 5/58

VKrG
6 1/23
9 1/12
12 4/56
16 2/41; 4/2

WAG
40 ff 1/12

WG
Art 16 5/49
Art 48 f 2/32

ZaDiG
26 ff 5/75, 77, 78a
31 ff 1/12

36 f	5/78a
42	5/75
44	5/78a
45	5/78

ZPO

17 ff	3/129
21	3/129
406	2/40

Sachverzeichnis

Die Angaben beziehen sich auf die Randzahlen. Hauptfundstellen sind halbfett hervorgehoben.

A

Abbuchungsverfahren 5/77 f
Abnahmepflicht 3/36, 42
Abschlussfreiheit 1/16
Abtretung s Zession
Äquivalenz, subjektive 3/67
Akkreditiv 5/78b
Akzept 5/70 f
Akzessorietät
– der Bürgschaft **6/24 ff**, 32, 40
– des Garantievertrages 6/42
aliud-Lieferung 3/69
Alternativermächtigung s Ersetzungsbefugnis
Alternativobligation s Wahlschuld
Anderslieferung 3/69
Anerkenntnis 5/14 f
–, Abgrenzung zum Vergleich 5/9
–, deklaratives 5/15
– der Naturalobligation 1/35
– des Mangels 3/122
– des Zessus 5/40
–, konstitutives 5/14 f
–, Verjährung 5/15
animus novandi 5/5
Annahme der Anweisung **5/63**, 65, **70 f**, 78a
–, abstrakte Schuld 5/71, 78a
–, Einwendungen 5/71
–, Verjährung 5/70
Annahmeverzug s Gläubigerverzug
Anspruch 1/1, 4 f
Anweisung 5/61 ff
–, Abbuchungsverfahren 5/77 f
–, Annahme **5/63**, 65, **70 f**, 78a
– auf Kredit 5/66
– auf Schuld **5/61**, **65**, 75
–, Banküberweisung 2/24 f, 39, 58 ff; **5/61**, **74 ff**
–, Deckungsverhältnis 5/65 f
–, doppelte Ermächtigung 5/63 f, 76
–, Einlösungsverhältnis 5/69 ff
–, Einzugsermächtigungsverfahren 5/77 f
–, kausale 5/71
–, Lastschriftverfahren 5/77 f
–, Sonderformen 5/74 ff
–, titulierte 5/71
–, Valutaverhältnis 5/67 f
–, Verjährung 5/70
–, vorweggenommene 5/78a
–, Widerruf 5/72 f
–, Zahlungskartengeschäft 5/78a
– zur Zahlung 5/67 f
Aufklärungspflichten
–, vertragliche 1/12; 2/8; 3/30; 6/30 f
–, vorvertragliche **1/18 ff**; 2/8; 3/57, 74, 155; 6/23
–, Zug-um-Zug-Einrede 2/46
Aufrechnung 4/23 ff
–, Bürgschaft 6/25
–, Gesamtschuld 6/5
– mit verjährten Forderungen 4/40
–, Naturalobligation 4/27, 40
–, Rückwirkung 4/40 f
–, Schuldeintritt 5/81
–, Vertrag zugunsten Dritter 6/16

–, Zession 5/37
–, Zwecke 4/23
Aufrechnungserklärung 4/30
Aufrechnungsverbote 4/31 ff
–, gesetzliche 4/31 ff
–, vertragliche 4/38
– – bei Verbraucherverträgen 4/38
Aufrechnungsvoraussetzungen 4/25 ff
–, Aufrechnungserklärung 4/30
–, Gegenseitigkeit **4/25**, 42
–, Gleichartigkeit **4/26**, 42
–, Fälligkeit **4/29**, 42
–, Liquidität 4/28
–, Richtigkeit **4/27 f**, 40, 42
Aufrechnungsvertrag 4/42
Auftrag
–, Anweisung 5/66
–, Bürgschaft 6/34
–, Erlöschen durch Tod 4/57
–, Garantie 6/44
Aufwandersatz
–, Anweisung 5/66
–, Bürgschaft 6/34
–, Garantie 6/44
–, Gläubigerverzug 3/41
–, Verbesserung **3/96**, 100 f, 126, 151, 154
Ausfallsbürgschaft **6/31**, 38
Auslobung **1/15**, **17**
Ausschlussfrist s Präklusivfrist
Austauschanspruch **3/55**, 94
–, Aus- und Einbaukosten 3/94

B

Bankgarantie 6/41 f
Banküberweisung 2/24 f, 39, 58 ff; **5**/61, **74 ff**
–, Gutschrift 5/74
–, Beförderungsrisiko 2/55
– durch Verbraucher 2/25, 60
Beförderungsrisiko s Transportgefahr
Besitzkonstitut 3/82
Betreibungskosten **3**/10, **23**
Beweislastumkehr
– nach § 1297 ABGB 3/150
– nach § 1298 ABGB 3/150
Bezugsvertrag 3/27
Bringschuld **2/55**, 57 ff; 3/12, 34, 39
Buchgeld 2/24; **5/74 ff**
Bürge und Zahler 6/32
Bürgschaft 6/21 ff
–, Abgrenzung zur Garantie 6/42
–, Akzessorietät 6/24 ff
–, Aufklärungspflicht des Gläubigers 6/23, 30
– bei Konfusion 4/46
–, Einwendungen 6/25
–, Erlöschen 6/40
–, Form 6/22
– für Geschäftsunfähige 6/24
–, gemeine 6/29 f
–, Insolvenz des Hauptschuldners 6/29, 31, 36
–, Kündigung 6/40
–, Legalzession 5/58; **6/34 ff**
–, Mäßigungsrecht 6/27
–, Rückgriff **6**/30, **34 ff**
–, Sittenwidrigkeit 6/27
–, Sorgfaltspflichten des Gläubigers 6/23, 30 f
–, Subsidiarität 6/28 ff
– von Verbrauchern 6/23

C

commodum, stellvertretendes 3/53
culpa in contrahendo **1**/20 f, **25 ff**; 3/57, 155
–, Gehilfenzurechnung 1/20, 26
–, Mitverschulden des Geschädigten 1/27

D

Dauerschuldverhältnis
–, Beendigung 3/157 f; 4/53 ff
–, befristetes 4/53
–, Kündigung 3/158; 4/54 f
–, Leistungsstörung 3/157 f
–, Rückabwicklung 3/158
–, Rücktritt 3/157
–, unbefristetes 4/54
debitor cessus 5/17 ff
Deckungsgeschäft 3/21
Delkredereübernahme 5/57
Depurierungspflicht 3/136
Differenzanspruch 3/21, 55 f
Dokumentenakkreditiv 5/78b

E

Einlösung von Forderungsrechten 4/10; **5/59**

Einrede
– bei Novation 5/3
– bei Schuldübernahme 5/81, 85
– bei Vertrag zugunsten Dritter 6/16
– der Gewährleistung 3/116
– der Unsicherheit 2/47 f
– des Angewiesenen 5/71
– des Bürgen 6/25
– des debitor cessus **5/34 ff**, 60
– des Garanten 6/42 f
– des nicht erfüllten Vertrages **2/44 ff**; 3/9, 106; 4/29; 5/35, 37, 81; 6/16, 25
–, Verzicht 4/52
Einzugsermächtigungsverfahren 2/25; 5/77 f
Empfangsermächtigung 4/9
Endigungsfreiheit 1/16
Entsagung s Verzicht
Entschädigungsbürgschaft 6/33
Erfolgsverbindlichkeiten 2/6 ff
Erfüllung 3/3; **4/1 ff**
– an Dritte 4/9
– an Geschäftsunfähige 4/7 f
– durch Dritte 4/10 f
– durch Gehilfen 4/11
– durch Geschäftsunfähige 4/6
–, Rechtsnatur 4/4 f
–, Unmöglichkeit 3/45 ff
–, Verzug 3/7 ff
Erfüllungsgehilfe 1/13, 20 f, 26; 3/19, 101; **4/11**; 6/17
Erfüllungsort **2/53 ff**; 3/3, 41
–, Bringschuld **2/55**, 57 ff; 3/12, 34, 39
–, Geldschuld **2/27**, 53, 55, **57 ff**
–, Hinterlegung 4/17
–, Holschuld **2/55**; 3/34
–, Schickschuld **2/56**; 3/12
–, Verbesserung 3/93
Erfüllungsübernahme **5/92 ff**; 6/14
Ersetzungsbefugnis 2/23
– bei Fremdwährungsschulden 2/28
– bei Verbrauchergeschäften 2/23
– und Wahlschuld 2/23
essentialia negotii 2/1
Exekution 1/30 ff
Exekutionsbeschränkung 1/31
Existenzminimum 1/31

F

Factoring 5/57
facultas alternativa s Ersetzungsbefugnis
Fälligkeit **2/36 ff**, 60; 3/11; 4/2, 12
–, Aufrechnung 4/29
–, Stundung **2/42**; 3/12, 44
Firmenfortführung 5/91
Fixgeschäft **3/14**, **31 ff**
–, absolutes 3/33
–, relatives 3/33
Forderungsabtretung s Zession
Forderungsmangel 5/41 ff
–, Gewährleistung 5/41 ff
–, Schadenersatz **5/43**, 46
–, Uneinbringlichkeit 5/42
–, Unrichtigkeit 5/42
–, Zeitpunkt 5/44
Forderungsrecht 1/1, 4 f
–, absoluter Schutz **1/36 ff**; 5/50
–, Abtretung 5/16 ff
–, Außenwirkung **1/36 ff**; 5/50
–, gutgläubiger Erwerb 5/34, **49**
–, offenkundiges 1/40
–, Relativität **1/4**, 36
–, Verletzung **1/36 ff**; 5/50
Form
–, Bürgschaft 6/22
–, Garantie 6/45
–, Schuldbeitritt 5/84
–, Verzicht 4/51
Formfreiheit 1/16
Fremdwährungsklausel 2/28, 30
Fremdwährungsschuld 2/28

G

Garantievertrag 6/41 ff
–, Abgrenzung zur Bürgschaft 6/42
–, echter 3/143 f; **6/20**, **41 ff**
–, Einwendungen 6/42
–, Legalzession 6/44
– mit Verbraucher 3/144; 6/45
–, Rechtsmissbrauch 6/43 f
–, Rückgriff 6/44
–, unechter **3/142 ff**; 6/41
–, Verwendungszusage 6/20
Gattungsschuld **2/13 ff**, 26; 3/39, 46, 52, 62
–, Anderslieferung 3/69

–, beschränkte **2/17**; 3/46, 52, 62
–, Gewährleistung 3/90, 112, 132
–, Konzentration 2/16; **3/39**
–, Qualität 2/16
–, Unmöglichkeit 3/46, 52
Gefahrtragung
– bei Gläubigerverzug 3/39 f, 65
– bei Hinterlegung 4/15
– bei Schuldnerverzug 3/9
– bei zufälliger Unmöglichkeit 3/46, 51 f
–, Konzentration 2/16; **3/39**
Gehilfenzurechnung
– bei Erfüllung 4/11
– bei Mangelbehebung 3/101
– bei Schuldnerverzug 3/19
–, culpa in contrahendo 1/20 f, 26
–, Schutzpflichtverletzung 1/13
–, Vertrag mit Schutzwirkung zugunsten Dritter 6/17
Geldentwertung 2/29 f
Geldmangel **2/26**; 3/46
Geldschuld **2/24 ff**, 53, 55, **57 ff**; 3/10, 12, 46
–, Erfüllungsort **2**/27, 53, 55, **57 ff**
–, Fremdwährungsschuld 2/28
–, Schickschuld 2/59
–, Schuldnerverzug 3/10, 12
–, Verzugszinsen **2/32 f**; 3/10
–, Währung 2/27 f
Geldsummenschuld 2/29
Geldwertschuld 2/29
Generalzession s Globalzession
Genusschuld s Gattungsschuld
Gesamthandschuldverhältnis 6/8 ff
Gesamtschuldverhältnis 5/83; **6/4 ff**
Gestaltungsrechte 1/14
–, Abtretung 5/20
–, Bürgschaft 6/25
–, Schuldübernahme 5/81
–, Vertrag zugunsten Dritter 6/16
–, Zession 5/35
Gewährleistung **3**/5, 7, 60 f, **66 ff**
–, Abgrenzung zum (Teil-)Verzug **3**/5, **68 f**, 113 ff, 145
–, Abgrenzung zur (Teil-)Unmöglichkeit **3**/5, 60, **68**, 113 ff, 145
–, Anderslieferung 3/69
–, Ausschluss 3/131 ff
–, Austausch der Sache **3/86 ff**, 94
– bei anfänglicher Unmöglichkeit 3/48, 123, 155
– bei Zession **5/41 ff**, 60
–, Einrede 3/116
– für öffentliche Äußerungen 3/76 f
–, Garantiezusage 3/142 ff
–, Gattungsschuld 3/90, 112, 132
–, Geltendmachung 3/116 ff
–, Klage 3/116
–, Konkurrenz zum Irrtum 3/146
–, Konkurrenz zum Schadenersatz **3**/101, **148 ff**
–, Konkurrenz zum (Teil-)Verzug **3**/5, 68, 113 ff, **145**
–, Konkurrenz zum Wucher 3/147
–, Konkurrenz zur laesio enormis 3/147
–, Konkurrenz zur List 3/130
–, Konkurrenz zur (Teil-)Unmöglichkeit **3**/5, 60, 68, 113 ff, **145**
–, Leistung an Zahlungs Statt 4/21
–, Nachtrag des Fehlenden 3/86, 112 ff
–, Preisminderung **3**/60, 86, 97 ff, **108 ff**, 111, 113 ff
–, Streitverkündung 3/129 f
– und Garantie 3/142 ff
–, Verbesserung **3/86 ff**, 94
–, Verbrauchergeschäft 3/70 f, 74, 79, 84, 93 f, 99, 118, 128, 138, 144
–, Vorteilsausgleich 3/95
–, Wandlung **3**/60, 86, 97 ff, **104 ff**, 111, 113 ff
–, Zession 5/41 ff
–, Zurückbehaltungsrecht 3/116
Gewährleistungsbehelfe 3/86 ff
–, Austausch der Sache 3/86 ff
–, Nachtrag des Fehlenden **3**/86, **113 ff**
–, Preisminderung **3**/60, 86, 89, 97 ff, **108 ff**, 111, 113 ff
–, primäre 3/87 ff
–, sekundäre **3**/88, **97 ff**
–, Wandlung **3**/86, 97 ff, **104 ff**, 111, 113 ff
Gewährleistungsfrist
–, Beginn **3**/81, **120 ff**
– bei anfänglicher Unmöglichkeit 3/123
– bei beweglichen Sachen 3/117 ff
– bei Forderungsmängeln 5/45
– bei Obsoleszenz 3/121
– bei unbeweglichen Sachen 3/117 ff

– bei verstecktem Mangel 3/121
– bei Viehmängeln 3/117 f, 120
– beim Verbrauchergeschäft 3/118, 138
–, Rechtsnatur 3/124
–, Rückgriff gegen Lieferanten 3/125 ff
–, Unterbrechung 3/122
–, Verkürzung 3/124, 138
Gewährleistungsverzicht 3/137 ff
– beim Verbrauchergeschäft 3/138
Giroüberweisung s Banküberweisung
Gläubigermehrheit 6/1 ff
Gläubigerverzug 2/36, 45, 53; **3/5**, **34 ff**, 65
–, Beendigung 3/44
– bei Wahlschuld 2/21
–, Gefahrtragung **3/39 f**, 65
–, Hinterlegung 3/43; **4/16**
–, Konzentration 2/16; **3/39**
–, Rechtsfolgen 3/38 ff
–, Zug-um-Zug-Einrede 2/45
Globalzession **5/53**, 57

H

Haftung 1/29 ff
– bei Unternehmensübernahme 5/87 ff, 91
– bei Vermögensübernahme 5/87 ff
–, Beschränkung 1/31 f
– cum viribus 1/32
–, persönliche 1/31
– pro viribus 1/32
Haftungshöchstbeträge 1/32
Hauptleistungspflicht **1/11**; 2/7, 46
–, Novation 5/2
–, Unterlassung 2/4
–, Zug-um-Zug-Einrede 2/46
Hinterlegung 4/15 ff
– bei Gesamthandgläubigerschaft 6/10
– bei Gläubigerverzug 3/43; **4/16**
– bei Zession 4/16; **5/32**
–, gerichtliche 4/15 ff
Holschuld **2/53**, **55**; 3/34, 39
Hypothekenübernahme 5/94

I

Indexklausel 2/30
Inhaltsfreiheit 1/16
Inflation 2/29 f
Inkassozession 5/55 ff
Institutionensystem 1/2
Irrtumsanfechtung
– beim Anerkenntnis 5/14
– beim Vergleich 5/11
–, Konkurrenz zur Gewährleistung 3/146

K

Kassalieferschein 5/78b
kassatorische Klausel 3/31
Kauf in Pausch und Bogen 3/140 f
Kompensation s Aufrechnung
Konfusion s Vereinigung
Konsumentenschutz s Verbrauchergeschäft
Kontokorrent 4/43 f
Konzentration der Gattungsschuld 2/16; **3/39**
Kreditgeschäft 2/47 f
– des Verbrauchers 2/33, 41; 4/2
Kreditkarte 5/78a
Kündigung
– aus wichtigem Grund 3/158
–, außerordentliche 3/158; 4/54
–, Bürgschaft 6/40
–, ordentliche 4/54
–, Verbrauchergeschäft 4/55
Kulpakompensation 1/27

L

laesio enormis
–, Alternativermächtigung 2/23
– bei Leistung an Zahlungs Statt 4/21
–, Konkurrenz zur Gewährleistung 3/147
Lastschriftverfahren 5/77 f
Legalzession **5/58**, 60
– bei Bürgschaft 6/34 ff
– bei Garantie 6/44
– bei Schuldbeitritt 5/86
–, Einwendungen des Zessus 5/60; 6/35
–, Gewährleistung 5/60
Leistung 1/1; **2/1 ff**
– an Dritte 4/9
– an Geschäftsunfähige 4/7 f
– an Zahlungs Statt **4/19 ff**; 5/6, 26, 48
–, Bestimmtheit 2/1 f
– durch Dritte 4/10 f

– durch Gehilfen 4/11
– durch Geschäftsunfähige 4/6
–, Fälligkeit 2/36 ff
– in Pausch und Bogen 3/145 f
–, Mahnung 2/37, 60; 3/11
–, mangelhafte 3/5, **66 ff**
–, teilbare **2/11 f**; 3/25 ff, 29, 58 ff, 107, 111, 113 ff
–, Tun 1/1; 2/3
–, Unmöglichkeit 3/45 ff
–, unteilbare **2/11 f**; 3/25, 28, 58 ff, 113 ff; 4/3
–, Unterlassen 1/1; **2/3 ff**
–, Verweigerung 2/45; 3/14
–, Verzug 3/7 ff
– vor Fälligkeit **2/41**; 4/2
– zahlungshalber **4/22**; 5/26 f, 48
– Zug um Zug 1/10; 2/39, **43 ff**; 3/9, 116; 4/29; 5/35, 37, 81; 6/16, 25
Leistungserfolg 2/6
Leistungsgefahr 3/9, 51 f
Leistungshandlung 2/6
Leistungsort s Erfüllungsort
Leistungsstörung 3/1 ff
– bei Dauerschuldverhältnissen 3/157 f
Leistungsverzug s Schuldnerverzug
Leistungszeit s Fälligkeit

M

Machthaber 4/9
Mängelrüge **3/69**, **139**
Mahnung **2/37 f**, 60; 3/11
– des Hauptschuldners 6/29
Mangel 3/66 ff
–, Anerkenntnis 3/122
–, Anzeige **3/116**, 139
–, augenfälliger 3/132 ff
–, behebbarer **3/86 ff**, 111, 113 ff, 146, 151 ff
–, Beweislast 3/83 f
– einer Forderung s Forderungsmangel
–, Erkennbarkeit 3/120 f
–, geringfügiger **3/24**, 27 f, 58, 86, **105**, 111
–, Montagefehler 3/79
–, nicht geringfügiger **3/58**, **105 f**, 111
–, offenkundiger 3/132 ff
–, Qualitätsmangel 3/78, **82 ff**, 112
–, Quantitätsmangel **3/27**, 80, **112 ff**
–, Rechtsfolgen 3/86 ff
–, Rechtsmangel **3/66**, **81**, 85, 89, 120, 129 f, 134 ff
–, Sachmangel **3/66**, **72 ff**, 85, 120 f
–, unbehebbarer **3/98**, 113 ff, 155
– und Teilunmöglichkeit **3/5**, 60, **68**, 113 ff, 145
– und Teilverzug **3/5**, 27, **68**, 113 ff, 145
–, Vermutung 3/83
–, versteckter 3/121
–, Viehmangel 3/84, 117 f, 120
–, Zeitpunkt 3/82 ff
–, Zug-um-Zug-Einrede 2/44; **3/116**
Mangelbehebung s Austauschanspruch und Verbesserung
Mangelfolgeschaden 3/94, 148, 154
Mangelschaden 3/149 ff
–, Verjährung 3/149
Mantelzession 5/54
Mitbürge 6/38
Montagefehler 3/79
Muster 3/73

N

Nachbürgschaft 6/33
Nachfrist **3/9**, **14 ff**
–, angemessene 3/14 f
– bei Gläubigerverzug 3/42
– bei Schuldnerverzug **3/9**, **14 ff**
Nachtrag des Fehlenden **3/86**, **113 ff**
Naturalobligation 1/35
–, Anerkenntnis 1/35
–, Aufrechnung 4/27, 40
–, Sicherstellung 1/35
Nebenleistungspflichten 1/12 ff; s auch Schutz- und Sorgfaltspflichten
–, äquivalente s selbständige
–, inäquivalente s unselbständige
–, nachvertragliche 1/28
–, Schuldänderung 5/2, 7
–, selbständige **1/12**; 2/8, 46; 3/29, 63 f
–, Unmöglichkeit 3/63 f
–, unselbständige **1/12 f**, 18 ff; 3/30, 63 f; 6/17 ff
–, Verzug 3/29 ff
–, vorvertragliche **1/18 ff**; 3/57, 156
– zugunsten Dritter 6/17 ff
Neuerungsvertrag s Novation

Nichterfüllung 3/3 ff
Nichterfüllungsschaden 3/21 f, 30, 32, 40, 42, 55 ff, 154 f
–, abstrakte Berechnung 3/21, 56
–, anfängliche Unmöglichkeit 3/155
–, Austauschanspruch 3/55 f
–, Differenzanspruch 3/21, 55 f
–, Fixgeschäft 3/32
–, Gläubigerverzug 3/42
–, konkrete Berechnung 3/21, 56
–, mangelhafte Leistung 3/154 f
–, nachträgliche Unmöglichkeit 3/55 ff
–, Schuldnerverzug 3/21 f
–, Verbesserungsverzug 3/101
Novation 5/2 ff
– und Leistung an Zahlungs statt 4/20; 5/6
–, Vergleich 5/8 ff

O

Obliegenheitsverletzung 1/14
–, Gläubigerverzug 3/34 ff
Obsoleszenz 3/121
öffentliche Äußerungen 3/76 f

P

Präklusivfrist 3/125
Preisausschreiben 1/17
Preisgefahr
– bei Gläubigerverzug **3/39 f**, 65
– bei Schuldnerverzug 3/9
– bei zufälliger Unmöglichkeit 3/51
Preisminderung **3**/97 ff, **108 ff**, 111, 113 ff
– beim Forderungsmangel 5/43
– beim Quantitätsmangel 3/112 ff
–, Berechnung 3/109
Primärpflichten 1/14
Probe 3/73

Q

Qualitätsmangel **3**/78, **82 ff**, 112
Quantitätsmangel **3**/27, 60, 80, **112 ff**
–, behebbarer 3/114
–, echter 3/112 ff
–, geringfügiger 3/27, 105, 113 ff
–, nicht geringfügiger 3/105, 113 ff
–, unbehebbarer 3/113 ff
– und Teilunmöglichkeit 3/113 ff
– und Teilverzug 3/113 ff
–, unechter 3/112
Quittung 4/13

R

Realschuldner 1/34; 5/94
Rechnungslegungspflicht 2/35
Rechtsmangel **3/66**, **81**, 85, 89, 120, 129 f, 134 ff
–, Beginn der Gewährleistungsfrist 3/120
– einer Forderung 5/42
–, offenkundiger 3/117 ff
–, Streitverkündung 3/129 f
Rechtszuständigkeit, Eingriff 1/37; 5/50
Regress s Rückgriff
Retentionsrecht s Zurückbehaltungsrecht
Rückbürgschaft 6/33
Rückgriff
– bei Forderungseinlösung 4/10; **5/59**
– bei Mehrheit von Sicherungsrechten 6/38 f
– des Angewiesenen 5/66
– des Bürgen **6/30**, **34 ff**
– des Garanten 6/44
– des Gesamtschuldners 6/6
– gegen Lieferanten 3/125 ff
–, gewährleistungsrechtlicher 3/125 ff
Rücktritt
– aus wichtigem Grund **3/30**, **156**; 4/56
– bei Gläubigerverzug 3/42 f
– bei Quantitätsmangel 3/113 ff
– bei Schuldnerverzug 1/10; **3/9**, **13 ff**
– bei Teilunmöglichkeit **3/60 f**, 113 ff
– bei Teilverzug **3/25 ff**, 113 ff
– bei Unmöglichkeit 3/51, 53, 55
– bei Wahlschuld **2/21 f**; 3/43
– beim Fixgeschäft 3/31 ff
–, Dauerschuldverhältnis 3/158
– des Vorleistungspflichtigen 2/48
–, Nachfristsetzung **3/9**, **14 ff**
–, Rückabwicklung 3/18, 55
–, Wirkung 3/18
Rücktrittsrecht s Rücktritt
– beim Haustürgeschäft 4/56
–, inhaltsbezogenes 4/56
– nach FAGG 4/56
–, situationsbezogenes 1/23; 4/56

S

Sache
–, unvertretbare 2/14
–, vertretbare 2/14
Sachhaftung **1/34**; 5/94
Sachmangel **3/66**, **78 ff**, 86 ff
–, Beginn der Gewährleistungsfrist 3/120 ff
–, offenkundiger 3/132 f
Sachwertschuld 2/29
Schadenersatz
– bei anfänglicher Unmöglichkeit 3/155
– bei Gläubigerverzug 3/42
– bei mangelhafter Leistung 3/148 ff
– bei nachträglicher Unmöglichkeit 3/55 ff
– bei Schuldnerverzug 3/20 ff
– beim Vertrag mit Schutzwirkung zugunsten Dritter 6/17 ff
–, Konkurrenz zur Gewährleistung **3/101**, **148 ff**
– wegen culpa in contrahendo **1/20**, **25 ff**; 3/57, 155
– wegen Gehilfenverschuldens 1/13, 20 f, 26; 3/54; 6/17
– wegen Nichterfüllung 3/20 ff, 30, 32, 40, 55 ff, 148 ff
– wegen positiver Vertragsverletzung 1/13; 3/148
– wegen Schutzpflichtverletzung **1/13**, 26 f; 2/46; 3/30; **6/17 ff**
– wegen Verbesserungsverzugs 3/101
– wegen Verletzung fremder Forderungsrechte **1/36**; 5/50
Schadensberechnung
–, abstrakte 3/21, 56
–, Austauschanspruch 3/55
–, Differenzanspruch 3/21, 55
–, konkrete 3/21, 56
Schadlosbürgschaft 6/31
Schickschuld **2/56**, 59; 3/12
Schriftform
–, Bürgschaft 6/22
–, Garantie 6/45
–, Schuldbeitritt 5/84
Schuld
–, abstrakte 5/71, 78a
–, Begrenzung 1/33
–, Bringschuld **2/55**, 57 ff; 3/12, 34, 39
–, Erfüllung 3/3; **4/1 ff**
–, Erlöschen 4/1 ff
–, formungültige 1/35
–, Geldschuld **2/24 ff**, 53, 55, **57 ff**; 3/10, 12, 46
–, Holschuld **2/53**, **55**; 3/34, 39
–, Nichterfüllung 3/3 ff
– ohne Haftung 1/35
–, Schickschuld **2/56**, 59; 3/12
– und Haftung 1/29 ff
–, verjährte 1/35
Schuldänderung **5/2**, **7**
Schuldbeitritt **5/83 ff**, 93
–, Einwendungen 5/85
–, Form 5/84
–, gesetzlicher 5/87 ff
–, Vertrag zugunsten Dritter 6/14
– zur Sicherstellung 5/84, 86
Schuldeintritt **5/80 ff**, 93 f
–, Einwendungen 5/81
–, Vertrag zugunsten Dritter 5/80
Schulderlass s Verzicht
Schuldnermehrheit 5/83 ff; **6/1 ff**
Schuldnerverzug 1/10; 2/36, 40, 54; **3/5**, **7 ff**, 54
–, Abgrenzung zur Gewährleistung 3/5, 68 f, 113 ff, 145
–, Abgrenzung zur Unmöglichkeit 3/5, 7, 45
–, Anderslieferung 3/69
–, Beendigung 3/12
– bei der Wahlschuld 2/21
– beim Fixgeschäft 3/31 ff
–, Gehilfenzurechnung 3/19
–, Konkurrenz zur Gewährleistung 3/5, 68 f, 113 ff, 145
–, Leistung Zug um Zug 2/43 ff; **3/9**
– mit der Verbesserung 3/100
–, Nachfrist **3/9**, **14 ff**
–, objektiver 3/8 ff
–, Rückabwicklung 3/18
–, Rücktrittsrecht 1/10; **3/9**, **13 ff**
–, Schadenersatz 3/20 ff
–, schuldhafter **3/8**, **19 ff**
–, subjektiver **3/8**, **19 ff**
– und Gläubigerverzug 3/36 f
–, Verzugszinsen **2/33**; 3/10

–, zufällige Unmöglichkeit 3/54
Schuldschein 4/14
–, Kraftloserklärung 4/14
Schuldübernahme 5/79 ff
–, befreiende s Schuldeintritt
–, kumulative s Schuldbeitritt
–, privative s Schuldeintritt
Schuldverhältnis **1/5**, **7 ff**
–, Abschlussmangel 3/1 f
–, Änderung 5/1 ff
–, Begründung 1/15 ff
–, Bestandteile 1/11 ff
–, Entstehung 1/15 ff
–, Erlöschen 4/1 ff
–, gesetzliches 1/15
–, geteiltes 6/2 f
–, Hauptleistungspflichten **1/11**; 2/7, 46; 5/2
– im engeren Sinn 1/7
– im weiteren Sinn 1/8 ff
–, Leistungsstörung 3/1 ff
–, nachvertragliches 1/28
–, Nebenleistungspflichten **1/12 ff**, 18 ff; 2/46; 3/29 f, 63 f; 5/2, 7, 29
–, rechtsgeschäftliches 1/15 ff
–, synallagmatisches **1/9 ff**; 2/43; 3/37, 51
–, vorvertragliches 1/18 ff
–, Wurzelmangel 3/1 f
Schutz- und Sorgfaltspflichten
–, vertragliche **1/13**; 2/8, 46; 3/30, 156; 6/30 f
–, Verzug **3/30**, 156
–, vorvertragliche **1/18 ff**; 2/8
–, Zug-um-Zug-Einrede 2/46
– zugunsten Dritter 6/17 ff
Schwellwertklausel 2/30
Sekundärpflichten 1/14
Selbstbehalt 1/33
Selbstverbesserung, voreilige **3/96**, 126
Sicherstellung 2/34
– bei Vorleistungspflicht 2/47 f
– des Bürgen 6/37
–, Gesamthandforderung 6/10
–, Schuldbeitritt 5/84, 86
– von Naturalobligationen 1/35
Sicherungsrechte
– bei Novation 5/4
– bei Schuldänderung 5/7
– bei Schuldübernahme 5/82
– bei Vergleich 5/12
– bei Zession 5/29
–, Bürgschaft 6/21 ff
–, Garantie 6/41 ff
–, Mehrheit 6/38 f
–, Schuldbeitritt 5/84
Sicherungszession **5/26 f**, 53
–, Gewährleistung 5/47
–, Publizität 5/27, 53
Solidarhaftung
– bei Firmenfortführung 5/91
– bei Schuldbeitritt 5/83 ff
– bei Unternehmensübernahme 5/87 ff
– bei Vermögensübernahme 5/87 ff
–, Bürge und Zahler 6/32
– mehrerer Bürgen 6/38
– mehrerer Schuldner 5/83 ff; **6/5 f**
–, Rückgriff **6/6**, 38 f
Solidarschuld 5/83 ff; **6/5 f**
–, Rückgriff **6/6**, 38 f
Sorgfaltspflichten s Schutz- und Sorgfaltspflichten
Sorgfaltsverbindlichkeiten 2/6 ff
Speziesschuld 2/13 ff
–, Anderslieferung 3/69
–, Gewährleistung 3/86 ff
–, Gläubigerverzug 3/39 ff
–, nachträgliche Unmöglichkeit 3/46, 52
Spezifikationskauf 2/19
stellvertretendes commodum 3/53
Streckengeschäft 5/64
Streitverkündung 3/129 f
Stückschuld s Speziesschuld
Stundung **2/42**; 3/12, 44
–, reine 2/42
– –, Hemmung der Verjährung 2/42
Subsidiarität der Bürgenhaftung 6/28 ff
Sukzessivlieferungsvertrag **3/27**, 58 f, 113
–, Kündigungsrecht des Verbrauchers 4/55
Summenschuld 2/26
Synallagma **1/9 ff**; 3/37
–, funktionelles **1/10**; 2/43; 3/51
–, genetisches 1/10

T

Teilabtretung 5/19
Teilbarkeit s Leistung

Teilleistung 2/12; **3/24** ff, 58 ff, 68, **112 ff**; 4/3
–, Sukzessivlieferungsvertrag **3/27**, 58, 113; 4/55
Teilrücktritt 3/26 ff, 58 ff, 113 ff
Teilschuldverhältnis 6/2 f
Teilunmöglichkeit 3/58 ff
–, Abgrenzung zur Gewährleistung **3**/5, 60, **68**, 113 ff, 145
–, anfängliche 3/123, 155
–, zufällige 3/61
Teilverzug 3/24 ff, 113 ff
–, Abgrenzung zur Gewährleistung 3/5, 68 f, 113 ff, 145
Teilwandlung **3/107**, 111
Teilzahlung s Teilleistung
Tilgungsreihenfolge **4/12**, 39
Tod
– des Bürgen 6/40
– des Gläubigers 4/57
– des Schuldners 4/57
Transportgefahr 2/55 ff
–, Verlustrisiko 2/56, 58 f
–, Verspätungsrisiko 2/56, 58 ff

U

Überbürgschaft 6/33
Überweisungsauftrag s Banküberweisung
Unerschwinglichkeit 3/50
Unmöglichkeit **3/5**, **45 ff**
–, Abgrenzung zum Verzug 3/5, 7, 45
–, Abgrenzung zur Gewährleistung **3**/5, **68**, 113 ff, 145
–, anfängliche 3/47 f
– –, Gewährleistung 3/123, 155
– –, Schadenersatz 3/155
–, Geldmangel **2/26**; 3/46
–, Konkurrenz zur Gewährleistung **3**/5, **68**, 113 ff, 145
–, nachträgliche 3/45 ff
–, objektive 3/48
–, rechtliche 3/48 f
–, Rückabwicklung 3/55
–, schlichte 3/48
–, Unerschwinglichkeit 3/50
–, Unzumutbarkeit 3/50
–, ursprüngliche s anfängliche
–, verschuldete **3**/40, **54 ff**
–, vom Gläubiger zu vertretende 3/65
–, vom Schuldner zu vertretende 3/54 ff
– von Nebenleistungen 3/63 f
–, vorhersehbare 3/57
–, Wahlschuld 2/22
–, zufällige 2/15 ff; **3**/9, 39, **51 ff**, 65
Unsicherheitseinrede 2/47 f
Unterlassungsklage 2/5
–, vorbeugende 2/5
Unterlassungspflichten 1/1; **2/3 ff**
Untergang
–, verschuldeter **3**/40, **54 ff**
–, Wahlschuld 2/22
–, zufälliger 2/15 ff; **3**/10, 39, **51 ff**, 65
Unternehmensübernahme 5/87 ff
Unzumutbarkeit der Erfüllung 3/50

V

Verbesserung **3/86 ff**, 94, 151 f
–, Aufwandersatz **3/96**, 100 f, 126, 151, 154
–, Aus- und Einbaukosten 3/94
– beim Forderungsmangel 5/43
– durch Austausch **3/86 ff**, 151 f
– durch Gehilfen 3/101
– durch Nachtrag des Fehlenden **3**/86, **113 ff**
–, Durchführung 3/92 ff
–, Frist 3/92
–, Kosten 3/94
–, voreilige Selbstverbesserung **3/96**, 126
–, Verzug **3**/88, **100 f**
–, Vorrang **3/87 ff**, 96, 146, 151 ff
–, Vorteilsausgleichung 3/95
Verbesserungsort 3/93
– beim Verbrauchergeschäft 3/93
Verbrauchergeschäft
–, Aufrechnungsverbot 4/38
–, Banküberweisung 2/25, 60
–, Begriff 1/6
–, Bürgschaft 6/23, 27
–, Einzugsermächtigung 2/25
–, Erfüllung vor Fälligkeit 2/41
–, Ersetzungsbefugnis 2/23
–, Garantie 3/144; 6/45
–, Gewährleistung 3/70 f, 74, 79, 84, 93 f, 99, 118, 128, 138, 144
–, Gewährleistungsverzicht 3/138

–, Kreditgeschäft 2/33, 41; 4/2
–, Kündigung 4/55
–, Rücktrittsrecht 4/56
– über wiederkehrende Leistungen 4/55
–, Vertragsübernahme 5/96
–, Verzugszinsen 2/33
–, Wertsicherungsklauseln 2/30
–, Zahlungskartengeschäft 2/25
–, Zessionsverbot 5/21
–, Zurückbehaltungsrecht 2/52
Verbrauchsgüterkauf-RL 3/71, 94, 99
Vereinigung 4/45 ff
Vergleich 5/8 ff
–, Anfechtung 5/11
Verhandlungsgehilfe 1/20
Verjährung
–, angenommene Anweisung 5/70
–, Aufrechnung 4/40
–, Fortlaufhemmung durch reine Stundung 2/42
–, Gewährleistung 3/124
–, Stundung 2/42
–, Unterbrechung durch Anerkenntnis 5/15
Verleitung zum Vertragsbruch 1/38
Vermögensübernahme 5/87 ff
Vermutung der Mangelhaftigkeit 3/83
Versandhandel 2/38, 56
Versendungskauf 2/56
Verspätungsschaden **3/20**, 42
Vertrag
–, Abschlussmangel 3/1 f
–, Abwicklungsmangel 3/1 ff
–, formungültiger 1/35
– mit Schutzwirkung zugunsten Dritter 6/17 ff
– –, Subsidiarität 6/18
–, synallagmatischer **1/9 ff**; 2/43; 3/37, 51
– über wiederkehrende Leistungen 3/27, 58 ff; 4/55
–, Wurzelmangel 3/1 f
– zu Lasten Dritter 6/20
– zugunsten Dritter 5/80; **6/11 ff**
– –, Deckungsverhältnis 6/13, 16
– –, echter **6/11**, **14 ff**
– –, Einlösungsverhältnis 6/13, 16
– –, Einwendungen 6/16
– –, unechter 6/11
– –, Valutaverhältnis 6/13
Vertragsbruch, Verleitung 1/38
Vertragsfreiheit 1/16
Vertragsgehilfe 1/20
Vertragsstrafe 3/19, 56
Vertragsübernahme 5/95 ff
–, Arbeitsverträge 5/97
–, Mietverträge 5/97
–, Verbraucherverträge 5/96
Vertragsverletzung, positive 1/13; 3/132
Vertrauensschaden 1/25; 3/57, 155
Verwendungszusage 6/20
Verwendungszinsen 2/32
Verzicht 4/48 ff
– auf Einwendungen 4/52
– auf Gewährleistung **3/120 ff**; 4/52
–, Form 4/51
Verzögerungsrisiko s Verspätungsgefahr
Verzug s Gläubiger- und Schuldnerverzug
Verzugszinsen **2/32 f**, 42; 3/10
– bei Aufrechnung 4/41
– bei Verbrauchergeschäften 2/33
Viehmangel 3/84, 117 f, 120
–, Gewährleistungsfrist
– –, Beginn 3/120
– –, Länge 3/117 f
Vorleistungspflicht 2/47 f
Vorteilsausgleich 3/95

W

Wahlschuld 2/18 ff
–, Spezifikationskauf 2/19
– und Alternativermächtigung 2/23
–, Untergang eines Wahlstücks 2/22
–, Verzug **2/21**; 3/43
Währung 2/27 f, 54
–, Fremdwährungsschuld 2/28
Wandlung 3/97 ff
–, Ausbaukosten 3/106
– bei Forderungsmangel 5/43
–, Leistung an Zahlungs Statt 4/21
–, Rückabwicklung 3/106
–, schadenersatzrechtliche 3/154
– wegen Verbesserungsverzugs **3**/88, **100 f**
Weiterfressermangel 3/82, 121
Wertschuld 2/26
Wertsicherung 2/29 f

– in Verbraucherverträgen 2/30
Wurzelmangel 3/1 f

Z

Zahlung s Erfüllung
ZahlungsdiensteG 5/75, 77 ff
Zahlungskartengeschäft 2/25; 5/78a
Zahlungsverzugs-RL 2/56
Zession 5/16 ff
–, Anerkenntnis 5/40
– an Zahlungs Statt 4/22; **5/26**, **48**
–, Aufrechnungseinrede 5/37
–, Deckungsverhältnis 5/34 ff
–, dingliche Rechte 5/20
–, Einlösungsverhältnis 5/34 ff
–, Einwendungen des Zessus **5/34 ff**, 60
–, gesetzliche 5/58, 60
s auch Legalzession
–, Gewährleistung 5/41 ff
–, höchstpersönliche Rechte 5/20
–, mehrfache 5/49 f
–, notwendige 5/59 f
–, schenkungsweise 5/28
–, Schuldnerschutz 5/18, 30, 34 ff
–, Schuldnerverständigung **5/27** f, **30 ff**, 36, 50
–, Sicherungsrechte 5/29
–, stille 5/51 f
–, Valutaverhältnis 5/41 ff
– von Gehaltsforderungen 5/21
– von Gestaltungsrechten 5/20
– von künftigen Forderungen **5/19**, 53
– von verbrieften Forderungen 5/27 f
– zahlungshalber 4/22; **5/26 f**, 48
Zessionsverbote 5/21 ff
– gesetzliche 5/21
– vertragliche 5/22 ff, 31, 38
Zinsen **2/31 ff**; 4/12
Zug-um-Zug-Leistung 1/10; **2/39**, **43 ff**; 3/9, 116; 4/29; 5/35, 37, 81; 6/16, 25
Zufallsrisiko s Gefahrtragung
Zurückbehaltungsrecht **2/44 ff**, **49 ff**; 3/9, 116; 4/29; 5/35, 37, 81; 6/16, 25
–, Ausschluss 2/51; 4/32, 34
– beim Verbrauchergeschäft 2/52
–, gutgläubiger Erwerb 2/50
Zwangsvollstreckung 1/30 ff

Lehrbuchreihe Bürgerliches Recht

Band I
Peter Bydlinski
Bürgerliches Recht Allgemeiner Teil
322 Seiten, broschiert
7. Auflage
ISBN: 978-3-7046-7588-0
Erscheinungsdatum: 12.9.2016

Band II
Silvia Dullinger
Schuldrecht Allgemeiner Teil
210 Seiten, broschiert
6. Auflage
ISBN: 978-3-7046-7709-9
Erscheinungsdatum: 1.3.2017

Band III
Peter Apathy/Andreas Riedler
Schuldrecht Besonderer Teil
364 Seiten, broschiert
5. Auflage
ISBN: 978-3-7046-6705-2
Erscheinungsdatum: 30.9.2015

Band IV
Gert Iro
Sachenrecht
333 Seiten, broschiert
6. Auflage
ISBN: 978-3-7046-7589-7
Erscheinungsdatum: 12.9.2016

Band V
Ferdinand Kerschner
Familienrecht
226 Seiten, broschiert
6. Auflage
ISBN: 978-3-7046-7699-3
Erscheinungsdatum: 1.3.2017

Band VI
Bernhard Eccher
Erbrecht
218 Seiten, broschiert
6. Auflage
ISBN: 978-3-7046-7609-2
Erscheinungsdatum: 3.10.2016

Band VII
Brigitta Lurger/Martina Melcher
Internationales Privatrecht
ca 150 Seiten, broschiert
ISBN: 978-3-7046-6383-2
Erscheinungsdatum: 31.3.2017

Band VIII
Peter Apathy/PeterBydlinski/Silvia Dullinger/Bernhard Eccher/
Gert Iro/Ferdinand Kerschner/Brigitta Lurger/Martina Melcher/
Andreas Riedler/Katharina Sagerer-Forić
Prüfungstraining Fallrepetitorium mit Lösungen
462 Seiten, broschiert
4. Auflage
ISBN: 978-3-7046-6748-9
Erscheinungsdatum: 28.10.2014